学前教育专业规划教材

幼儿园教育
活动设计与组织

YOU'ERYUAN JIAOYU HUODONG SHEJI YU ZUZHI

主　编　吴志勤　王文乔
副主编　莫　婷　文　霞
编　委　危玲玲　刘　颖　丁梦丽

西南师范大学出版社
国家一级出版社　全国百佳图书出版单位

图书在版编目(CIP)数据

幼儿园教育活动设计与组织 / 吴志勤, 王文乔主编
. — 重庆 : 西南师范大学出版社, 2018.6
ISBN 978-7-5621-9296-1

Ⅰ. ①幼… Ⅱ. ①吴… ②王… Ⅲ. ①幼儿园—教学活动—教学设计 Ⅳ. ①G612

中国版本图书馆CIP数据核字(2018)第100000号

幼儿园教育活动设计与组织
YOU'ERYUAN JIAOYU HUODONG SHEJI YU ZUZHI
吴志勤　王文乔　主编

责任编辑：张　嘉
装帧设计：尚品视觉 CASTALY　周　娟　钟　琛　何欢欢
排　　版：吴秀琴
出版发行：西南师范大学出版社
地址：重庆市北碚区天生路2号
市场营销部：023-68868624
邮编：400715
印　　刷：重庆长虹印务有限公司
幅面尺寸：185 mm×260 mm
印　　张：21.25
字　　数：428千字
版　　次：2019年2月　第1版
印　　次：2022年1月　第3次印刷
书　　号：ISBN 978-7-5621-9296-1

定　　价：49.00元

学前教育专业规划教材

总主编

杨晓萍

学术指导委员会

顾　问：刘云艳　李　静　李姗泽

主　任：杨晓萍

副主任：皮军功　李雪平　徐井万　宋延军　郭光亮

委　员：（以姓氏笔画为序）

王全民　田劲松　孙亚娟　牟映雪　李　旭

李　敏　李阿芳　杨　达　杨　挺　杨莉君

宋占美　张家琼　陈世联　赵伶俐　胡　静

夏　蔚　康建琴　程秀兰　魏勇刚

编委会

主　任：杨晓萍

编　委：（以姓氏笔画为序）

王文乔　王其红　王善安　刘　璐　刘志慧　孙亚娟

苏飞跃　李传英　李姗泽　杨　雄　肖素芬　吴志勤

何　茜　何孔潮　余　璐　宋丹凤　宋延军　张　骞

张利洪　张雪艳　陈伦超　岳慧兰　周　昶　赵海燕

赵景辉　胡　莉　胡　静　胡天龙　秦　莉　夏　巍

徐晓燕　郭光亮　黄玉娇　曹　斌

ZONGXU 总序

党的十九大报告指出，我国社会主要矛盾已经转化为人民日益增长的美好生活需要和不平衡不充分的发展之间的矛盾。在学前教育领域，就是人们日益增长的对高质量学前教育的需要和学前教育质量不平衡不充分发展之间的矛盾。目前幼儿教师的专业性薄弱成为制约学前教育发展的关键因素。为了满足社会对优质学前教育人才的需要，我国必须建立健全应用型学前人才培养机制。2010年，《国务院关于当前发展学前教育的若干意见》中指出“师资队伍不健全”是学前教育薄弱环节的主要表现之一，提出要“完善学前教育师资培养体系”；2014年，《国务院关于加快发展现代职业教育的决定》再次强调：“在学前教育、护理、健康服务、社区服务等领域，健全对初中毕业生实行中高职贯通培养的考试招生办法。”可见，师资培养已经成为当前学前教育发展的重中之重。

教材建设是幼儿教师教育改革的重要环节，直接影响着未来幼儿教师的专业素养。我们立足于学前教育师资培养的实际，着眼于夯实学生的基本理论和基本能力，培养符合时代要求、具有良好专业素养的新型幼儿教师，力求体现时代性、科学性和实践性，组织编写了本套教材。教材的特色体现在以下几个方面：

1.编写队伍上，阵容强大，经验丰富

本套教材的主编、副主编及参编人员来自各级各类院校、教研机构以及一线名园，均长期从事相关专业工作，有着扎实的理论基础和丰富的实践经验。

2. 内容选择上，以生为本，适应学情

教材编写强调以学生为中心，融合“教材即学材”的理念，符合职业教育的培养目标与学生认知规律，适应学生的学习能力和自主学习的需要。

3. 呈现形式上，创新模式，易教利学

融入多种板块（如学习目标、学习重难点、知识结构图、案例导入、本章小结、思考与练习）和学习材料（资料链接、人物介绍、拓展阅读），部分学科采取以项目执行来设置教学单元，增强了可读性，易教利学。

4. 配套资源上，立体建设，拓展资源

配合教学中的教、学、做、测各环节，采用不同的技术手段，开发了多样的教学资源，具体包括PPT、典型案例、题库、名师名课视频等，为教学提供全面支持。

总之，本系列教材注意了课程结构，反映了各门课程结构之间的联系和衔接，内容分配合理，既相互联系又相互区别，在帮助学生尽快掌握幼儿教育的基本理论和从事幼儿教育工作最基本的工作技能等方面做了有益的探索。

最后，要感谢参与本系列教材编写和审稿的各位老师所付出的大量辛勤劳动，也要感谢西南师范大学出版社职业教育分社的编辑们对本系列教材的支持和编辑工作。由于编写时间紧、人员能力有限等原因，本套教材还存在一些不足。在使用本教材的教师和学生的关心和帮助下，我们会不断改进和完善这套教材，促进我国学前教育专业的教学改革和课程建设，提高人才培养质量，进而促进学前教育质量的提升。

杨晓萍

2018年6月

QIANYAN 前言

“幼儿园教育活动设计与组织”是学前教育专业的一门专业必修课程。教师质量是教育质量的核心。为了适应学前教育改革和发展的需要，提升幼儿教师培养的质量，本书立足于我国学前教育发展的实际，全面体现《幼儿园教师专业标准(试行)》《3—6岁儿童学习与发展指南》的理念和幼儿园教师资格证保教知识与能力考试大纲的要求，以切实夯实学生的综合素质，发展幼儿园教师所应具备的职业能力为导向，既对幼儿园教育活动的理论知识进行了系统的介绍，将实践应用的成果加以总结和提升，又将历年来幼儿园教师资格证考试中有关幼儿园教育活动的考点和题型进行了梳理，体现了理论与实践相结合的特点，是一本教考一体、用途多样的教材。

本书相比以往同类教材具有以下特点:

一、体现体系的完整性。本书全面介绍了幼儿园教育活动的相关理论知识与实践指导要点，不仅包括幼儿园教育活动设计的原理和幼儿园五大领域教育的知识，还紧密结合幼儿园教育的实际需要，详细介绍了综合主题活动、区域活动和生活活动的设计与组织的理念和方法。而且，全书采用通俗易懂的语言对相关概念和理念进行阐述，适合不同学习人群使用。

二、突出体例的新颖性。本书突出了理论应用于实践，在相应的章节中安排了大量适宜幼儿教师借鉴的“案例分析”等，并附有拓展阅读，这既能给学习者提供可以参考的经验，又能开阔学习者的视野。本书还体现了以学习者为中心，在每一章中配合学习者的学习进度，提供了大量的互动内容，如“思考与练习”题供学习者想一想、练一练，充分调动学习者学习的主动性和积极性。另外，还附有充足的实训项目，如“思考与实训”，可应用于课后的实践教学指导，切实提高学习者的实践能力。

三、注重内容的导向性。本书体现了教考一体、学练结合。首先，本书注重对各章节主要知识点的梳理和提炼，帮助学习者建立系统的知识结构体系，其中“考查要点”的设计能帮助学习者抓住学习和复习备考的重点和方向。其次，本书还梳理并分析了近几年来幼儿园教师资格证考试中关于幼儿园教育活动的知识点和题型，如“真题解析”和“真题模拟”。这不仅能促进学习者练习和巩固学习效果，还对学习者复习备考具有很大的指导作用。

四、反映教学的创新性。本书采用新潮的呈现方式，将线上学习和线下学习相结合。本书为教师和学习者提供丰富的教与学的数字化资源，如电子教案、PPT、微课、优质观摩课、专家讲座视频、微视频、真题和模拟题等，供教师参阅和学习者自学自查之用，以此引导学习者主动学习、乐意学习，并获得理想的学习效果。

本书可作为高等师范院校学前教育专业教材，也可作为幼教行政工作者、幼儿园教师、早期教育机构工作人员的培训和阅读材料。

本教材由长期从事幼儿教育理论与实践研究的幼教工作者共同编写，由遵义师范学院教师教育学院吴志勤老师任主编，负责全书的设计、修改和统稿工作。本书共计十一章，具体分工如下：第一章、第二章由王文乔编写；第三章、

第四章由吴志勤编写；第五章由刘颖编写；第六章由丁梦丽、吴志勤编写；第七章、第八章由莫婷编写；第九章由危玲玲编写；第十章由危玲玲、吴志勤编写；第十一章由吴志勤、刘颖编写。

本书在编写和出版过程中得到了西南师范大学出版社的领导和职工们的大力支持和帮助，在此表示诚挚的谢意。本书在编写中参考、引用和借鉴了大量国内外学者的研究成果，在此一并表示感谢！鉴于编者水平有限，恳请广大同行批评指正，以便不断修订完善。

MULU 目录

第 1 章

幼儿园教育活动设计与组织的原理

幼儿园教育活动是教师与幼儿共同完成的活动，是实现幼儿全面发展的主要途径，也是实现幼儿园教育目标，组织传递一定的教育内容，以及落实幼儿园教育任务的手段。作为一名幼儿教师，应该了解各类教育活动，学会对各种教育活动进行设计与组织。

【学习目标】

知识目标：了解幼儿园教育活动、幼儿园教育活动设计的含义；理解幼儿园教育活动的特点和各种类型；理解并掌握幼儿园教育活动设计的原则和步骤。

技能目标：学会对幼儿园教育活动进行设计和实施。

情感目标：乐意设计并尝试实施幼儿园各类教育活动。

【学习重点】

1. 掌握幼儿园教育活动设计的原则和步骤。
2. 学会设计幼儿园各类教育活动，并根据设计进行相应的实施。

【知识结构图】

- **幼儿园教育活动设计与组织的原理**
  - 幼儿园教育活动概述
    - 幼儿园教育活动概述
    - 幼儿园教育活动设计概述
  - 幼儿园教育活动的目标与内容
    - 幼儿园教育活动的目标
    - 幼儿园教育活动的内容
  - 幼儿园教育活动设计的原则的步骤
    - 幼儿园教育活动设计的主要原则
    - 幼儿园教育活动设计的步骤
  - 幼儿园教育活动的实施与评价策略
    - 幼儿园教育活动的实施策略
    - 幼儿园教育活动的评价策略

第一节
幼儿园教育活动概述

一、幼儿园教育活动概述

（一）幼儿园教育活动的含义

活动是人与客观世界建立联系的必要形式，活动在幼儿教育中具有极为重要的作用，这是由幼儿教育的功能和特点所决定的。幼儿在活动中发展，在活动中成长，离开了各种活动，幼儿的发展将无从谈起。

幼儿园教育活动有广义与狭义之分。狭义的幼儿园教育活动是指幼儿教师在一定时间内专门组织的教育教学活动，主要有游戏和教学两大类。目前国内开展的各种主题教育活动或各领域教育活动均属于此。广义的幼儿园教育活动是指幼儿教育工作者为实现幼儿园的培养目标，在一日生活中所开展的一切活动的总和，包括生活活动、游戏活动、教学活动、交往活动、运动等。《幼儿园教育指导纲要（试行）》中第三部分"组织与实施"的第二条指出："幼儿园的教育活动，是教师以多种形式有目的、有计划地引导幼儿生动、活泼、主动活动的教育过程。"这里的"教育过程"包括了幼儿在幼儿园的所有活动，是一种师幼双向互动的活动，是由教师和幼儿共同参与、相互配合的活动，故此，是属于广义上的幼儿园教育活动。那么，我们如何理解幼儿园教育活动呢？

首先，幼儿园教育活动是"有目的、有计划"的教育活动。它是以促进幼儿的身心发展为目的的教育活动，受到诸多因素的制约，不是随心所欲的活动。我们必须根据幼儿园保教总目标，根据各个幼儿发展的不同水平，统筹兼顾，全面考虑，这样才能促进每个幼儿在原有的基础上得到更进一步的发展。

其次，幼儿园教育活动是引导幼儿主动活动的过程。在幼儿园教育活动中，教师是活动的支持者、合作者、引导者，幼儿是活动的主体，教育活动必须激发幼儿参与的主动性、积极性，通过与材料和环境的互动，从而让其获得学习和发展。故此，教师要注意充分发挥幼儿的主体意识，不能喧宾夺主。

最后，幼儿园教育活动是多种形式的教育活动。幼儿的生理特点和心理特点决定了幼儿园的教育活动必须是丰富多彩的。可以在户外进行集体教学活动;也可以在室内从事结构较松散的区角游戏活动;还可以到超市等地方去参观各种日常用品,了解和接触社会活动。

(二)幼儿园教育活动的特点

幼儿园教育活动与中小学的教育活动相比,有其自己的特点。它是一种具有教育价值的以游戏为主要形式的活动,具有生活性、整合性、启蒙性、趣味性等特点,其目的是为了促进幼儿生动、活泼地发展,为幼儿终身教育打下良好的基础。

1. 生活性

幼儿园一日生活是构成幼儿日常生活的重要组成部分,幼儿每天都会从各种必不可少的日常活动中潜移默化地掌握很多最基本的生活经验,锻炼独立生活的能力,发展德、智、体、美等方面的素质。《幼儿园教育指导纲要(试行)》指出,幼儿园教育活动内容的选择应遵循“既贴近幼儿的生活来选择感兴趣的事物和问题,又有助于拓展幼儿的经验和视野”的原则,幼儿园教育活动内容的组织应“充分考虑幼儿的学习特点和认识规律,各领域的内容要有机联系,相互渗透,注重综合性、趣味性、活动性,寓教育于生活、游戏之中”。我国著名的教育家陶行知先生早就提出了“生活即教育”的理论,可见,生活对于幼儿的特殊意义。

生活性首先体现在幼儿园教育活动的内容方面。幼儿教师在组织教育活动时,必须立足于幼儿的现有生活,关注幼儿的现实生活,在教育活动的内容选择上注重现有知识与幼儿的生活世界紧密结合,让幼儿学会在生活中运用所学的知识。基于幼儿生活的内容才是幼儿所熟悉的,对幼儿才具有意义和价值。生活性特点还体现在幼儿园教育活动的实施途径与环境互动方面。幼儿园教育活动的实施是渗透于幼儿一日生活之中的,幼儿园生活的各个环节都是贯彻和实施教育活动的有效途径。例如,既可以让幼儿在生活中关注数学问题,也可以让其走进大自然去体验风、雨的特征,还可以让幼儿到社会中去观察八角亭的独特魅力。

2. 整合性

幼儿园教育活动,是在充分协调多种教育资源、利用多种教育途径与形式、结合多个领域的内容、发挥多种因素影响的基础上而构成教育活动系统的。幼儿园教育活动内容的选择要考虑幼儿感兴趣的事物和问题,各领域的内容要有机联系,相互渗透,注重整合性,从不同角度、不同领域促进幼儿情感、态度、能力、知识、技能等方面的发展。幼儿认识万事万物具有整体性,那么我们教给幼儿的各种知识也应具有整合性。例如对鞋的认识,可以让幼儿先观察自己的鞋、父母的鞋、不同季节的鞋、不同场合穿的鞋、不同职业的人穿的鞋,再深入了解不同的鞋的形状、颜色、材料、款式、大小等方面的区别，还可以收集古代人穿的鞋、不同民族的人穿的鞋的图片，设计未来人穿的鞋……在这个过程中，幼儿要进行观察、比较、提问、收集信息、讨论、合作、设计、交流等，这充分体现出幼儿知识经验形成过程中的整合性。

3. 启蒙性

幼儿园教育是最基础的教育，其教育内容、教育过程涉及幼儿生活中所接触到的最基本的知识。从幼儿的认识水平和年龄特点来看，幼儿所能接受的、理解的教育内容也是粗浅的、初步的、简单的，是能够为其终身发展打下基础的那些知识和技能，如10以内的加减法、常见的几何图形等。因此在教育过程中，幼儿教师不应严格强调幼儿要掌握知识内容的系统性和逻辑性，而更应注重激发幼儿对事物认识的兴趣，形成良好的学习态度和习惯。

4. 趣味性

爱玩是幼儿的天性，游戏是对幼儿进行全面发展教育的主要形式。教师要多开展各种各样的游戏活动，善于发现幼儿感兴趣的事物、游戏和偶发事件中所隐含的教育价值，把握时机，积极引导。在选择、组织、安排幼儿的活动时，无论在形式、方法和内容上，还是在过程中，都要注意其趣味性、游戏化的特点。例如户外体育游戏“老猫睡觉醒不了”“找朋友”“切西瓜”等都是通过趣味游戏的方式训练幼儿的动作技能；再例如，幼儿初学绘画时通过“小鸡吃米”练习画点、通过“装糖球”练习画圆形等。

（三）幼儿园教育活动的类型

幼儿园教育活动从不同的角度来划分，有不同的活动类型。

1. 按幼儿园教育活动不同的组织形式划分

幼儿园集体活动

幼儿园小组活动

根据幼儿园教育活动的不同组织形式，可以将幼儿园教育活动分成集体活动、小组活动和个别活动。集体活动是在教师的指导、带领下，全班孩子一起进行的有计划、有目的的活动。集体活动能够在最短的时间内使更多的幼儿获得某些知识和能力；在有限的空间和时间里，利用有限的教育资源，尽可能促进所有幼儿在原有水平上共同发展。这样的活动虽然效率较高，但难以关注到每个幼儿的个性和差异。小组活动是指将一个班级分为两组或几组，每组由教师带领开展不同内容的活动，活动结束后，各小组再交换进行。分组活动能够解决班级幼儿人数过多难以进行有针对性的教育的情况，使教师能更好地关注每个幼儿。事实上，小组活动是小型化的集体活动。个别活动是教师按照个别幼儿的特殊需要而开展的教育活动，可以是一个教师面对一两个幼儿进行指导，也可以是幼儿的自发、自由活动。个别活动关注了幼儿的个别需要，但因教师同一时间只能对某一个或几个幼儿进行指导，故效率不高。

幼儿园个别活动

2. 按幼儿园教育活动的结构化程度划分

按幼儿园教育活动的结构化程度分类，参考朱家雄教授的观点，可以把幼儿园各种教育活动分为无结构活动、低结构化活动、高结构化活动、完全结构化活动。按照这种分类方法，游戏活动是无结构活动，游戏活动为主要成分的教育活动是低结构化活动，教学活动为主要成分的教育活动是高结构化活动，而完全由教师设计好的教学是完全结构化活动。

活动的目的在于活动本身，活动主要由幼儿发起或者完全由幼儿发起，在活动中幼儿处于主动地位，幼儿决定着时间、空间和材料的运用，以获得愉悦性体验，这样的活动属于低结构化活动或者无结构活动(即纯游戏活动)，主要或者全部具有游戏化的特征；反之，活动的目的具有外显性、特定性，活动由教师发起，活动中教师处于主动地位，由教师决定时间、空间和材料的运用，幼儿获得了教师预设的知识和技能，这样的教育活动远离了游戏活动，更多地属于高结构化活动，或者教师主导的教学活动，即完全结构化活动。

3. 按幼儿学习领域的不同划分

按幼儿学习领域的性质不同，可以将其分为健康教育活动、语言教育活动、科学教育活动、社会教育活动、艺术教育活动五大领域活动。《幼儿园教育指导纲要(试行)》在教育内容与要求中明确提出：幼儿园的教育内容是全面的、启蒙性的，可以相对划分为健康、语言、社会、科学、艺术五个领域，也可做其他不同的划分。各领域的内容相互渗透，从不同的角度促进幼儿情感、态度、能力、知识、技能等方面的发展。故此，这类分类内容大家最为熟悉。本教材在随后的章节中主要就是按照幼儿学习领域的不同为分类标准来阐述幼儿园教育活动的设计和组织的。

4. 按幼儿园教育活动的特征分类

根据幼儿园教育活动的特征不同，可以把幼儿园教育活动分为生活活动、游戏活动、学习活动、运动等。

生活活动是指幼儿在园的一日生活，包括进餐、饮水、睡眠、如厕等。这些活动涉及幼儿的吃、喝、拉、撒、睡，几乎占据了幼儿在园的一半时间，这也是幼儿教育与其他阶段的教育的主要区别之一。幼儿从早上入园就开始了其一日的生活。生活活动可以培养幼儿良好的生活习惯，如饭前便后要洗手，吃东西要细嚼慢咽等，同时也是培养幼儿社会性的主要途径，也为教师进行个别教育提供了最佳时机。因此，教师要树立“一日生活即教育”的理念，根据幼儿的身心特点，建立合理的生活常规，逐步培养幼儿的生活自理能力，使其养成良好的生活习惯。

生活活动

游戏活动

学习活动

运动

喜爱游戏是幼儿的天性。在幼儿园，游戏活动是基本活动，各种游戏可以促进幼儿的体力、智力、创造力、想象力、情感、语言、社会性、美感等诸多方面的发展。教师应根据幼儿不同的年龄特点、兴趣和需要，为幼儿开展多种形式的游戏活动，在游戏中丰富幼儿的经验，让幼儿在玩中学，学中玩。

学习活动指教师依据目标专门为幼儿设计并组织的活动，在促进幼儿的身心和谐全面发展方面具有非常重要的作用，是幼儿获得发展的重要依托。教师利用幼儿园中有利的环境、资源，有目的地选择教育内容，灵活运用多种活动形式，让幼儿积极参与其中，探索周围世界，从而获得相应的发展。学习活动主要包括五大领域的教学活动。

运动旨在提高幼儿的身体素质、心理素质、动作协调能力和适应环境的能力，为幼儿拥有健康的体质奠定基础。主要包括早操、体操、体育活动等。

二、幼儿园教育活动设计概述

（一）幼儿园教育活动设计的含义

幼儿园教育活动的设计是实施幼儿园教育活动的前提条件。幼儿园教育活动设计作为一门应用性课程，是依据一定的教育目标，选择合适的教育内容，在一定的时空内对幼儿施加教育影响的方案，是一个经过分析与综合的精心规划的过程。幼儿园教育活动设计可以看成对教师教学组织行为的一种预先筹划，它是对一系列外部事件进行精心设计和安排的过程，其目的是为了支持和促进幼儿内部的学习。不同类型的教育活动设计体现了不同的教育理念和课程设计思想，但首要的和贯穿始终的设计原则应该是以幼儿为本，让幼儿在快乐的童年生活中获得有益身心发展的经验。

【资料链接】

什么是幼儿园教育活动设计？

已有概念：有些人认为，所谓幼儿园教育活动设计，就是在教育活动开始之前对教育过程中的一切预先加以筹划，从而安排教育情境，以期达成教育目标的系统性设计。

质疑1：能否预先计划教育过程中的一切？需要面面俱到吗？教育过程尚未开展，不知其中有何变化，能否事事加以计划？

质疑2：如果设计是事无巨细都要详细计划，教育过程就是对预先设计的方案不折不扣地执行，那么，随机教育呢？幼儿即兴的需要、兴趣呢？我们为之留下位置了吗？

质疑3：教育活动设计的意图是为了达成教育目标，重点在目标，那么幼儿的发展呢？目标本身还不是发展，目标的完美并不代表教育效果的完美，同时，可能出现只重视目标的达成，而不关注幼儿学习实际情况的现象。

质疑4：一个看起来很有吸引力（全面、精细、周到、圆满）的活动方案就一定能保证活动的效果吗？

（二）幼儿园教育活动设计的意义

幼儿园教育活动设计是为促进幼儿的学习而对学习过程和资源所做的系统安排，是分析幼儿的学习需要和目标以形成满足学习需要的互动系统的全过程，是达成目标的媒介，故有着极其重要的作用。

1. 幼儿园教育活动设计有利于教育活动的有效开展

教育活动设计是在全面了解幼儿是如何学习的前提下，在掌握幼儿学习理论的基础上，在充分考虑学习发生的各种可能性的条件下来开展的，它需要分析学习者的需要和特点，确定教育活动设计的目标，选择适宜的主题和内容，设计安排达成目标的教学方法和手段，选取各种教学资源，准备相应的教具等，这就大大地提高了活动开展的效率，一系列的优化配置让教育活动的开展高效、有效。

2. 幼儿园教育活动设计可以帮助幼儿学习，促进幼儿更快地发展

幼儿园教育活动设计可以更多地从学习个体的角度出发，通过设计者（或教师）的工作，帮助不同幼儿个体有效地学习。有目的、有计划的活动设计还能够影响和促进幼儿的发展。进行教育活动设计的最基本意义就在于确保幼儿能最大限度地获得教育的益处，享受活动的乐趣，确保每个幼儿都有相同的机会发挥他们的潜能，这样既着眼于幼儿的当前发展，也关注了幼儿的长远发展。通过教师有目的、有计划地设计并实施的教育活动，可以促进幼儿更快、更好地发展。

3. 幼儿园教育活动设计有利于幼儿教育理论与实践的结合

幼儿园教育活动设计是在一定理论指导下的活动设计，是把理论运用于实践的过程。设计中既蕴含有一定的理论观念，其背后有一定的理论支撑，又通过实施方案把这些理论观念付诸实践，因此可以说它是理论与实践的完美结合。通过实施，还可以发现设计存在的问题，从而修改方案，完善方案，解决问题，补充和丰富幼儿教育理论，以便更好地指导实践。

4. 幼儿园教育活动设计有利于幼儿教师的专业成长和发展

幼儿教师作为教育活动的设计者，在教育活动中有着非常重要的作用。教师专业发展是教师专业素质不断提高的过程。专业知识、专业技能和专业情感的水平是教师专业素质的主要组成部分，这三方面的发展水平决定了教师专业发展水平的高低。教师只有通过专业知识、专业技能和专业情感的发展，才能有效地促进其专业发展。通过设计幼儿园教育活动，教师的专业知识得到了运用；准备和实施教育活动，则让教师的动手能力和专业技能得到了发展；在活动过程中，与幼儿一起参与、发现与探索，共同体会喜与悲、乐与惑，师幼关系加深，使得教师的专业情感得到相应的发展。

思考与练习

幼儿园教育活动与幼儿园教育活动设计的关系如何？你如何理解两者之间的关系？

第二节
幼儿园教育活动的目标与内容

目标是人们活动中欲达到的境地或标准，是活动的导向。幼儿园教育活动的目标指明了幼儿全面发展的方向，是活动的出发点和归宿，也是评价教育活动开展得好坏的重要依据。而内容是为实现目标服务的，是实现目标的载体和对象，适宜的内容能够保障目标的落实。

一、幼儿园教育活动的目标

(一)幼儿园教育活动的目标体系①

教育活动由于其复杂性和长期性，其所要达到的目标包含多重内涵，有一定的层次性和递阶性，故有着不同层次的教育活动目标。从教育目的、教育目标，到幼儿园保教总目标、幼儿园各领域目标，再到幼儿园各年龄班目标及其学期目标，最后落实到幼儿园教育活动的具体目标，从概括到具体，从远目标到近目标，层层递进，共同构成了幼儿园教育活动的目标体系。如下图：

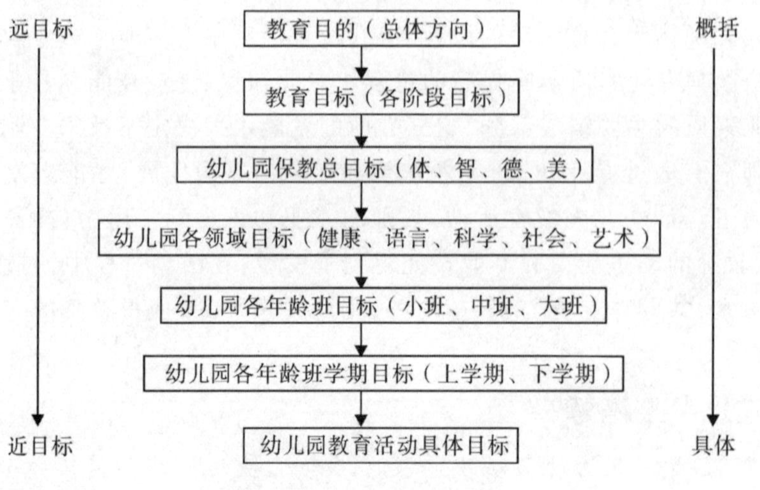

幼儿园教育活动的目标体系图

①王文乔，申利丽，申健强.幼儿园教育活动设计与实践[M].成都:西南交通大学出版社，2012:21-25.

1. 教育目的

教育目的是指教育所要培养的人的质量和规格的总要求，即解决把受教育者培养成什么样的人的问题。教育目的是根据一定社会的政治、经济、生产、文化、科学技术发展的要求和受教育者身心发展的状况确定的。它反映了一定社会对受教育者的要求，是教育工作的出发点和归宿，也是确定教育内容、选择教育方法、检查和评价教育效果的根据。

教育目的一般指向教育的总体方向，体现的是普遍的、终极的教育价值追求。它往往以教育方针的形式贯彻落实。教育方针是国家根据政治、经济的要求，为实现教育目的所规定的教育工作总方向，是教育政策的总概括，内容包括教育指导思想、培养人才的规格及实现教育目的的基本途径等。①

1999年中共中央国务院颁布的《关于深化教育改革全面推进素质教育的决定》中对我国的教育方针做了新的表述："实施素质教育，就是全面贯彻党的教育方针，以提高国民素质为根本宗旨，以培养学生的创新精神和实践能力为重点，造就'有理想、有道德、有文化、有纪律'的、德智体美等全面发展的社会主义事业建设者和接班人。"

2. 教育目标

确定了教育目的之后，就要制定一定的教育目标。教育目标是教育目的的下位概念，它所体现的是不同性质的教育和不同阶段的教育的价值。在教育目的的指导下，各级各类教育还需要确定具体的教育目标，如学前教育目标、基础教育目标、高等教育目标、职业教育目标等。我国学前教育的教育目标具体体现在《3—6岁儿童学习与发展指南》《幼儿园工作规程》和《幼儿园教育指导纲要（试行）》中。

3. 幼儿园保教总目标

2016年1月，国家教育委员会发布了《幼儿园工作规程》，明确指出："幼儿园的任务是：贯彻国家的教育方针，按照保育与教育相结合的原则，遵循幼儿身心发展特点和规律，实施德、智、体、美等方面全面发展的教育，促进其身心和谐发展。幼儿园同时面向幼儿家长提供科学育儿指导。"幼儿园保育和教育的主要目标是："促进幼儿身体正常发育和机能的协调发展，增强体质，促进心理健康，培养良好的生活习惯、卫生习惯和参加体育活动的兴趣。发展幼儿智力，培养正确运用感官和运用语言交往的基本能力，增进对环境的认识，培养有益的兴趣和求知欲望，培养初步的动手探究能力。萌发幼儿爱祖国、爱家乡、爱集体、爱劳动、爱科学的情感，培养诚实、自信、友爱、勇敢、勤学、好问、爱护公物、克服困难、讲礼貌、守纪律等良好的品德行为和习惯，以及活泼开朗的性格。培养幼儿初步感受美和表现美的情趣和能力。"

幼儿园教育应当贯彻国家的教育方针，坚持保育和教育相结合的原则，对幼儿

---

①顾明远.教育大辞典(第一卷)[Z].上海:上海教育出版社,1990:59.

实施体、智、德、美诸方面全面发展的教育，全面落实《幼儿园工作规程》所提出的保育教育目标。

幼儿园教育目标是教育目的和教育目标在幼儿园阶段的具体化，反映出幼儿园人才培养的规格和要求，对幼儿的全面发展提出了更具体的规范，表明了在教育影响下显现出的幼儿发展变化，全面指导着幼儿园教育教学工作。

4. 幼儿园各领域目标

《幼儿园教育指导纲要(试行)》中，幼儿园课程被分为健康、社会、语言、科学与艺术五大领域，各领域有各自明确的目标。所以，幼儿园教育目标在教育实践中是通过五大领域具体目标的逐步落实而得以实现的。例如幼儿园社会领域的目标为：

能主动地参与各项活动，有自信心；

乐意与人交往，学习互助、合作和分享，有同情心；

理解并遵守日常生活中基本的社会行为规则；

能努力做好力所能及的事，不怕困难，有初步的责任感；

爱父母长辈、老师和同伴，爱集体、爱家乡、爱祖国。

可见，幼儿园各领域的目标都比较注重发展幼儿的知识、技能(能力)、情感、态度、价值观等各个方面，比较全面而具体。所以，各领域的目标是依据幼儿园保教总目标而制定的，是对保教目标的进一步具体化，对教育活动设计、具体教学过程的展开都具有指导作用。

5. 幼儿园各年龄班目标

由于不同年龄班的孩子身心发展的特点不同，故对于每一领域，各年龄班的目标要求是不同的。例如，以“健康”领域为例，小、中、大班的目标要求分别如下：

小班：

(1)养成独立进餐的习惯，引导幼儿愿意吃各种食物。

(2)独自、按时入睡，会脱简单衣物，并放在固定位置。

(3)不害怕健康检查和各种健康接种。

(4)外出时不离开成人，不接受陌生人的物品，不跟陌生人走。

(5)具有初步的安全意识，户外活动时能注意安全，不将异物塞入耳、鼻、口里。

(6)初步学习投、掷、钻爬、攀登、平衡等动作。

(7)学会上体直立、一个跟着一个走，能听信号走成圆圈。

(8)能根据简单的口令或音乐较合拍地做模仿操和徒手操。

(9)学会自然协调地跑，不与他人碰撞。

(10)在活动后知道合作收拾整理小型体育器械。

中班：

(1)知道五官的用处及简单的保护方法，有初步的健康意识。

(2)愿意配合医务人员接受治疗。

(3)知道一些基本的求助方法,有初步的自我保护意识。

(4)积极参加体育活动,活动后能主动收拾整理小型体育运动器械。

(5)认真完成动作要求,动作协调。

(6)不怕困难,有初步的规则意识、竞争意识。

大班:

(1)身体健康,在集体生活中情绪安定、愉快,乐意和老师、同伴交往。

(2)知道必要的安全保健常识,密切结合日常生活接受安全、营养和保健教育,提高自我保护意识和能力。

(3)生活、卫生习惯良好,有基本的生活自理能力,养成良好的饮食习惯,不挑食;有良好的个人卫生习惯。

(4)注意个人和生活场所的卫生,会做简单的收拾、整理及清洁工作。

(5)喜欢参加体育活动,动作协调、灵活,用自己感兴趣又安全的方式发展基本动作,学习基本体操,提高动作的协调性和灵活性。

(6)了解身体的主要部位及基本的保护方法,了解简单的防病知识,知道通过讲卫生、开展运动来增强体质。

(7)知道一些自我保护的常识,安全使用常用工具,学习简单的自救方法。

(8)坚持参加体育锻炼活动,逐步提高对寒冷、炎热的适应能力,养成积极锻炼身体的习惯。基本动作灵敏、协调。

(9)勇敢、坚强,有初步的合作意识和较强的竞争意识。

6. 幼儿园各年龄班学期目标

即使是同一年龄班,在不同的学期,各领域目标的要求也是不同的。以小班"美术"为例,上、下学期的目标具体为:

小班上学期:

(1)在成人的指导下,学习观察周围环境,对常见的、形象突出且色彩鲜明的事物感兴趣。

(2)喜欢周围生活用品及环境中美的东西,尝试用语言、表情、动作表示对美好事物的喜爱、亲近之情。

(3)愿意参加绘画活动,体验绘画活动的快乐。对绘画活动感兴趣,大胆涂鸦。

(4)认识常用的笔、油画棒、水彩笔和纸等绘画工具和材料,掌握其基本使用方法,养成正确的握笔姿势和作画姿态,工具和材料摆放有序。

(5)尝试用点(雨点、圆点等)、线条(直线、曲线、折线)和简单形态(圆形、方形等)表现日常生活中熟悉的、简单的物体特征。

(6)对色彩有兴趣,能认识红、黄、蓝、绿和黑、白等常见的颜色,并愿意尝试选用自己喜爱的颜色作画,学习正确的涂色方法。

(7)对手工活动感兴趣,愿意尝试各种手工工具和材料,养成良好的手工活动的习惯。

(8)大胆玩泥,初步了解泥的性质、质地,尝试用简单的技能(搓、团圆)表现简单的立体物象。

(9)会随意和有意识地撕纸,能撕出各种形状,并能自己命名。

(10)对折纸活动有兴趣,能折出简单的形象。

(11)初步使用糨糊粘贴,尝试用剪刀随意剪纸,知道安全使用剪刀的方法。

小班下学期:

(1)在成人的引导下,继续学习观察周围环境,对常见的、形象突出且色彩鲜明的事物感兴趣。

(2)愿意参加各种美术活动,感受故事、木偶剧、动画片和儿童剧中的美,尝试在游戏中借助角色、道具等表现自己对美的感受。

(3)喜欢欣赏与自己的生活经验有关的、具有鲜明色彩和简单造型的物品和美术作品。尝试用语言、表情、动作表现对美的理解。

(4)愿意参加美术欣赏活动,体验美术欣赏活动的快乐,并养成集中注意力欣赏的习惯。

(5)愿意参加绘画活动,尽可能通过各种材料感受在不同材料上作画的乐趣,养成大胆作画的习惯。

(6)继续学习用各种点、线条和简单形态表现感兴趣的内容。

(7)尝试用多种颜色作画,愿意掌握正确的涂色方法,涂匀、涂满。

(8)学习在画面的中心位置大胆安排主要形象。

(9)继续积极参加手工活动,培养对手工活动的兴趣,能使用各种手工工具和材料,养成良好的手工活动的习惯。

(10)掌握简单的泥塑技能(搓、团圆、压扁、捏合),按照自己的意愿塑造简单的立体形象。

(11)能用纸撕、剪或用现成的图形以及自然材料粘贴组成简单画面,会正确安全地使用剪刀。

(12)继续学习折纸方法(对边折、对角折),能折出简单的形象。

7. 幼儿园教育活动具体目标

不同年龄班在某学期的某一领域的目标还需要通过一系列具体的教育活动的设计和实施才能逐步完成,故此,不同年龄班学期目标还需要分解并落实到一个个具体的教育活动中去。可以说,教育活动的具体目标是幼儿园目标体系中最为具体的目标,也是教师在教育活动中最常设定的目标,这一部分我们将在后面"第三节幼儿园教育活动设计的原则与步骤”中加以详细说明。

(二)制定幼儿园教育活动目标的要求

1. 要科学地分解教育目标

对于新教师来说，分解教育目标，即将幼儿园总的教育目标层层分解为可执行、可操作的具体的活动目标，是不太容易的，因为他需要考虑各领域的目标，各年龄班幼儿的特点，还需要针对不同学期的幼儿发展水平来确定目标。这就需要教师在平时工作中积累更多的经验，更认真地观察幼儿，方能制定出适宜的目标来。

2. 教育目标的内容要全面

无论哪一个层次的目标，一般包括幼儿全面发展的各个方面和每个方面的全部内容，需要涉及幼儿的体、智、德、美诸方面，或者知识、技能、能力、态度、方法、情感、价值观等，而不应偏重于某一方面，忽视另一方面的发展，各方面都要涉及，要均衡发展。

3. 教育目标的实施要有连续性和一致性

教育目标的实现是一个长期的过程，需要分解为若干阶段来完成，每一阶段的目标要相互衔接，连贯统一，这既体现了目标的阶段性，也体现了目标的连续性。不同目标之间要协调一致，每一层目标都要成为实现下一目标的有效基础。

4. 要适时调整教育目标

教育目标是可以调整的，不管是学年目标、学期目标，还是月目标、周目标、具体活动的目标，均可以根据幼儿的变化、兴趣而适时调整，不应机械地固守已经制定好的目标。这需要教师有较强的教育机智，因势利导，抓住机会灵活地对幼儿进行教育，从而使幼儿不断地得到发展。

二、幼儿园教育活动的内容

(一)幼儿园教育活动内容的含义

幼儿园教育活动的内容是指为实现教育目标，而要求幼儿学习、获得的知识、技能、能力、态度、行为、经验、价值观等的总和。我们可以从两个方面来理解以上幼儿园教育活动内容的含义：第一，内容是为目标服务的，教育目标是选择教育活动内容的依据，内容的选择和编排应以实现目标为原则，需要与目标保持一致；第二，幼儿园教育活动内容不仅仅包括学科的知识和技能，还包括幼儿在学习过程中所形成的态度、价值观以及相应的行为方式，相互联系、协调有序的幼儿园教育活动内容是幼儿身心得到全面发展的保证。具体的教育内容是落实教育目标的载体，因此，将幼儿园教育内容进一步具体化，明确内容各组成部分之间的联系就为教学顺序的安排奠定了良好的基础，也为幼儿教师全面了解幼儿园教育内容做好了准备。

（二）幼儿园教育活动内容的类别

根据布卢姆的教育目标分类系统，可将教育目标分为“认知学习领域”的目标、“动作技能领域”的目标和“情感态度领域”的目标三个方面。相应地，教育活动的内容也可以分为认知类教育活动内容、动作技能类教育活动内容和情感态度类教育活动内容。

1. 认知类教育活动内容

幼儿园五大领域的教育活动，基本都涵盖了认知类的教育活动内容。例如，科学领域中教师拿出大小不同、颜色不一的圆形，让幼儿认识圆形，发现圆形的主要特征，就属于认知类的教育活动内容。

2. 动作技能类教育活动内容

动作技能类教育活动内容在幼儿园的体育活动和韵律、手工活动中表现得最为充分。例如，体育活动“青蛙捉害虫”，让幼儿练习双脚快速蹦跳，使幼儿在游戏中逐步掌握动作要领，培养各种动作技能。

认知类：排序

动作技能类：青蛙捉害虫

3. 情感态度类教育活动内容

情感态度类教育活动内容往往与认知类、动作技能类的教育活动内容交织在一起，幼儿的某一情感态度的形成，不仅需要认知的参与，而且还要以相关的动作技能为基础。例如，幼儿园开展美术活动“送贺年卡”，不仅需要让幼儿了解贺年卡的来历、作用，欣赏各种贺年卡的样式，同时还要让幼儿自己设计制作贺年卡，写上祝福的话，送给自己最想送给的人。这个活动涵盖了情感态度、认知和动作技能三类教育活动的内容，三者有机结合，共同促进幼儿的全面发展。

情感态度类:送贺年卡

(三)幼儿园教育活动内容选择的原则

1. 幼儿园教育活动的内容应符合教育目标的要求

所谓目标是指通过一定的行为手段所要达到的目的,是人们所追求的行为结果。《幼儿园教育指导纲要(试行)》中对幼儿园各个领域的目标做了明确的规定,幼儿教育最为主要的任务就是实现教育目的,而教育目的的实现必须依托一定的教育内容,教育内容作为教育目标的物质载体,其选择好坏将会直接影响教育目标实现的程度。因此,幼儿教师在进行教育活动内容的选择时不能脱离具体的教育目标,必须根据目标的要求选择相适应的教育内容,不能只为教育内容的新颖性而忽略教育目标,只有符合教育目标的教育内容才是有价值的。教育内容要为教育目标的实现服务。

2. 幼儿园教育活动的内容应符合幼儿的兴趣

英国文艺复兴时期伟大的剧作家、诗人莎士比亚曾经说过:“学问必须符合自己的兴趣,方可得益。”《幼儿园教育指导纲要(试行)》中也提出“善于发现幼儿感兴趣的事物、游戏和偶发事件中所隐含的教育价值,把握时机,积极引导。”幼儿的身心发展特点决定了他们的兴趣,而兴趣是支配他们学习的最大动力,只有感兴趣的事情,他们才会有参与的愿望,才会积极地投入活动中。因此,教师在选择教育活动的内容时必须考虑到幼儿的兴趣、特点,选择符合幼儿兴趣的教育内容,调动幼儿的内在动机,从而最大限度地帮助幼儿获得有益的经验。

3. 幼儿园教育活动的内容应是适宜的

《幼儿园教育指导纲要(试行)》指出,幼儿教师在选择教育活动内容时必须满足“既适合幼儿的现有水平,又有一定的挑战性”的原则,即强调教育活动内容的选择应考虑到幼儿的最近发展区。所谓最近发展区指的是幼儿独立活动时所能达到的解决问题的水平与在成人帮助下能够解决问题的水平之间的差距。在最近发展区里的内容对幼儿来说,才是适宜的。由于各年龄阶段的幼儿在认知、情感、社会性等方面都具有自己独特的发展规律,这就要求我们在选择教育活动内容时既要考虑到幼儿已有的生活经验,又要从幼儿发展的角度出发,选择有利于幼儿自主建构的活动内容。

(四)五大领域的内容与要求

《幼儿园教育指导纲要(试行)》第二部分"教育内容与要求"分别从健康、语言、社会、科学和艺术领域提出了各自的内容和要求。由于本教材从第二章到第八章,更细分地、具体地从语言、科学、数学、社会、健康、音乐、美术七个方面阐述了各领域教育活动的目标、内容、途径和方法,这里就不再一一赘述了。

思考与练习

1. 如何理解幼儿园教育活动的目标体系?

2. 请对照幼儿园教育活动的目标体系图,到某一幼儿园调查一下,看看能找到哪些目标。

第三节 幼儿园教育活动设计的原则与步骤

一、幼儿园教育活动设计的主要原则

(一)主体性原则

所谓主体是相对于客体而言的。一般来说,主体是指有目的、有意识地从事实践活动和认识活动的个体。教育活动既可视为一种认识活动,也可视为一种实践活动,教师和幼儿在教育活动中共同参与、共同探索,他们都是教育活动的主体。但是,在幼儿园教育活动设计中的主体性原则是针对教师的角色和工作而言的,它是指在教师的组织、引导、启发下,通过幼儿自身的实践活动、探索活动来学习并主动建构自己的知识体系。

故此,需要把握好两点:一是教师必须坚持遵循和体现幼儿是活动的主体,活动的内容、方式等方面必须适合幼儿,活动必须注重、激发、满足幼儿的兴趣和需要,幼儿通过主动探索,积极参与,与环境和材料互动,来获得相应的经验,并在自己发现和解决问题的过程中发展其能力。二是教师在重视幼儿主体性发挥的同时,也应适时、适地、适宜地发挥教师自身的主体性,即在活动设计中正确地认识和把握好教师的角色以及对幼儿的指导,为幼儿营造一种民主、平等、宽松、自由的氛围,在满足幼儿的需要和意愿的同时发展幼儿的自主性。教育活动是一种师幼双向互动的活动,教师和幼儿可以互为“老师”,互为主体,相互平等,教师以幼儿活动和学习的参与者、合作者、伙伴的身份与幼儿一起活动,共同分享活动的成果,进而成为幼儿的“隐性支持者”,更好地促进幼儿的学习和发展。

(二)趣味性原则

在教育活动中,教师必须使各个教学环节充满趣味,以引起幼儿浓厚的学习兴趣,激发幼儿学习的内在动机和求知欲,使幼儿在愉快的气氛中,带着喜悦的心情,全身心地投入活动中去,以获得发展。运用趣味性原则需要注意两点:一是教师可以恰当地运用直观手段,配以生动形象的语言,增加教学的趣味性;二是选择的内容需要引起幼儿的直接兴趣,并以游戏为基本活动形式来开展,这样可以把教育活动转化为幼儿喜欢参与的内容,从而促进幼儿的学习和发展。

(三)综合性原则

综合性原则是指在教育活动设计时,必须以幼儿身心全面和谐发展为最高目的,围绕某一主题或方面,结合幼儿的发展特点和实际需要,要在活动中促进幼儿多层次、多角度、多学科的发展。综合性原则不仅需要充分发挥活动内容、形式、过程等各要素的功能,还应加强各要素间的协调、配合,发挥其综合效能。综合性原则主要体现在三个方面:一是实现教育内容的综合,即尽可能地把多种活动的内容科学地组合起来,使之形成合理的、科学的网络结构,发挥综合教育的效应,实现多方面的发展目标,促进幼儿的和谐发展。二是实现教育活动形式的综合,如集体活动、小组活动、个别活动、五大领域的活动等可以互相配合,发挥各自的优势,综合利用才能够有利于教育目标的实现。三是实现教育过程的综合,要实现教育过程中各因素之间的协调(例如教师的教与幼儿的学;教育内容、环境创设与教具的使用;幼儿的身体发展、认知发展与社会性发展等),使活动过程成为促进幼儿发展的过程。

(四)灵活性原则

灵活性原则是指活动设计方案完成后,教师不能像建筑施工那样,完全按照所设计的方案进行施教,其间不允许有任何差错。评价教育活动开展的好坏也是根据实际施教与方案之间的吻合程度,这是不科学的。教育活动的开展应该是灵活的,可以根据幼儿的实际情况和需要随时随机地进行调整,以满足当时的实际和幼儿发展的需要。即使方案已经实施完毕,教师也可以根据实施的具体情况和幼儿的兴趣、需要等对方案进行修订和完善,以使方案更加成熟。

二、幼儿园教育活动设计的步骤

教育活动设计首先要考虑我们要到哪里去(教育活动的目标是什么)——通过教育活动,幼儿要学到什么,他们将能做到什么;其次要考虑我们怎样才能到那里去(选择教育内容和教育方法)——幼儿学习什么,怎样学习才能有效;最后要考虑怎样知道我们是否已经到达了目的地(如何对教育活动进行评价)——幼儿到底学到了什么。具体来说,每个教育活动的设计一般包括幼儿情况分析与设计意图、活动名称、活动目标、活动准备、活动过程、活动拓展或延伸等几部分。

(一)幼儿情况分析与设计意图

情况分析是教育活动设计的第一步。只有对幼儿的现有情况心中有数,教师才能恰当地确定活动的目标、内容和组织形式。情况分析多以隐性的形式存在,主要是分析幼儿已具备哪些与该活动有关的知识、技能、能力、兴趣,存在些什么问题以及幼儿的个别差异等,从而使一个活动尽量满足所有幼儿的需要。设计意图是指活动主题产生的背景、原因及其与幼儿的关系，主要包括：幼儿的兴趣及发展的需要、幼儿已有的经验、幼儿可获得的新经验等，以及教师开展活动的有利条件和资源、该主题可以达成的目标等。

（二）活动名称

活动名称即一次具体教育活动的名字，一般是对活动内容、活动目标的反映，明确活动的主题，能概括地反映出教育活动的主要内容，一般格式如下：

×班××活动“×××”，例如：小班社会活动“我爱幼儿园”。

活动名称设计的要求：

（1）从活动名称能大概了解到教育活动的主要内容和目标；

（2）简洁明了、直接切入主题；

（3）在取名称时尽量符合幼儿化的特点，富有趣味性，幼儿才会感兴趣。

例如：设计一个关于大班春节活动的教案，如果活动名称是“春节”就显得没有感情色彩，没有趣味，很生硬，所以应该加一个前缀，如“热热闹闹的春节”或者“红红火火中国年”等，这样从名称上就感受到了节日的气氛和乐趣，容易引起幼儿的兴趣。

（三）活动目标

活动目标是指通过某一次或某几次教育活动所期望取得的效果。它指明了教育要达到的标准和要求，是开展教育活动的依据，也是教育活动的出发点和归宿。它不仅对教育内容、教育方法、教育手段和教育活动形式产生影响，也影响着教育的结果，即幼儿的发展。

1. 活动目标内容

活动目标主要包括三个方面：①情感、态度、社会性、价值观等方面；②行为动作、技能、能力方面；③认知方面。

2. 活动目标表述的要素

对幼儿园活动目标的表述，教育学家比较一致的看法是：应重点说明学习者行为或能力的变化。活动目标表述的基本要素包括：（1）行为：通过活动幼儿能做什么，指向的是幼儿的行为变化，关注的是幼儿的行为结果，具有客观性、可操作性。（2）条件：说明这些行为在什么条件下产生。（3）标准：指出合格行为的最低标准。如小班绘画活动“画爸爸”的活动目标是：通过观察放大了的爸爸的照片学习画爸爸的脸，能画出脸的主要部位，进一步激发爱爸爸的情感。该目标中幼儿要达到的行为结果是能画出爸爸的脸，条件是通过观察放大了的爸爸的照片，标准是能画出脸的主要部位。在教育活动的目标表述中，行为的表述是最基本的成分，我们常常用这样一些动词来表达，如“理解”“掌握”“欣赏”“培养”等词，有的还在动词前加上“深刻”“充分”等词，如“深刻理解”“充分掌握”，来反映活动要求的提高。

3. 活动目标表述的形式

教育活动目标表述形式有多种，从教育活动的主体看，有两种方式：①以教师的角度来表述，说明教师在活动中应该做什么，如“为幼儿提供……”“鼓励幼儿……”；②以幼儿的角度来表述，主要表述幼儿的行为变化，如“通过观察发现……”“认真倾听……”。目前，在以幼儿为学习主体的观念下，我们提倡的是以幼儿的角度来表述活动目标，从学什么而不是教什么来表述。

4. 活动目标表述的要求

（1）具有可操作性，避免过于笼统、概括和抽象。如中班健康教育活动“刷牙”的活动目标之一是：学会正确的刷牙方法，养成早晚刷牙的好习惯。这个目标具体、明确，便于操作。如果换成“培养幼儿良好的卫生习惯”，这样就太笼统、太抽象了，在操作过程中及检查活动效果时难以把握。

（2）要清晰、准确、可检测，不能用活动的过程和方法来取代。活动目标的表述包括行为、条件、标准等，其中核心的要素是对行为的表述，但教师通常用活动的过程和方法来替代活动的结果。如科学活动“乘坐火车”的活动目标之一是：在观察和游戏的过程中，幼儿把对火车的兴趣转化为理解火车的好奇心。用活动的过程来替代活动目标，目标模糊、不准确，难以检测。

（3）从统一的角度表述目标。同一活动目标中行为的发出者应一致，要么都是教师，要么都是幼儿，不能出现主语不一致的现象。一般情况下，教师的“教”常用使、鼓励、帮助、激发、要求等词语来表述；幼儿的“学”常用学会、喜欢、说出、创编、欣赏等词语来表述。

（4）一个目标可以通过多种活动来实现，一个活动也可以指向多个目标。教育活动目标和相应的教育活动内容并非一一对应的关系，幼儿园教育活动具有综合性和整体性的特点。一方面教师要善于整合各种教育活动，围绕一个目标协调各种教育活动来实现它。如中班科学活动“水”的目标之一是：理解水的特性，懂得保护水资源。可以开展的活动有：“好玩的水”“水从哪里来”“水的用处大”，使幼儿在不同的活动中，通过不同的教育过程和手段了解水的特性，并懂得保护水资源。另一方面教师要最大限度地发挥某一活动的教育功效，使一项活动能实现多方面的教育任务。如大班美术活动“黑白配”的活动目标是：欣赏生活中黑白搭配的物品，感受黑白装饰所带来的美感。能大胆运用点、线、面及黑白色彩来装饰物品，尝试在各种黑白用品上进行绘画创作。这一项活动就是要实现寻找与发现、欣赏与比较、尝试与表现、欣赏与评价等多方面教育任务。

(5)活动目标的表述要尽可能全面。虽然不同的教育活动的教育目标应有所不同，且有各自的重点目标，但总体而言，除了突出本活动的重点目标外，还要兼顾其他方面的目标。每一个教育活动的目标原则上都应包括情感态度目标、认知目标和行为技能目标，三维目标从长远来看应均衡发展，但如果设计某一次具体的教育活动，则可以在这三维目标中有所侧重，有所选择。

(四)活动准备

准备工作是实施活动的前提，它直接影响着幼儿参与活动的积极性、活动的进程和实际效果，主要包括以下几种：

1. 知识准备

知识准备包括两个方面：一方面是教师要具备相关的知识。开展某一个具体的活动，只有教师了解相关的知识，才能深入浅出地指导幼儿。当幼儿提出问题时，又能因势利导，给予适当的帮助。所以，教师除了平时积累知识外，在开展某个活动之前，查阅相关的工具书以广泛地了解相关知识是非常必要的。另一方面是要了解幼儿具备哪些与该活动相关的知识、技能、能力水平，以便有针对性地开展教育活动。如大班讲述活动“可爱的花”，其中的一项活动准备是：每个儿童在家里较细致地观察一种花，并在家长的配合下，了解一些有关花的常识。这就是幼儿讲述花之前的知识准备。

2. 情感准备

幼儿参与活动需要情感的支持，而幼儿的情感又容易受到成人的影响和感染，因此教师自身能否以积极的情感投入到活动的指导中去，会直接影响到幼儿在活动中的情感体验，并影响着活动的效果。

3. 材料准备

活动之前准备材料的工作往往是一项艰巨的任务。教师可以采取各种方法，比如发动大家一起来准备等。活动材料既可以由教师准备，也可以是教师带领幼儿事先收集，还可以让幼儿从家中带来，教师再根据幼儿带来的材料有针对性地加以补充。如大班主题活动“服装布料真多呀”，活动准备之一是：请家长帮忙，在家中或缝纫店收集各种各样的小布料带到幼儿园。这样不仅减轻了教师的工作负担，还把材料的准备巧妙地变成了活动的前奏和家园联系的途径。

4. 空间环境准备

空间对于活动的开展也是非常重要的。比如提供什么样的活动场地，是在室内还是室外？如果在室外，是在室外的空地上还是在自然环境中？如果在室内，是需要桌面的空间还是地面的空间？甚至连活动室内桌椅的摆放，也要考虑到活动的需要。比如怎样才能有利于幼儿的独立操作，怎样摆放才能有利于幼儿之间的讨论交流？种种因素都会影响活动效果。

（五）活动过程

1. 分析教育内容

（1）把握教育内容中的重难点，真正做到重点突出，难点突破。

（2）挖掘教育内容中有利于促进幼儿发展的因素，保证教育目标的顺利实现。

2. 设计活动过程

活动过程主要包括开始部分、基本部分和结束部分。

（1）活动的开始部分。

俗话说“好的开始是成功的一半”，教师可以通过各种各样的方法将幼儿导入活动中。开始部分的时间不能太长，要控制好节奏，大概2~3分钟为宜。

（2）活动的基本部分。

在设计基本部分时，主要考虑以下几点：

①大体分为哪几个步骤？

②每个步骤必须完成哪些内容？采用什么方式方法来完成？

③哪一个步骤是重点？哪一个步骤是难点？怎么突出重点？怎么突破难点？

④每个步骤的时间大体怎样分配？

⑤对每个步骤应如何进行清楚的陈述？

⑥用什么方式来进行步骤之间的过渡？

（3）活动的结束部分。

结束部分的设计主要考虑结束的方式。教师需要精心地设计活动的结束方式，既要使这一次活动圆满地结束，又不能就此结束幼儿对活动的积极性。活动结束的设计要充分体现开放性，在形式上不必拘泥常规。

3. 选择教育方法

（1）教育方法的类型。

幼儿园教育活动的方法，是指教师和幼儿在活动中，为完成教育目标所采用的具体方式和手段。它包括两种含义：一种是指教师在组织幼儿活动时，指导幼儿学的方法；另一种是指幼儿在活动中所采用的学习方法。幼儿园教育活动常用的方法按不同性质可分为三大类，每一类又可分为不同方法。

①口头语言法。指运用口头语言指导幼儿学习的一种方法，主要包括：讲述法、讲授法、讲解法、谈话法、讨论法、语言评价法等。

②直观教学法。指教师借助实物、教具，设计相关的教育情境，将教育内容直观

地展示给幼儿，以实现教育目标的一种方法，如演示法、范例法、榜样法、情境表演法等。

③实践法。指教师为幼儿创设一定的环境，提供充足的实物材料，让幼儿通过自身的实践、练习活动进行学习的方法，如观察法、游戏法、操作法、探究法、移情训练法、练习法等。

(2)选择教育方法的要求。

①根据教育活动目标选择教育方法。

特定的目标往往需要特定的教育方法来实现，如认知领域有识记、理解、应用、分析、综合、评价六个层次。通常，只要求达到识记、了解层次的，可选用讲述法、讲解法和阅读法等；要求达到理解层次的，可选用质疑法、探究法、启发式谈话法等；要求达到应用层次的，则应选择练习法、迁移法和讲评法等；而对于高层次的目标，如分析、综合、评价，则应选择比较法、解决问题法、讨论法等。所以在选择教育活动方法时一定要考虑教育活动所追求的目标是什么，然后根据不同种类的目标选择相应的教育方法。

②根据活动的具体内容选择教育方法。

不同的教育活动内容制约着教育方法的选择。即便是同样的教育活动目标，领域性质不同、具体内容不同，所要求的教育方法也不一样。例如：同样是培养幼儿的操作能力，科学领域多用探究法、实验法，而艺术领域则多用练习法。

③根据幼儿的年龄特征和学习特点选择方法。

教育方法的选择应考虑幼儿的年龄特征和知识经验准备情况，如幼儿对某一事物已有大量的感性经验，教师就无须选择演示法，反之，就用直观教具进行演示，帮助幼儿理解。同时，对处在不同年龄的幼儿和思维水平不同的幼儿要采取不同的教育方法，如发现法和讲授法等方法对于小班幼儿往往不能达到预期的效果，因此，教师应多用角色扮演法、游戏法来激发幼儿活动的兴趣和积极性。所以，教育方法的选择，既要考虑幼儿的年龄特征，又要考虑如何发挥幼儿的主体性，这样选择的方法才能有成效。

④各种教育方法的有机结合，以发挥最佳功效。

每一种教育方法都有其独特的功能和长处，同时也有其局限性和不足之处。例如讲授法，它对陈述性知识的教学比较有效，但它对技能的教学则效果较差。在进行技能教学时，讲授法只有在初期告知操作规则时才是有效的。如果教师一味地依赖讲授法，幼儿就会失去练习的机会，很难促进幼儿相应技能的形成。

由于教育活动目标的多层次化，教育活动环节的多样性，必然要求教育方法的多样化。要保证教育活动目标的全面实现，教育活动中往往要求选择儿种能互补的教育方法，并把它们有机地结合起来使用。

4. 确定教育组织形式

幼儿园教育活动形式一般有集体教育活动、小组教育活动、个别教育活动等。这些组织形式既可以单独使用,也可以综合使用,教师需灵活把握。

(六)活动拓展或延伸

活动拓展或者延伸是对本活动内容的巩固、强化和运用,也对继续开展下一个活动起着连接的作用。一般可以在教学之后的游戏或其他活动中进行,也可以让幼儿回家后与父母一起完成。活动延伸或者活动拓展不是每个活动都必须要有的步骤,可视活动的具体情况而定。

总之,幼儿园教育活动的设计过程可以简化为一个公式,如下图:

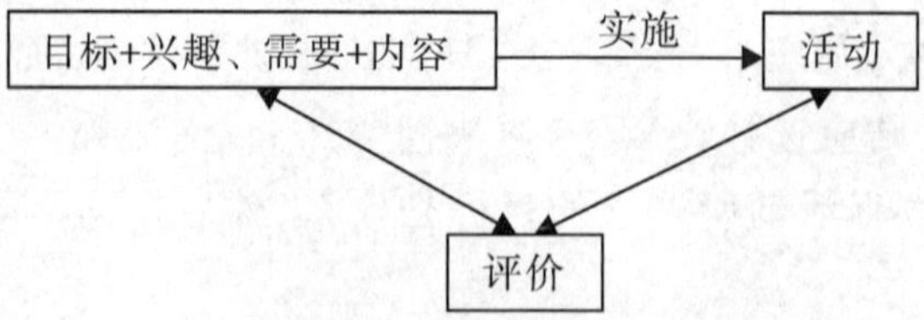

幼儿园教育活动的设计过程图

这里的"目标"是指幼儿园教育目标;"兴趣""需要"是指幼儿感兴趣的、需要的或者已经具备的经验和技能以及年龄特点;"内容"是指为实现目标所选择的适合幼儿发展的内容;"活动"是指教育活动的具体内容和形式、方法、延伸等。"评价"既可针对目标的确定、内容的选择进行,也可针对幼儿的活动进行。可见,教育活动设计有较大的灵活性和变通性。

第四节 幼儿园教育活动的实施与评价策略

一、幼儿园教育活动的实施策略

幼儿园教育活动的开展通常由许多“主题教育活动”组成，并凭借一个个“主题教育活动”去落实，目前，单元主题活动已成为幼儿园教育活动中的主要形式，也是幼儿园教育活动中最常采用的实施形式。因此，本教材主要探讨主题教育活动的组织与实施。

（一）主题教育活动的含义

所谓主题教育活动，即单元主题活动，就是指在或长或短的一段时间内，围绕事先选择的主题组织教育活动。[①]主题教育活动旨在打破各学科之间的界限，围绕选定的主题，将各种内容有机联系在一起，这种活动加强了知识之间的横向联系，表示了一种不同的教育价值取向。

（二）主题教育活动的设计

主题教育活动是一种综合性的教育活动方式，设计的主题宜采用外展式，即不局限于某个领域的知识要件，而是围绕主题核心，从幼儿感兴趣的问题开始，向外扩展，对主题概念进行充分探讨，层层分解，直到具体的活动。与内聚式相比，外展式设计更为自然，知识或内容之间更为融合，主题所发挥的整体效应更好。

1. 选择与确定主题

在主题活动中，“主题”起着统率作用，处于核心位置。因此，选择与确定合理的主题，是开展主题活动的第一步。主题的选择需要考虑以下内容：一是主题是否为幼儿所喜欢，是否能引起幼儿的兴趣和满足他们的需要；二是主题蕴涵了什么样的教育价值，它可能有助于达成哪些教育目标；三是主题覆盖了哪些教育内容，这些内

①王春燕.幼儿园课程概论[M].北京：高等教育出版社，2007：169.

容可能会引起幼儿哪些方面的学习，可以带给幼儿什么样的学习经验；四是主题可行性如何，主题所需要的材料是否容易获得；五是该主题与其他主题之间的关系如何，有无相关的经验进行衔接和连贯。

【资料链接】

主题选择与确定的影响因素

在具体选择与确定主题的过程中，需要考虑以下几个影响因素。

1. 幼儿。幼儿的需要、兴趣、生活、已有经验等，是影响主题选择与确定的首要因素。教师可以通过谈话、观察、幼儿绘画等多种形式，了解幼儿的需要、兴趣、生活、已有的相关经验，并在此基础上，考虑可能的主题。

2. 主题自身特性。主题中蕴含的可能的教育价值、可能涵盖的教育内容，也是一个重要的影响因素，特别是在有几个主题可供选择的情况下，更是如此。

3. 教师。教师的特长、能力、知识储备等，也会在一定程度上影响主题的选择和确定。这些因素可以在外界影响下发生不同程度的变化，因此对主题选择与确定的影响不是决定性的，例如知识储备这一因素可以通过学习、查阅相关资料等方式得以弥补。

4. 可以利用的教育资源。一定的教育资源，是主题活动顺利开展的前提和基础，例如必要的硬件设施、资料等。因此，在具体选择与确定主题的过程中，教师需要考虑这一主题的开展需要哪些教育资源，包括硬件和软件方面，目前可以利用的教育资源有哪些，缺少哪些，缺少的这些资源能否解决等。

5. 已经开展过的主题。主题活动内部的联系比较紧密，但主题与主题之间的联系相对比较松散与缺乏。幼儿园教育活动应该是一个整体，因此，在选择与确定主题过程中，需要注意考虑已经开展过哪些主题，此主题与这些主题之间有哪些联系，包括活动内容、幼儿在活动中获得的经验等。此外，通过了解已经开展过的主题，有利于平衡幼儿园课程。

6. 学科知识。主题活动中，虽然学科知识日益处于隐性地位，但这并不意味着学科知识可有可无。事实上，这种隐性地位可以帮助幼儿更好地体验知识的意义。因此，学科知识依然是主题活动需要关注的。在主题选择与确定的过程中，应主要考虑哪些学科知识是幼儿必须学习的，主题中可能蕴含着哪些学科知识、学习契机等。

教师在综合考虑以上因素的基础上，就可以选择与确定将要开展的主题了。

2. 建构网络

在主题教育活动中，主题网络的建立是其中最重要的环节。主题网络是课程展开的线索，是一种思维方式。主题网络是由许多与主题相关的下位概念编制而成的。尽管不同课程类型所采用的网络可能会有各自的特点，但它们都有一些共同的特征：一是围绕某个主题来进行，不能脱离这个主题；二是线索的辐射性，课程的展开线索均是从与主题密切相关的内容出发，向四周辐射，基本趋势是与核心主题渐趋渐远；三是线索的稠密与主题的性质有关，不同性质的主题可能产生不同数量的线索；四是线索的纵深度或延续度不只受核心主题的影响，也受学习者和教育者经验的影响。因此，在主题网络的建构上教师应该首先寻找与主题密切相关的核心，再厘清展开线索及展开方式，根据学习者的经验选择适合的内容，从而建构完整的主题网络。可以使用头脑风暴、拉近技术、特殊化等策略。

①头脑风暴。围绕某一主题，例如“兔子”，教师个人或与他人一起，展开丰富的联想，充分调动相关知识经验，将头脑中出现的与主题“兔子”有关的东西写在事先准备好的小纸条上，如生活习性、外形、耳朵、嘴巴、腿、胡萝卜、一蹦一跳、兔肉、兔毛、声音、用途、胡须、狡兔三窟等。然后从中选出同类的，如耳朵、嘴巴、腿、胡须等，都属于外形。此时就可以用不同颜色的纸条或笔制作每一小组的标题，在此过程中如果发现同一组中的内容过多，则可以将这些内容再分成几个小组。最后可以在一张大纸的中央写上主题的名称，在主题周围画一些辐射状直线条与每一个小组的标题相连，而每一组的小标题再与这些小组的内容相连。在此过程中，如果又想起与主题相关的内容，还可以再加入，以进一步丰富主题网络。至此，一个主题网络就初步编制成了。

②拉近技术。编制主题网络时还可以采用拉近技术，即放大主题网络中的某一内容，例如“兔子”主题网络中的“食物”“外形”等，使其成为一个新的主题网络。

③特殊化。这是用来决定主题范围的一种技术。例如：兔子—动物—生物。

案例分析

主题活动“植物，我们的好朋友”的主题网络结构图如下：

这是一个以“植物，我们的好朋友”为主题的网络结构图，涉及五大领域中有关植物的内容，通过“有趣的种子”“快乐的种植”“有用的植物”“植物里的小秘密”四个小主题，设计了一系列的活动，这些活动从种子的收集，到种植、长大，再到用途，由表及里，涉及植物的生长过程、环境条件、用途等，是一个较为完整的主题网络。

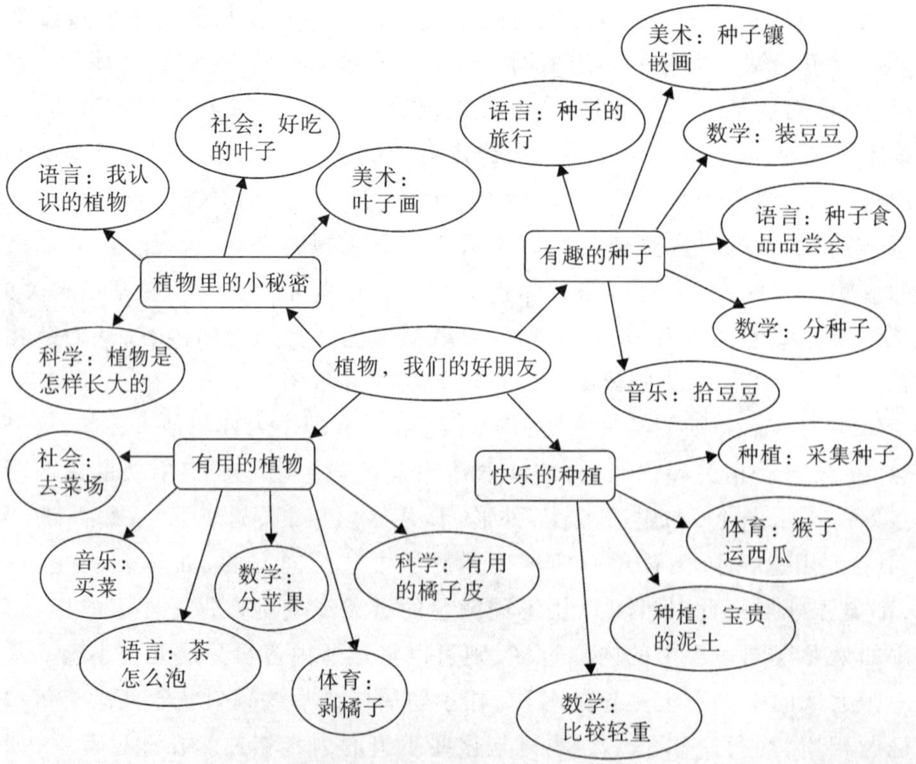

主题活动“植物,我们的好朋友”主题网络结构图

3. 把握进程

在主题教育活动的组织与实施过程中,教师要制定切实可行的计划,同时又要根据实际情况灵活调整,并且在实施计划的过程中把握好进程。首先,需要教师明确主题活动的导入点,不同的主题教育活动有着不同的导入点,例如以“做蛋糕”为主题的教育活动可以幼儿的问题为导入点。其次,需要教师把握主题教育活动的线索,通过主题教育活动的展开来把握其进程。例如:在幼儿吃蛋糕的过程中,提出问题“蛋糕怎么做”,展开“尝试做蛋糕,失败后寻求解决”的活动,延伸到“向面点师请教,成功做成蛋糕”,使整个主题教育活动开展得有张有弛[①]。最后,“有始有终”,即以品尝自己做的蛋糕作为活动的结束。一个完整的主题活动由此完成。

(三)主题教育活动的保障

主题教育活动的顺利和有效开展,需要创造一定的条件来保障,因为幼儿正是在与这些丰富的环境的互动中建构起相应的关键经验和核心能力的,同时特定的主题也需要有与之相匹配的资源才可能使活动得到必要的支持。

主题教育活动要与幼儿的一日生活有机结合。主题教育活动只有与孩子的日

①王春燕.给幼儿教师的101条建议[M].南京:南京师范大学出版社,2009:250.

常生活有机地结合起来，选择与日常生活密切相关的题材，活动的开展才能真正扎根在丰富的“土壤”中，获得充足的“营养”。因此，主题教育活动需要关注幼儿的一日生活，让幼儿在生活中学习，在游戏中学习，使生活与教育形成互补，更好地发挥其作用。

按主题需要创设环境。主题教育活动是围绕主题教育的目标和内容要求而逐步展开的，环境作为一种行为产生的“容器”，是服从于主题需要的。在幼儿园里，教师一方面可以结合主题利用已有的环境；另一方面还可以根据主题创设新的环境，引导幼儿与其发生相互作用，从而获得发展。

二、幼儿园教育活动的评价策略

（一）幼儿园教育活动评价的内容

1. 幼儿园教育活动评价的含义

《幼儿园教育指导纲要（试行）》明确指出：“教育评价是幼儿园教育工作的重要组成部分，是了解教育的适宜性、有效性，调整和改进工作，促进每一个幼儿发展，提高教育质量的必要手段”，“评价的过程，是教师运用专业知识审视教育实践，发现、分析、研究、解决问题的过程，也是其自我成长的重要途径”。因此，幼儿园教育活动的评价是指根据教育目标，与运用一切可行的评价手段，有目的、有计划、有步骤地对幼儿园所开展的各种教育活动的设计方案、实施过程和实施效果进行价值判断的活动过程，其目的是从结果和影响两个方面对教育活动给予价值上的确认，并引导教育活动朝着预期目标发展，以达到最终促进幼儿和教师发展之目的。

2. 幼儿园教育活动评价的内容

（1）对教师“教”的评价。

幼儿园教育活动是由教师，幼儿，教育活动目标、内容、组织形式、环境等诸多要素构成的，而其中幼儿与教师是两个紧密联系、互为主体且不断相互作用的要素。因此，评价幼儿的学习方式也就是评价教师的教学方式，即评价教师的教育活动设计是否有利于幼儿学习方式的开展；教师设置的教学内容、采用的组织方式、创设的环境是否能调动幼儿学习的积极性，是否更有利于促进幼儿主动、有效地学习等。在一定程度上，一个富有实效的教育活动同样也是通过教师“有效地教”来体现的。

①教育活动目标的评价。目标是教育活动的起始环节，规定了教育活动预期要达到的某种效果，是教育活动的内容选择、方法运用、效果评价的依据和准则。因此，教育活动的目标必须要有针对性，要符合该班幼儿的年龄特点和实际发展水平，根据幼儿整体、个体的不同发展需要，充分考虑到幼儿的普遍性和差异性，体现因材

施教，并贴近幼儿的最近发展区。教育活动的目标还必须要有操作性，具体、明确，可操作，有指向，以便于教师和评价者的观察、鉴定和评价。教育活动的目标更要有整合性，能够促进幼儿全面和谐地发展。这种整合性首先表现在一个领域的目标可以在多个领域或活动中体现，如语言领域的发展目标可以在社会或艺术、科学领域活动目标中体现；同时还表现在一个领域的活动中可以包含多个领域的发展目标，如在以语言领域为主的活动中也包含有社会领域的目标。

②教育活动内容的评价。《幼儿园教育指导纲要（试行）》明确指出幼儿园教育活动内容的选择应该体现以下原则：既合适幼儿的现有水平，又有一定的挑战性；既符合幼儿的现实需要，又有利于其长远发展；既贴近幼儿的生活来选择幼儿感兴趣的事物和问题，又有助于拓展幼儿的经验和视野。故教育活动的内容首先要适宜、有效。适宜是指为幼儿选择的内容是处于最近发展区里的内容，其难易程度需要符合幼儿的年龄特点和认知水平；有效是指内容为幼儿所喜欢，能够更快更好地使幼儿获得知识经验。其次，教育活动的内容要多元、整合。教师对教育内容的设计安排需要体现将各领域的关键经验进行有机的、自然的整合，同时亦体现将某些发展领域中的内容围绕某个主线，结合其他领域整合到某一个主题中。这种各领域彼此间整合在内容上是有内在关联并由逻辑主线贯穿的，是一种自然而有效的整合。最后，教育活动的内容还要具有自然性和开放性。在“回归自然”“回归生活”的大背景下，强调活动内容与幼儿多方面的经验相结合，使新知识、新概念的形成建立在幼儿现实生活的基础上，同时强调将幼儿现实生活中的内容演绎为教育活动的内容，从而引发幼儿愉快地、主动地、创造性地、有效地学习。

③教育活动方法的评价。对教育活动方法的评价主要看教师在教育活动方法、手段及情境创设的设计上是否体现了幼儿的年龄特点，活动方式是否足够考虑了幼儿学习方式上的差异、是否能够促进幼儿在已有水平上的有效学习，教师的教学形式是否适宜于教学内容，活动中教师的提问是否有效等。一句话，即主要看教育活动方法是否适宜、有效。常见的教学方法有游戏法、情境法、模仿法、谈话法、操作法、故事法、发现法、探究法、展示交流法等。首先，要看教师是否充分了解每种教学方法的特点、功能、局限性、与幼儿年龄特点的相宜程度，并能够在此基础上进行合理、灵活而优化的使用；其次，要看教师在运用教学方法时，是否能够使幼儿主动探究、亲身感受与体验，将已有经验与新的认知进行碰撞，进而推动幼儿的自主建构；最后，还要看教师所采用的教学方法能否有利于提升幼儿的经验，使幼儿获得更快的发展。

对环境材料创设的评价。在幼儿园教育活动设计与指导中，环境材料的创设和利用既是满足幼儿探索、操作和合作交往等活动的基础条件，也是保证教学方法充分发挥有效价值的重要前提。教师对活动环境和材料的创设和提供，首先必须要与活动的目标定位、内容主题相适宜；其次，还需要这些环境和材料能在发展幼儿认知、情感、个性、社会性等方面具有启发性；最后，材料的丰富性和多样性也是不可忽视的，尤其是随着现代化教育手段和多媒体课件的广泛运用，教师应尽可能地调动和布置多种资源和环境，更多样地设计和使用环境与材料。

（2）对幼儿“学”的评价。

从关注教师的“教”到关注幼儿的“学”，不得不说这是一个进步。对幼儿的“学”进行评价，主要涉及以下几个方面的内容：

①幼儿对教育活动的参与度。主要评价在教育活动的过程中，幼儿注意力的集中程度；在学习、探索以及表达中，幼儿表现出的积极性、自主性、能动性等。

②幼儿的情感态度。主要评价幼儿在教育活动过程中的情绪状态，包括在活动中表现出来的学习态度、情感语言、动作等。

③幼儿在教育活动中的互动程度。主要涉及对幼儿在教育活动过程中与他人（其他幼儿和教师）互动交流状况的评价，包括活动中与他人的合作交流与互动次数、形式、性质以及有效性等方面。

④幼儿在教育活动中的能力。主要评价教育活动中幼儿在能力发展水平上的表现和反应，包括活动中的语言表达能力，敢于提问、经验迁移、分析判断等思维能力，动手操作能力以及创造性表达能力等。

⑤幼儿的学习方式。主要评价幼儿在教育活动中所表现出来的学习风格以及采用的倾向性学习方式和策略，包括其学习方式的多样性、个别性、独特性程度和表现等。

⑥幼儿的学习习惯。主要评价教育活动中幼儿对学习、探索活动的坚持性，克服困难的勇气和毅力，善于倾听他人、接纳他人意见以及与他人友好合作、交流协商等方面。

（二）幼儿园教育活动评价的原则

1. 科学性原则

教育活动评价的科学性原则：要求在评价的实施过程中，评价者不能单凭主观经验或直观感受来评定和判断教师的教学水平或幼儿发展的能力，而必须采用科学合理的评价方法，运用有效的手段和工具来开展评价。科学性原则首先体现在评价展开之前，教师应对评价的对象、内容以及评价的依据做认真的考虑，应当明确为什么要评价、会出现什么问题、收集哪些信息和数据、采用哪些测量或评估手段、在什么时间和地点进行评价、怎么解决这些问题等一系列问题，即充分做好评价的准备；其次，科学性原则还体现在评价的实施过程中，评价方法和手段要具有相当的科学化标准，便于评价者的合理操作和实施；再次，科学性原则还应当体现在评价者必须综合考虑教育活动中各相关因素间的相互关系和作用，从静态和动态两方面实施评价，既考虑量化的评价指标又体现对质性评价手段的运用。

2. 全面性原则

全面性原则主要表现在以下三层含义上：

（1）评价时收集信息的渠道要全面多样，不能片面强调某一种评价方式，更不能偏听偏信。评价者可以通过观察、记录、测验、访谈等多种方式对教育活动中的幼儿和教师进行评价，同时也应当把家长评价、幼儿自评作为获得评价信息的途径。只有这样，才能使评价工作更科学、更准确。如对某一教育活动效果的评价，不仅要听取领导或专家的意见，还要听取同行的意见，听取广大家长的意见，更要考查所评班幼儿的发展水平，收集方方面面的信息进行分析和归纳，最后做出恰当的评价。

（2）评价的内容应反映幼儿的整体发展水平，评价视角应全面而多向，防止只关注幼儿认知发展水平，忽视对幼儿的学习兴趣、态度、情感、交往、学习习惯、规则意识、适应能力等其他方面的评价和考查。

（3）评价的全面性原则还应体现在要全面、充分地反映教育活动目标，反对过分强调某一些因素而忽视对其他因素的评价，避免因为评价的导向性而引起教育教学工作的偏颇。

3. 发展性原则

发展性原则主要体现在两个方面。一方面，幼儿是否得到发展，教师是否得到发展，幼儿园是否得到发展，是幼儿园教育活动评价唯一的标准。幼儿园教育活动评价的根本目的就是促进幼儿、教师、幼儿园的发展，特别是幼儿的健康发展。只有用发展的观点对待存在个体差异的评价对象，确定评价对象在同类评价对象中的地位，才能促进评价对象的发展。另一方面，评价的过程是一个动态的过程，通过信息的交流、反馈，对评价指标、方法、过程不断调整、改进、完善，评价自身也会不断完善发展，以发挥其最大功效。

4. 定量和定性评价相结合原则

定量评价是对活动过程和结果从量的方面进行分析，通过数量化的说明对所评价的现象做出解释。如对幼儿智力发展的评价，就常用数量化的智力商数来表示。定性评价是对活动过程和结果从质的方面进行分析评价，是通过对现象进行质的深层次的描述来做出评价。如对教师教学责任心的评价，就要从质的角度去考查和评价。数量和质量是一个事物的两方面，既没有离开数量的质量，也没有离开质量的数量。所以在教育活动评价中，要将定量分析和定性分析结合起来，取长补短，才能使评价更全面、更科学，发挥其最佳的评价作用。

5. 评价与指导相结合原则

评价是按照一定的标准对被评价对象已完成的行为做出判断,评价的结果可以使被评价对象受到启发和教育,从而学有榜样,赶超有方向,或吸取教训,引以为戒。如评出一个好的教育活动,可以提供给其他教师学习,甚至可以进行宣传推广。若一个教育活动被判断为失败,也可以使该教师明确自己失败在何处,从而重新研究,争取成功。要使先进更先进,后进赶先进,就需要将评价和指导工作结合起来。指导是评价的继续和发展,它把评价的结果上升到一定的理论高度加以认识,并根据评价对象所具有的主客观条件,从实际出发,帮助评价对象掌握自身在今后一个时期内发展的方向,扬长避短,争取更大的进步。应该说,在幼儿园教育活动的评价中,有对什么问题的评价,就有对什么问题的指导,从评价到指导,从指导再到评价,循环往复,是提高教育活动质量的有力保证,也是一个必需的过程。

(三)幼儿园教育活动评价的方式

1. 形成性评价和总结性评价

形成性评价也叫过程评价,是通过对幼儿学习进展情况的评价,进而影响学习过程的一种评价模式。这种评价主要反映在教育活动的持续进行过程中,通过了解、鉴定教育活动的进展及时地获取调节或改进活动的依据,以提高教育活动的实效。它是伴随着活动的进程而贯穿始终的一种动态性评价,能够获取的评价信息量大、范围广。形成性评价通过观察幼儿具有典型意义的行为表现,或积累一定的幼儿作品,了解和获取幼儿在活动中的发展状况和信息,以帮助教师及时地调整教育活动策略,并为进一步满足幼儿的学习需要,支持其深入学习与探究提供依据。

总结性评价也叫结果评价,是指在完成某个教育活动或某个单元性、阶段性活动之后进行的总结和评定,它与目标的达成程度紧密相关,通常是在教育活动之后实施的一种评价,它注重的是结果。

2. 定性评价和定量评价

定性评价是评价者用语言文字作为收集和分析评价资料,呈现评价结果的一种评价方式。“定性评价来自社会学和人类学的传统,强调对现象的描述、解释和归纳,具有人文主义的价值判断倾向。”①

定量评价是评价者收集评价对象的数量性的实证信息,用数量化指标来显示评价结果的一种评价方式。“定量评价来自自然科学和心理学的实验传统,强调实证的求知方法,以评价结果为焦点,力求精确地测量资料,强调评价的可靠性和推断性,

①王坚红.学前教育评价——理论·方法·实践[M].北京:人民教育出版社,1994:273.

具有科学主义的价值判断倾向。"①

3. 内部评价和外部评价

所谓内部评价，是指参与主体进行的自我评价，如学习主体对自我的认识和评价，教学主体对自我教学工作的评价等。在幼儿园教育活动实践中，教师作为评价者，根据一定的价值判断和评价标准对自己教学活动所进行的自我反思和评价是相当重要的。对教师而言，对自己教学活动的分析与反思，这种自我评价是一种内在的行为，能更有效地促进其专业发展。

所谓外部评价，是指评价主体独立于评价对象之外所实施的一种他人评价。一般来说，外部评价者可以是幼儿园管理者、上级教育行政组织的管理者、同行教师、幼儿家长，甚至可以是幼儿。

思考与练习

根据幼儿园教育活动设计的步骤，到幼儿园去观察一次教育活动的实施过程，并尝试对其进行评价。

【考查要点】

（1）本单元的知识在历年教师资格考试中涉及不多，且多以单项选择题的形式出现，考查的多为一些基础性的知识点，这主要是因为本单元知识相对比较综合，理论性较强。

（2）本章节的内容是后面其他章节内容学习的基础，因此在学习时需要掌握幼儿园教育活动的特点，着重掌握幼儿园教育活动设计的步骤，理解幼儿园教育活动的实施和评价策略，为后面各章节的学习奠定一个良好的基础。

【真题解析】

1.（2015 年下半年选择题）《幼儿园教育指导纲要（试行）》中的教育目标较多使用"体验""感受""喜欢""乐意"等词汇，这表明幼儿园教育强调（　）。

A. 知识取向　　B. 情感态度取向　　C. 能力取向　　D. 技能取向

【答案解析】B。《幼儿园教育指导纲要（试行）》在目标表述上较多地使用了

①王坚红. 学前教育评价——理论·方法·实践[M]. 北京：人民教育出版社，1994:273.

“体验”“感受”“喜欢”“乐意”等词汇，突出了情感、兴趣、态度、个性等方面的价值取向，着眼于奠定和激发幼儿终身学习的基础和动力。

2.（2013 年上半年选择题）在幼儿教育活动中，最能为幼儿提供交谈机会的组织形式是（　）。

A. 小组活动　　B. 班集体活动　　C. 全园活动　　D. 个别活动

【答案解析】A。小组活动是指部分幼儿一起进行活动的形式，可为幼儿提供更多的交流与操作机会，减少其等待时间。

3.（2015 年下半年选择题）在幼儿园阶段，不适合幼儿学习的内容是（　）。

A. 听故事　　B. 洗手如厕

C. 和同伴一起游戏　　D. 学习 10 以上的加减法

【答案解析】D。为遏制超前教育，教育部发布《3—6 岁儿童学习与发展指南》，严禁幼儿园提前学习小学内容。

4.（2017 年上半年选择题）吃午饭时，孩子们吵吵嚷嚷，不能好好吃饭，李老师说：“咦，教室里怎么飞来这么多小蜜蜂，嗡嗡的好吵呀！快把它们请出去，别打扰我们吃饭。”孩子们听后变得安静地吃饭。李老师的语言具有（　）。

A. 教学性　　B. 趣味性　　C. 鼓励性　　D. 示范性

【答案解析】B。该教师的语言行为体现了趣味性。

5.（2016 年下半年活动设计题）请根据下列素材，设计大班主题活动方案，要求写出主题活动的名称、主题活动的总目标、2 个子活动。每个子活动包括：活动名称、活动目标、活动准备和活动的主要环节等。

在周一早晨户外活动中，幼儿被园子里五颜六色的花吸引了，有的在指认花的颜色，红的、黄的、白的、紫的；有的在数花瓣，三瓣的、五瓣的、六瓣的；有的在争论花的名称。他们发现有的花朵长得一样，但是颜色不一样；有的花朵有香味，有的花朵没有香味……户外活动的时间结束了，幼儿还一直很兴奋地谈论着……

【答案解析】

【真题模拟】

1. 下列（　）不属于幼儿园教育活动设计所必须遵循的原则。

A. 趣味性原则　B. 主体性原则　C. 整合性原则　D. 灵活性原则

2. 在幼儿园教育活动的评价中，下列说法正确的是（　）。

A. 内部评价比外部评价要好　　B. 形成性评价比总结性评价要好

C. 评价应只关注幼儿的“学”　　D. 定性评价和定量评价相结合为宜

3. 腊月后南方下了挺大的一场雪，教师不失时机地组织幼儿观看、讨论，并开展了“下雪真美丽”“雪的形状”“发生在雪地里的故事”等一系列的活动，这体现了幼儿园教育活动设计的（　）原则。

A. 启蒙性　　B. 生活性　　C. 整合性　　D. 灵活性

4. 下面的方法中，（　）是属于教师为幼儿创设一定的环境，提供充足的实物材料，让幼儿通过自身的实践、练习活动进行学习的方法。

A. 范例法　　B. 演示法　　C. 讲解法　　D. 实践法

5. 我国幼儿园通常不要求在学前阶段教孩子写字，这符合（　）。

A. 独立自主性原则　　B. 发展适宜性原则

C. 保教结合原则　　D. 综合性原则

【思考实训】

思考：

通过本章内容的学习，我学到了什么？如何让设计好的方案得到最有效的实施？为此，教师应该怎么做？方案实施之后教师应该如何评价和反思？

实训：

以一位幼儿教师设计好的一份活动方案为例，分析该方案是否遵循了幼儿园教育活动设计的四项基本原则，观察这份方案的实施情况，并做出相应的评价。

【推荐阅读】

[1]王文乔，胡静峰．幼儿园教育活动设计与指导[M]．长春：东北师范大学出版社，2017.

[2]黄瑾．幼儿园教育活动设计与指导[M]．上海：华东师范大学出版社，2007.

第 2 章 幼儿园语言教育活动的设计与组织

语言是人类最重要的交际工具,语言的运用和发展都离不开一定的情境。幼儿时期,是语言发展的最佳时期,抓住这个关键期对幼儿进行语言教育,是幼儿园义不容辞的责任。本章主要从幼儿园语言教育活动的概述出发,探讨了语言教育活动的目标与内容、实施途径与方法,以及对语言教育活动的指导和评价,以期为幼儿的语言发展奠定良好的基础。

【学习目标】

知识目标：了解幼儿园语言教育的意义，理解幼儿语言发展的特点；掌握幼儿园语言教育活动的目标与内容、途径与方法。

技能目标：学会对幼儿园语言教育活动进行设计、实施与评价。

情感目标：乐意设计并尝试实施幼儿园语言教育活动，并能做相应的指导。

【学习重点】

1. 学会对幼儿园语言教育活动进行组织实施与评价。
2. 乐意设计并尝试实施幼儿园语言教育活动，并能做相应的指导。

【知识结构图】

- **幼儿园语言教育活动的设计与组织**
  - 幼儿园语言教育活动概述
    - 幼儿园语言教育活动的含义
    - 幼儿园语言教育的意义
  - 幼儿园语言教育活动的目标与内容
    - 幼儿园语言教育活动的目标
    - 幼儿园语言教育活动的内容
  - 幼儿园语言教育的途径与方法
    - 幼儿园语言教育的途径
    - 幼儿园语言教育的方法
  - 幼儿园语言教育活动的评价
    - 幼儿园语言教育活动的评价原则
    - 幼儿园语言教育活动的评价内容

第一节
幼儿园语言教育活动概述

一、幼儿园语言教育活动的含义

幼儿园语言教育活动是指以幼儿为主体，以语言为客体的一种有目的、有计划的多种形式的活动过程。幼儿园语言教育活动是实现语言教育目标的有效途径，是组织和传递语言教育内容的实施环节，也是落实语言教育任务的具体手段。

二、幼儿园语言教育的意义

语言是人们交际的工具，是人们用来交流生产经验、思想感情，以达到互相了解的交际工具。人们在劳动、学习、工作等活动中都离不开语言，因此，从小培养和发展幼儿的语言能力，让幼儿正确地掌握和运用语言，具有十分重要的意义。

（一）幼儿期是语言发展的最佳期

幼儿期是语言发展的重要时期，婴儿到3岁以后，大脑发育迅速，听觉器官和发音器官相对成熟，能分辨和模仿成人的语言，这为幼儿语言发展提供了生理基础。另外，3~6岁这个时期，随着他们接触范围的逐渐扩大，在周围生活环境的影响下，幼儿说话和交往的需要日益增加。如幼儿爱说话，爱提出疑问，喜欢听人们讲各方面的知识经验，也喜欢用语言来表达自己的思想和要求等，如果在这个时期得到正确的教育，幼儿的语言将会迅速地发展，不仅学会的词汇量日益增多，而且逐渐能用单句、复句连贯地叙述见闻，表达思想。反之，在这个时期，忽视了对他们进行语言教育，其语言的发展就会缓慢，以后进行补偿教育就很困难。如7岁“狼孩”回到人类社会后，开始学习说话，经过几年的训练，也只记住了四五个词语。这个实例说明，幼儿语言的发展如果错过了最佳时机是难以弥补的。幼儿期的语言教育在家庭和幼儿园中，应该处于举足轻重的位置，其发展好坏对人的一生发展有着重要的影响。

（二）良好的口语表达能力是学好书面语言的基础

幼儿园开展的语言教育活动主要是发展幼儿的口头语言表达能力，为以后很好地掌握书面语言打下基础。在幼儿入学以前，如果能学会普通话的准确语音，掌握大量的词汇，有一定的口语表达能力，入学后学习认字、读书和作文时（主要是把看到的字形和相应的语音联系起来，理解文字内容和用文字表达意思），就比较容易了。学前阶段成人如果能在日常生活、游戏中有意识地培养幼儿口头组词、造句和口语表达能力，让幼儿现想现说，有条有理地说，就可以促进幼儿思维的敏捷性、灵活性和逻辑性的发展；如果能进行一些前阅读准备，培养幼儿对图书及图形、字形认读、书写汉字的兴趣、能力和习惯，就可为幼儿入学后学习书面语言打下良好的基础。

（三）幼儿园语言教育能促进幼儿的全面发展

教师通过语言教育，不仅向幼儿传授了知识，而且可对幼儿在体、智、德、美各个方面进行教育，是幼儿发展过程中不可缺少的重要手段。

1. 进行语言教育，可以培养幼儿良好的品德

通过语言教育向幼儿进行初步的"五爱"教育，培养他们"爱祖国、爱人民、爱劳动、爱科学、爱护公共财物"的思想感情和行为习惯；通过语言教育使幼儿具有初步辨别好坏、对错、美丑的能力；通过语言教育培养幼儿活泼开朗、积极向上、好奇好问、乐于探索、富于想象等优良个性品质以及对学习的广泛兴趣；通过语言教育培养幼儿诚实、勇敢、守纪律、懂礼貌、团结友爱、克服困难等优良品德和文明行为习惯；通过语言教育培养幼儿自理能力和独立、自信、自尊等优良品格。

2. 进行语言教育，可以发展幼儿的智力

幼儿是在认识万物的过程中学习和发展语言的。幼儿语言发展的好坏直接影响其智力的发展。因此，通过发展幼儿语言不仅丰富了幼儿知识，还培养了幼儿的认识能力，从而发展了幼儿智力。

3. 进行语言教育，可以培养幼儿美感

目前，幼儿园语言教育主要是通过故事、诗歌、儿歌、看图讲述、谈话、观察等形式进行的。其内容丰富多彩，音调韵律优美动听，形象逼真，可以促使幼儿形象地、深刻地认识周围事物。通过艺术形象的语言，还可以提高幼儿对美的欣赏能力和兴趣，促进幼儿想象力、模仿力和创造力的发展。

4. 进行语言教育，还可以培养幼儿健康的体魄

通过生动、形象、正确的语言指导幼儿讲卫生、预防疾病，增强体质，使其具有健康的卫生习惯。幼儿园健康领域的教育活动也是通过语言这一交流工具得以开展和完成的。

思考与练习

到某一幼儿园自选1~2名幼儿，观察、记录并分析其语言发展的特点。

第二节 幼儿园语言教育活动的目标与内容

一、幼儿园语言教育活动的目标

（一）《幼儿园教育指导纲要（试行）》中语言教育活动的总目标

2001年教育部颁布的《幼儿园教育指导纲要（试行）》对语言领域提出了以下总目标：

（1）乐意与人交谈，讲话礼貌。

（2）注意倾听对方讲话，能理解日常用语。

（3）能清楚地说出自己想说的事。

（4）喜欢听故事、看图书。

（5）能听懂和会说普通话。

（二）《3—6岁儿童学习与发展指南》中语言教育活动的目标

1. 倾听与表达

（1）目标1：认真听并能听懂常用语言（如下表所示）。

“认真听并能听懂常用语言”的年龄阶段目标

3~4岁	4~5岁	5~6岁
1. 别人对自己说话时能注意听并做出回应 2. 能听懂日常会话	1. 在群体中能有意识地听与自己有关的信息 2. 能结合情境感受到不同语气、语调所表达的不同意思 3. 方言地区和少数民族幼儿能基本听懂普通话	1. 在集体中能注意听老师或其他人讲话 2. 听不懂或有疑问时能主动提问 3. 能结合情境理解一些表示因果、假设等相对复杂的句子

（2）目标2：愿意讲话并能清楚地表达（如下表所示）。

"愿意讲话并能清楚地表达"的年龄阶段目标

3~4岁	4~5岁	5~6岁
1.愿意在熟悉的人面前说话，能大方地与人打招呼 2.基本会说本民族或本地区的语言 3.愿意表达自己的需要和想法，必要时能配以手势动作 4.能口齿清楚地说儿歌、童谣或复述简短的故事	1.愿意与他人交谈，喜欢谈论自己感兴趣的话题 2.会说本民族或本地区的语言，基本会说普通话。少数民族聚居地区幼儿会用普通话进行日常会话 3.能基本完整地讲述自己的所见所闻和经历的事情 4.讲述比较连贯	1.愿意与他人讨论问题，敢在众人面前说话 2.会说本民族或本地区的语言和普通话，发音正确清晰。少数民族聚居地区幼儿基本会说普通话 3.能有序、连贯、清楚地讲述一件事情 4.讲述时能使用常见的形容词、同义词等，语言比较生动

（3）目标3：具有文明的语言习惯（如下表所示）。

"具有文明的语言习惯"的年龄阶段目标

3~4岁	4~5岁	5~6岁
1.与别人讲话时知道眼睛要看着对方 2.说话自然，声音大小适中 3.能在成人的提醒下使用恰当的礼貌用语	1.别人对自己讲话时能回应 2.能根据场合调节自己说话声音的大小 3.能主动使用礼貌用语，不说脏话、粗话	1.别人讲话时能积极主动地回应 2.能根据谈话对象和需要，调整说话的语气 3.懂得按次序轮流讲话，不随意打断别人 4.能依据所处情境使用恰当的语言。如在别人难过时会用恰当的语言表示安慰

2. 阅读和书写准备

（1）目标1：喜欢听故事，看图书（如下表所示）。

"喜欢听故事，看图书"的年龄阶段目标

3~4岁	4~5岁	5~6岁
1.主动要求成人讲故事、读图书 2.喜欢跟读韵律感强的儿歌、童谣 3.爱护图书，不乱撕、乱扔	1.反复看自己喜欢的图书 2.喜欢把听过的故事或看过的图书讲给别人听 3.对生活中常见的标志、符号感兴趣，知道它们表示一定的意义	1.专注地阅读图书 2.喜欢与他人一起谈论图书和故事的有关内容 3.对图书和生活情境中的文字符号感兴趣，知道文字表示一定的意义

（2）目标2：具有初步的阅读理解能力（如下表所示）。

"具有初步的阅读理解能力"的年龄阶段目标

3~4岁	4~5岁	5~6岁
1.能听懂短小的儿歌或故事 2.会看画面，能根据画面说出图中有什么，发生了什么事等 3.能理解图书上的文字是和画面对应的，是用来表达画面意义的	1.能大体讲出所听故事的主要内容 2.能根据连续画面提供的信息，大致说出故事的情节 3.能随着作品的展开产生喜悦、担忧等相应的情绪反应，体会作品所表达的情绪情感	1.能说出所阅读的幼儿文学作品的主要内容 2.能根据故事的部分情节或图书画面的线索猜想故事情节的发展，或续编、创编故事 3.对看过的图书、听过的故事能说出自己的看法 4.能初步感受文学语言的美

（3）目标3：具有书面表达的愿望和初步技能（如下表所示）。

"具有书面表达的愿望和初步技能"的年龄阶段目标

3~4岁	4~5岁	5~6岁
喜欢用涂涂画画表达一定的意思	1.愿意用图画和符号表达自己的愿望和想法 2.在成人提醒下，写写画画时姿势正确	1.愿意用图画和符号表现事物或故事 2.会正确书写自己的名字 3.写画时姿势正确

（三）幼儿园语言教育活动的分类目标

在幼儿园语言教育领域内，最常见的是谈话活动、讲述活动、听说游戏活动、文学作品学习活动、早期阅读活动五种类型的语言教育活动。每一种类型的语言教育活动均有其相应的活动目标。

1. 谈话活动的目标

谈话活动是培养幼儿在一定范围内运用语言与他人进行交流的语言教育活动类型，其目标主要有：

（1）帮助幼儿学会倾听他人的谈话，逐步掌握几种主要的倾听技能。

（2）帮助幼儿学习围绕一定的话题谈话，充分表达个人见解，培养幼儿的口语表达能力。

（3）帮助幼儿学习运用语言进行交流的基本规则，提高幼儿的语言交往水平。

2. 讲述活动的目标

讲述活动需要幼儿用连贯、完整的语言讲述某一事物，以培养幼儿独立构思、完整表达的能力，其目标主要有：

(1)培养幼儿感知理解讲述对象的能力。

(2)培养幼儿独立构思与清楚完整表述的能力。

(3)帮助幼儿掌握语言交流的清晰度以及调控能力。

3. 听说游戏活动的目标

听说游戏是采用游戏的方式开展的语言教育活动,其目标主要有:

(1)帮助幼儿按照一定规则进行口语表达练习。

(2)提高幼儿积极倾听的水平。

(3)培养在语言交往中的机智性和灵活性,锻炼幼儿迅速领悟语言规则的能力,快速调动个人已有的语言经验编码的能力,以及快速以符合规则的方式来表达的能力。

4. 文学作品学习活动的目标

文学作品学习活动是通过欣赏文学作品来学习书面语言的语言教育活动,其目标主要有:

(1)要求幼儿积极参加文学作品学习活动,乐意欣赏文学作品,知道文学作品有童话故事、诗歌和散文等多种体裁。

(2)帮助幼儿感受文学作品的语言美,培养他们对书面语言的敏感性。

(3)要求幼儿理解文学作品的内容,学习用语言和非语言的表现方式表达自己对某部文学作品的理解。

(4)要求幼儿根据文学作品所提供的线索,进行创造性想象,并用口头语言表达自己的经验和想象。

5. 早期阅读活动的目标

幼儿园的早期阅读活动,是帮助幼儿学习书面语言的教育过程,其目标主要有:

(1)提高幼儿学习书面语言的兴趣。

(2)帮助幼儿初步认识书面语言和口头语言的对应关系,懂得书面语言学习的重要性。

(3)帮助幼儿掌握早期阅读的初步技能。

(四)幼儿园语言教育活动的年龄阶段目标

1. 谈话活动的年龄阶段目标

小班:

(1)学会安静地听同伴说话,不随便插嘴。

(2)喜欢与同伴交谈,愿意在集体面前讲话。

(3)能听懂并愿意说普通话。

(4)在教师的引导下,学习围绕主题谈话,能用短句表达自己的意思。

(5)初步学习常见的交往语言和礼貌用语。

中班:

(1)能集中注意力,耐心地倾听别人谈话,不打断别人的话。

(2)乐意与同伴交流,能大方地在集体面前说话。

(3)能说普通话,比较连贯地表达自己的意思。

(4)学会围绕一定的话题谈话,不跑题。

(5)学会用轮流的方式谈话,不抢着讲,不乱插嘴。

(6)继续学习交往语言,提高语言交往的能力。

大班:

(1)能主动、积极、专注地倾听别人谈话,迅速掌握别人谈话的主要内容,并从中获取有用的信息。

(2)能主动地用普通话与同伴交流,态度自然大方。

(3)能围绕话题谈话,会用轮流的方式交谈,并能用恰当的语言表达自己的情感,与同伴分享感受。

(4)逐步学习用修补的方法延续谈话,进一步提高语言交际水平。

2. 讲述活动的年龄阶段目标

小班:

(1)有兴趣地运用各种感官,按照要求去感知讲述内容。

(2)理解内容简单、特征鲜明的实物、图片和情景。

(3)愿意在集体面前讲述。

(4)能正确地说出讲述内容的主要特征或主要事件。

(5)能安静地听老师或同伴讲述,并用眼睛注视讲述者。

中班:

(1)养成先仔细观察、后表达讲述的习惯。

(2)逐步学会理解图片和情景中展示的事件顺序。

(3)能主动地在集体面前讲述,声音响亮,句式完整。

(4)学习按照一定的顺序讲述实物、图片和情景的内容。

(5)能积极倾听别人的讲述内容,发现异同,并从中学习好的讲述方法。

大班:

(1)通过观察,理解图片、情景中蕴含的主要人物关系和思想情感倾向。

(2)有重点地讲述实物、图片和情景,突出讲述的中心内容。

(3)在集体面前讲话状态自然大方,能根据场合的需要调节自己讲述的音量和语速。

(4)讲述时语言表达流畅,用词用句较为准确。

3. 听说游戏活动的年龄阶段目标

小班：

（1）乐于参加游戏活动，在游戏中大胆地说话。

（2）发准某些难发的音，初步掌握方位词及人称代词，学习正确运用动词。

（3）在游戏中尝试按照规则运用简单句说话。

（4）养成在集体活动中倾听别人讲话的习惯，能听懂并理解较简单的语言游戏规则。

中班：

（1）在游戏中巩固练习发音，正确运用代词、方位词、副词、动词、连词和介词等。

（2）能说简单而完整的合成句。

（3）能听懂并理解多重游戏规则。

（4）学习较为迅速地领悟游戏中的语言规则，并能及时做出相应的反应。

大班：

（1）在游戏中学习正确运用反义词、量词和连词等，并能说出完整的合成句。

（2）养成积极倾听的习惯，迅速把握和理解游戏中较复杂的多重指令。

（3）不断提高幼儿倾听的精确程度，准确掌握和传递有细微差别的信息。

（4）在游戏中按照规则迅速调动个人已有语言经验编码，并迅速地进行语言表达。

4. 文学作品学习活动的年龄阶段目标

小班：

（1）喜欢欣赏文学作品，愿意参加文学活动，对文学作品的语言感兴趣。

（2）能初步感受文学作品的语言美，知道童话故事、诗歌和散文是不同体裁的文学作品。

（3）学习理解文学作品的情节内容或画面情景，能用语言、动作、表情等方式表达自己对文学作品的理解。

（4）在文学作品原有基础上扩展想象，仿编诗歌、散文中的句式或续编故事结尾。

中班：

（1）喜欢欣赏不同形式的文学作品，主动积极地参加文学活动。

（2）知道文学作品语言与日常生活语言的不同，进一步感受文学作品语言美。

（3）学习理解文学作品的人物形象，感受作品的情感基调，能运用较恰当的语言、动作、绘画形式表达自己对作品的理解。

（4）根据文学作品提供的线索，展开想象，仿编或续编一个情节或一个画面。

大班：

（1）乐意欣赏不同体裁、不同风格的文学作品，在文学活动中积累文学语言，并尝试在适当场合运用。

（2）在理解文学作品人物、情节或画面情景的基础上，学习理解作品的主题或感受作品的情感脉络。

（3）初步感知文学作品语言和结构的艺术表现特点，开始接触文学作品的艺术语言构成方式。

（4）依据文学作品提供的线索想象，联系个人已有经验扩展想象，并创造性地进行表述。

5. 早期阅读活动的年龄阶段目标

小班：

（1）喜欢看书，知道看书的基本方法，能初步看懂单幅儿童图画书的主要内容。

（2）能用口头语言将儿童图画书的主要内容说出来，开始感觉语言和其他符号的转换关系。

（3）对文字感兴趣，能在成人的启发下认读最简单的文字。

（4）在活动中以描画图形的方式练习基本笔画。

中班：

（1）能仔细观察图画书中画面的人物细节，看懂单页多幅的儿童图画书的内容，增强预知故事情节发展和结局的能力。

（2）懂得爱护图书，知道图书的构成，有兴趣模仿制作图画、图书。

（3）在阅读过程中初步了解汉字的由来和简单的汉字认读的规律，并有主动探索汉字的愿望。

（4）喜欢描画图形，尝试用有趣的方式练习汉字的基本笔画。

大班：

（1）能与同伴合作制作图画书，进一步了解图画书的构成。

（2）知道图画书画面与文字的对应关系，有兴趣阅读图画书中的简单文字。

（3）积极学认常见的汉字，进一步了解汉字认读的规律，提高观察摹写的能力，并注意在生活中运用已获得的书面语言。

（4）掌握基本的书写姿势，在有趣的图形练习中做好写字的准备。

二、幼儿园语言教育活动的内容

幼儿园语言教育活动的内容可以分为专门的语言教育活动内容和渗透的语言教育活动内容两大类。

（一）专门的语言教育活动内容

专门的语言教育活动内容，是为幼儿提供与语言进行充分互动的环境，使他们有机会对日常生活中获得的零碎语言进行经验提炼和深化，达到对语言规则的理解和有意识地运用。专门的语言教育活动内容是根据既定的语言教育目标，通过有计划的安排和组织幼儿系统学习语言的专门语言教育活动来呈现的，是实现语言教育目标的重要手段，是将教育目标转化为幼儿语言发展的中间环节，也是语言教育活动设计和组织的主要依据。要想使选择的教育内容能够真正体现教育目标，能够促进幼儿语言的发展，教师需要根据语言教育目标、幼儿心理发展的特点来选择内容，要在幼儿的新旧语言经验间建立联系。在幼儿园中，专门的语言教育活动内容分别蕴藏在谈话活动、讲述活动、听说游戏活动、文学作品学习活动和早期阅读活动这几种形式之中。

1. 谈话活动

幼儿园的谈话活动，是帮助幼儿学习运用口头语言与他人进行交谈的活动，从培养幼儿语言交流能力的角度出发，谈话活动为幼儿创设的是一种特别的语言情境。在各种类型的幼儿园语言教育活动中，谈话活动具有独特的促进幼儿语言发展的功能。近年来有关儿童语言发展的研究，尤其是对儿童语言运用能力发展的研究，使我们逐渐认识到，谈话活动是幼儿园语言教育活动中不可缺少的一种类型。我们知道，人并不是生来就会谈话的，作为人们运用语言与他人交流的最为基本的方式，谈话需要参与者具有共同的有关语言表述的认识、态度、情感和能力，并且在运用语言表达时分享共同的规则。幼儿在语言发展过程中，逐渐学习获得各种口头语言的能力，当他们来到幼儿园的时候，虽然已经具有了一定的语言表达能力，但是他们与人交谈的行为显然还是处于刚刚萌生的阶段。幼儿园的谈话活动着重培养幼儿这个方面的语言运用能力。根据一定的语言教育理论、一定的语言教育目标和内容，将一部分语言教育任务付诸实践，对幼儿运用口语与他人交流的能力发展产生影响。谈话活动能激发幼儿与他人交谈的兴趣，帮助幼儿习得谈话的基本规则，增强幼儿通过交流获取信息的能力，并且引导幼儿关注周围的生活，促进幼儿建立良好的同伴关系。

中班谈话活动：我喜欢的图画书

大班讲述活动：冬天的雪景，我们在运动

2. 讲述活动

讲述活动曾是幼儿园语言教育的重要方式。已有的研究认为，讲述活动是发展幼儿独白语言的有效方式，对幼儿言语的目的性、独立性、创造性和连贯性，对幼儿的思维、记忆、想象等方面都有很好的促进作用。幼儿园的讲述活动为幼儿创设了一个相对正式的语言运用场合，要求幼儿依据一定的凭借物，使用比较规范的语言来表达个人对某事、某物或者某人的认识，进行语言交流。可以说，讲述活动对于培养幼儿的语言表达能力具有特别的作用。讲述活动能够有效地提高幼儿语言水平，同时对幼儿的认知、社会化发展等也产生良好的影响，可以培养幼儿的讲述能力，锻炼幼儿独白语言的发展，教给幼儿认识事物的方法并发展幼儿思维和想象能力。讲述活动按编码特点可以分为叙事性讲述、描述性讲述、说明性讲述和议论性讲述四种。依据凭借物的特点可以分为看图讲述、实物讲述和情景表演讲述三种。

3. 听说游戏活动

一提起"游戏"，人们便不由自主地想起"娃娃家""沙箱"等，听说游戏显然与此有较大的区别。它不是幼儿自发组织的游戏，而是由教师设计组织的、幼儿有兴趣自愿参加的教学游戏，它也并非语言游戏，而是语言教学游戏，是由教师设计组织，有明确的语言学习指向目标，有明确的语义内容，以培养幼儿倾听和表述能力为主，主要集中在幼儿听和说的理解和表达上，是为培养幼儿倾听和表述能力而专门设计，用游戏形式组织的语言教育活动。

听说游戏：传悄悄话

故事欣赏：老虎拔牙

4. 文学作品学习活动

喜欢文学作品是幼儿的一种天性，他们对童话、故事和儿歌充满浓厚的兴趣。然而，念一首儿歌或听一个故事，对幼儿来说并不是简单的学习，文学作品对幼儿发展所产生的潜移默化的作用，远远超过我们已有认识。文学作品的学习活动是从文学作品入手，围绕作品开展，常常整合与其相关的其他学科内容的教学活动。它使得幼儿有更多的机会了解某一文学作品中表现的社会生活内容，促进他们对作品的感知理解。幼儿发展是他们自己与外界环境相互作用而建构起来的，并且需要通过自身的操作活动与外界环境相互作用实现。幼儿的语言发展，也是通过个体与外界环境中各种语言和非语言信息交互作用逐步实现的。因而，幼儿园的文学作品学习活动应当着重引导幼儿积极地与文学作品相互作用，在这一过程中，幼儿通过多种操作活动得到发展。

5. 早期阅读活动

近几年来，我国幼教界开始关注幼儿的早期阅读问题，教育理论工作者和实践工作者从不同的角度提倡重视幼儿的早期阅读。它是幼儿接触书面语言的主要途径，能使幼儿通过接触书面语言获得与书面语言有关的态度、期望、情感和行为，培养幼儿认识世界的基本能力，发展其终身学习的能力。通过早期阅读，可以扩大幼儿的生活、学习范围，建立初步的“读写”自信心，帮助幼儿了解书面语言的特点和功能，为正式的阅读做准备，并提高幼儿自我调适的能力，同时能让幼儿体会分享阅读的乐趣。总之，幼儿的早期阅读不仅可以帮助他们从书面语言中获得正确的知识、态度和技能，而且有利于幼儿借助符号，如文字、手势、在纸上创造的符号、泥捏的物品等来表达他们的经历、情感和想法，可以帮助幼儿超越时空去创造虚幻的世界。

早期阅读活动

(二)渗透的语言教育活动内容

渗透的语言教育活动内容，就是充分利用幼儿的各种生活和学习经验，在真实的生活情景中为幼儿提供更加广泛的、多样的学习语言的机会，使幼儿更好地运用语言，获得新的生活经验和其他方面的学习经验。渗透的语言教育活动内容既可以使幼儿更好地习得语言，也可以促进幼儿在日常生活、游戏和其他学习活动中的语言交往。渗透的语言教育活动内容的核心是促进幼儿与教师、同伴之间的有效语言交流。所以，从某种意义上说，渗透的语言教育活动内容更加重要。渗透的语言教育活动内容通常出现在以下几种情景之中。

1. 日常生活中的语言交往

语言是日常生活中建立良好人际关系的工具，可以起到指导和调节人际关系的作用。从幼儿语言学习的内容来看，日常生活中的语言交往，可以帮助幼儿学习在不同场合运用恰当的语言形式进行表述和交流，同时，又将社会文化习俗的学习与语言的学习结合在一起。渗透在幼儿日常生活中的语言交往可以帮助幼儿学会运用礼貌用语与他人交往，运用语言向他人表达自己的需要和要求，对他人提出的要求做出恰当的应答，能运用恰当的语言解决与同伴之间发生的冲突，并倾听、理解和执行生活规范以及成人的指令性语言。

2. 自由游戏中的语言交往

在自由游戏中，语言成为幼儿与同伴进行交往、合作、分享的工具，也成为指导和调节幼儿自身选择游戏内容、游戏伙伴和游戏材料等行为的工具。渗透在自由游戏中的语言教育可以帮助幼儿学习运用玩具，结合动作自言自语，进行自娱或自我练习，自主选择游戏的内容、伙伴、材料等，通过协商等语言方式，解决与同伴在游戏内容、材料的选择以及游戏规则的制定过程中出现的矛盾冲突。

3. 其他领域所开展的教育活动

在其他领域活动中，语言也是幼儿学习的工具，发挥着重要的作用。在参与其他领域活动中，比如数学学习或者音乐活动时，语言交往有利于幼儿正确感知和理解学习内容，增强幼儿对学习内容的认识和表达能力，增加其学习的有意性和目的性。渗透在其他领域活动中的语言教育可以帮助幼儿集中注意力，倾听教师布置的活动任务，学习运用语言指导观察和操作并思考事物之间的相互关系，指导其针对观察对象的感受和认识，理解语言与其他活动内容之间相互的关系，学习运用语言促进相关领域知识的掌握和能力的提高，提高学习的效率。

4. 随机渗透在日常生活中的语言学习

随机渗透在日常生活中的语言学习主要是指教师充分利用各种生活环节，给幼儿提供自由宽松的环境，鼓励幼儿积极进行语言交流，增加练习听、说和读的基本技能的机会，培养对语言和文字的兴趣，得到语言和文学的熏陶。比如在饭前、饭后让幼儿倾听他们学过的优美的散文、诗歌、故事等文学作品，在午睡起床或其他环节让幼儿按照一定的规则进行语言操作游戏等。

思考与练习

1. 如何理解幼儿园语言教育活动的总目标？
2. 设计一个幼儿园中班语言教育活动——《家》(诗歌)的活动目标。

第三节
幼儿园语言教育的途径与方法

一、幼儿园语言教育的途径

幼儿园语言教育可以通过多种途径来进行。可以说，凡是有语言参与的活动都可以对幼儿进行语言教育。概括起来，幼儿园语言教育的主要途径有通过日常生活进行语言教育，通过游戏进行语言教育，通过专门的语言教育活动进行语言教育，以及在其他领域的教育活动中进行随机的语言渗透教育等。

（一）日常生活和游戏中的语言教育

1. 在日常交往中指导幼儿学习语言

首先，成人可以通过日常交往了解幼儿语言发展的现状。在非常自然的情境中，幼儿往往很真实地表现自己的语言实际水平以及语言表达的态度和行为习惯。其次，成人可以在交往中为孩子提供语言示范，丰富幼儿的词汇。成人可以与幼儿交谈，向他们介绍各种有关物品的相关知识，如名称、外形、颜色、用途和使用方法等。在介绍这些生活常识的过程中，成人也在向幼儿展示相关的词汇和句式。再次，成人可以在帮助幼儿建立生活常规的过程中，提高幼儿理解语言并按语言指令行动的能力。通常成人通过语言指令来组织幼儿的日常生活，如临近用餐时间，教师便要求幼儿收拾玩具，盥洗后安静地等待进餐。为了使幼儿明确这些语言指令的含义，最初应把这些指令与相应的行动结合起来。

总之，成人要抓住与幼儿日常交往的有利时机，为幼儿提供良好的语言示范，并在交往过程中观察和了解幼儿的语言发展状况，给予幼儿针对性的指导。

2. 通过常规主题活动发展幼儿的语言

这里所说的常规主题活动主要指幼儿园组织幼儿定期参加的，围绕某个话题开展的语言活动。目前，各托幼机构常进行的语言常规主题活动主要有以下几种：

（1）天气预报员。

每天早晨来园之后早操之前这段时间，请一名幼儿向全班幼儿预报当日的天气情况。天气预报员可以由值日生轮流担任,也可以由教师指定。为提高幼儿对此活动的兴趣,丰富幼儿的语言内容,教师还可以启发幼儿根据当日气温和特殊的天气状况,结合自己的生活经验进行讲述。

(2)周末趣闻。

这项内容通常安排在每周一上午,请幼儿从双休日的经历中选出最有趣或最有意义的事进行讲述,可以在集体中讲述,也可以让幼儿与老师或同伴自由交谈。

(3)小小广播站。

由于该项活动综合性比较强,对幼儿口语表达能力要求比较高,因此,多在幼儿园大班开展。但广播站的某些节目也可以在中班或小班组织收听。其内容主要有:报告午餐菜谱、表演文娱节目、介绍新闻、好人好事、新书或玩具介绍、知识问答、文学作品欣赏等。

3. 通过区域活动发展幼儿的语言

(1)利用图书角和语言角进行语言教育。

幼儿园如果有条件,可以为幼儿设立一个"小小图书馆",随时向幼儿开放。幼儿可以根据其现阶段的兴趣以及各领域学习的需要,去看书或借书。这不仅可以从小培养幼儿对书籍的兴趣,而且可以培养幼儿利用图书资料查询收集信息的能力。我国幼儿园比较常见的做法是在幼儿园各班开设图书角。语言角的主要作用是让幼儿练习口语表达。可以在语言角准备一些图片或剪贴用具,旧的儿童画报,以便幼儿练习讲述,或边制作边讲述。比如有些班级还在语言角里投放一些识字图片或填图游戏卡,准备一些书写工具,以便有兴趣的幼儿认读汉字或练习拿笔写字等。

(2)在活动区活动中随机指导幼儿的语言交往。

活动区的设立为幼儿自主选择游戏内容提供了多种可能性,同时也增加了幼儿之间的交往机会。此外,幼儿在活动区活动时,常常一边摆弄各种玩具物品,一边与同伴自由交谈。教师要鼓励幼儿与同伴之间的谈话,并利用巡回指导的机会引导幼儿扩展谈话内容。

(二)专门的语言教育活动

1. 谈话活动

(1)谈话活动设计的基本步骤。

①创设谈话情境,引出谈话话题。

这是谈话活动的第一步。教师在谈话活动的开头,通过一定的情境,激发幼儿的兴趣,启发幼儿对话题有关经验的联想,打开谈话的思路,做好谈话的准备,其目的在于引出谈话话题,使幼儿在活动之初就能被吸引到活动中来,从而激发幼儿表达交流的欲望。要想创设适当的谈话情境,教师应当注意以下三点:

小班谈话活动：我的爸爸

大班谈话活动：愉快的假期

第一，要注意创设谈话情境的方式。教师可以用实物的方式来创设情境，例如：可以利用活动角的布置、墙饰、桌面玩具、实物摆设等，向幼儿提供与谈话主题相关的可视形象，激发并开启幼儿谈话的兴趣与思路；教师可以用语言的方式来创设情境，例如：可通过自己说一段话或提一些问题来唤起幼儿的记忆，调动他们的经验，以便进入话题中去；教师还可以用游戏或表演的形式创设谈话情境，例如：先让幼儿做一个与主题相关的游戏来引起幼儿的兴趣，为下一步的谈话奠定良好的基础。

第二，要注意创设的情境与谈话话题之间的关系。谈话情境的创设是为引出话题服务的，所以与谈话内容无关的摆设尽量不要出现在情境之中，过于热闹以致喧宾夺主的现象也要避免。谈话的情境创设应尽可能简单明了，以便直接开展下一个步骤。

第三，要注意时间的分配。教师要知道，创设情境是切入主题的“助手”，所以时间分配上不宜占用过多比例，一般3~5分钟即可。

②引导幼儿围绕话题运用已有经验自由交谈。

提出话题之后，教师接下来就要向幼儿提供围绕话题自由交谈的机会，目的在于调动幼儿个体对谈话话题的知识储备，运用已有谈话经验相互交流个体见解。因此，教师需要注意以下四点：

第一，教师应当放手让幼儿围绕话题自由交谈。只要幼儿是围绕中心话题进行交谈即可，幼儿可以一对一，或分小组自由交谈，允许幼儿表达任何和话题有关的想法和观点，不必过多地干涉幼儿的行为，也不需要给幼儿做过多的提示和示范。

第二，鼓励每位幼儿都能积极参与谈话，真正形成多向交流。幼儿可以两两交谈，也可以分组交谈，还可以集体交谈，或与教师交谈，这样的形式更有利于发挥每位幼儿的积极性，使谈话气氛更融洽。

第三，在自由交谈的活动中，教师可以适当增加幼儿“动作”的机会。谈话虽是口头语言操作，是动脑的操作，但如果能适当增加一些其他方式的操作活动，则更有利于激发幼儿的兴趣，增进他们说话的积极性。例如：大班谈话活动“我家的房子”

的结束环节，可以让幼儿画一画自己家的房子或者自己梦想中的房子等。

第四，教师要注意幼儿的个别差异。有些幼儿的语言表达能力较差，在谈话活动中，他们更多地表现出光听不说的现象，因此，教师应将这部分幼儿安排在语言表达能力较强的幼儿旁边，让他们互相学习，互相促进，同时，教师还可以有意识地倾听这些幼儿的谈话，给予适当的鼓励和评价，以增强他们的自信心。

③引导幼儿逐步拓展谈话范围。

幼儿运用已有经验充分交谈后，教师要适时地引导幼儿逐步拓展谈话的范围，向幼儿展示并帮助他们学习运用新的谈话经验，使幼儿的谈话水平进一步提高，这一步骤是谈话活动的重点和核心。一般来说，中心话题是沿着这样的顺序拓展的：对话题对象的描述—由此形成的基本态度—为什么会有这种态度—对话题对象的独特感受。例如：大班谈话活动“我喜爱的图书”，教师设计的中心话题拓展顺序应是：幼儿从描述图书的种类、对哪类图书喜爱，到为什么会喜爱，最后可谈谈自己对图书的独特感受，或畅想一下未来图书的样子等。

(2)对谈话活动的指导要点。

幼儿教师需要针对谈话活动的特点和目标对不同的幼儿进行及时指导，其指导要点主要有以下四点：

第一，教师在设计和组织谈话活动时，应该丰富谈话活动的类型，需要把主题谈话、漫谈、讨论或辩论等各种类型的谈话活动都涉及。从组织形式上看，还有集体谈话、小组谈话、二人对话等。

第二，谈话的气氛一定要轻松，鼓励踊跃发言的幼儿，激发沉默寡言的幼儿，不嘲笑说错话的幼儿。

第三，教师要选择贴近幼儿生活实际并符合其兴趣中心的话题来开展谈话活动，因为只有这样，谈话活动才能够引起幼儿交谈的兴趣。

第四，教师在幼儿交谈时要认真倾听，及时参与进去，适时传递新词，以帮助幼儿完整、准确地表达。

2. 讲述活动

讲述活动是帮助幼儿学习运用比较规范的语言讲述某一事物的活动，它以培养幼儿独立构思的能力，使幼儿学会清楚、完整、连贯地讲述某一事物的能力为基本目的。这对于发展幼儿的独白语言，提高幼儿的语言水平具有独特的作用。

(1)讲述活动设计的基本步骤。

① 感知、理解讲述对象。

感知、理解讲述对象，主要通过观察的途径来进行。这里所说的观察，大部分是通过视觉来获取信息，但也不排斥从其他感觉通道，包括听觉、触觉、味觉、嗅觉等去获得认识。比如：大班讲述活动“生日愿望”，首先让幼儿听一听、唱一唱生日快乐歌；中班讲述活动“我摸到的是……”开始环节，教师把手感、质地、形状不同的物体放入筐内，蒙上布，让幼儿来触摸，并描述物品的形状、特征。教师在这一步骤中的重点是指导幼儿观察、感知、理解讲述的对象，为讲述奠定认识上的基础。指导幼儿感知、理解讲述对象应把握以下三点：

看图讲述：小乌龟上幼儿园

实物讲述：美丽的扇子

第一，根据讲述类型的特点感知、理解讲述对象。如叙事性讲述，应重点感知、理解事件发生的过程顺序以及人物在其中的作用；描述性讲述，观察重点在物体的形态和人物的状态动作、特征以及像什么等方面。只有从这样的角度把握对象，才能为讲述做好准备。

第二，依据凭借物的特点感知、理解讲述对象。讲述活动中的凭借物是多种多样的，有的是几幅平面的相互有关系的画面，有的是立体的固定的实物，也有的是活动的连续动作的情境，还有的是听觉信息组成的活动情境等。教师在指导幼儿感知、理解讲述对象时，应抓住这类讲述对象的特点去组织讲述活动的过程。

第三，依据具体化的要求理解、感知讲述对象。每一次活动的目标都是不一样的，有的要求有中心、有重点地讲述，有的要求按照一定的顺序讲述。教师的任务是根据活动的具体要求指导幼儿观察，以便为讲述打好基础。

② 运用已有经验自由讲述。

在幼儿感知、理解讲述对象的前提下，教师引导幼儿运用已有经验进行讲述。这一步骤的活动组织，要求教师尽量放开让幼儿自由讲述，给他们充分的时间、机会，运用他们已有经验进行讲述。教师要改变几个人讲多数人听的被动、单调局面，运用幼儿个别讲述、分小组讲述、集体讲述等多种方式，以提高幼儿参与讲述的积极性，了解每一个幼儿的讲述水平。

③引进新的讲述经验。

经过前两个步骤的铺垫，教师可以根据本次活动目标的要求，为幼儿引进新的讲述经验。引进新的讲述经验的方式主要有三种：一是教师示范新的讲述经验；二是教师通过提示引出新的讲述经验；三是教师与幼儿一起讨论新的讲述经验。新的讲述经验是每次讲述活动的学习重点，主要包括讲述的思路、讲述的全面性和讲述的方法等。

讲述的思路。教师在示范新的讲述经验时，很重要的一点就是帮助幼儿理清讲述的思路，使整个讲述的顺序性、条理性得到增强。帮助幼儿理顺讲述的思路是非常重要的，这可以帮助幼儿将讲述的基本内容表达出来，避免重大事件和重要人物漏讲、少讲的现象发生。

讲述的全面性。在讲述中，教师要帮助幼儿认识到讲述的基本要素：人物（动作、对话、心理活动）、时间、地点和事件的起因、经过、结果等。幼儿在讲述中往往会忽视地点、人物对话和内心感受的内容，因此教师要让幼儿意识到这部分内容并将它们准确地表达出来，力求讲述的全面性。

讲述的方法。讲述的基本方式是观察等。除了按照观察顺序进行观察外，还要把握讲述对象的哪些部分是重点内容，要多讲；哪些部分是次要内容，可以少讲。在实物讲述中，要教给幼儿按照一定的顺序进行讲述的方法。此外，在有些活动中还可以用示范法、提问法、讨论法和评议法等引导幼儿的讲述思路。

④巩固和迁移新经验。

讲述活动中，巩固和迁移新的讲述经验为幼儿提供了实际操作新经验的机会，不但会使幼儿的讲述水平得到提高，而且会使幼儿在不知不觉中学会创造的方法，体验创造的乐趣。具体做法有以下三点：

第一，由A及B。当幼儿学习了一种新的讲述经验后，教师立即提供同类不同内容的机会，让幼儿用新的讲A的思路去讲述B。例如：在实物讲述活动“剪刀”后，幼儿学会了由外形特征到用途的讲述方法，在此基础上教师可以将“剪刀”变为“尺子”，引导幼儿用同样的讲述方法进行讲述。

第二，由A1及A。在教师示范新的讲述经验并帮助幼儿理清思路后，让幼儿尝试用新的讲述方式来讲同一件事、同一情景。例如：看图讲述中，幼儿先尝试按自己的观察顺序讲述图片的内容，在教师示范新的观察顺序后，让幼儿尝试用由近及远的方式来讲述同样的图片内容。

第三，由A及A1。在教师示范过新的拼图和讲述经验之后，进一步要求幼儿自己拼图添画后再进行讲述。例如：拼图讲述“小动物的家”，教师添画小鱼和池塘后，示范新的讲述经验，再要求幼儿自己拼图添画，然后讲述。

（2）讲述活动的指导要点。

幼儿教师需要针对讲述活动的特点和目标对不同的幼儿进行及时指导，其指导要点主要有以下几点：

第一，在幼儿自由讲述前，需交代清楚讲述的要求，提醒幼儿围绕感知、理解的讲述对象进行讲述。

第二，在幼儿自由讲述过程中，要注意倾听幼儿讲述的内容，及时发现幼儿讲述的闪光点及存在的问题。

第三，在活动过程中，不要过多地点评好坏，不要急于告诉幼儿应该怎么讲，而是要注意倾听，最多以插问、提问、反问等方式启发幼儿讲述，以免干扰幼儿的正常思维，降低幼儿讲述的积极性。

第四，在讲述活动中，要培养幼儿按一定顺序进行讲述的能力，如从上到下、从左到右、从近到远、从表面到内在进行讲述，帮助幼儿学会清楚、有条理地讲述。

3. 听说游戏活动

听说游戏，是指用游戏的方式组织进行的语言教育活动。其活动的目标在于培养幼儿的倾听和表述能力，其活动内容在于听和说的理解和表达方面。听说游戏由教师专门设计组织，故有明确的语言学习目标和具体的语言学习内容，因而不同于一般的游戏，而属于语言教学游戏的一种。这种游戏是为培养幼儿的听说能力而专门设计的，故称“听说游戏”。

听说游戏：顶锅盖

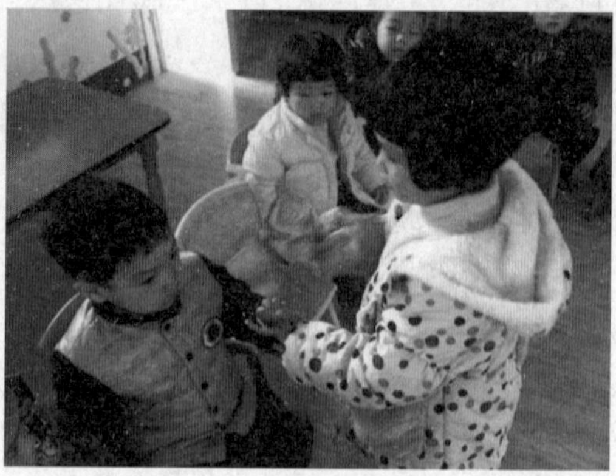

听说游戏：送南瓜

(1)听说游戏设计的基本步骤。

①创设游戏情景。

在听说游戏开始时，教师需要运用一些手段去设置游戏情景，引发幼儿参与游戏的兴趣。创设游戏情景一般有以下三种方式：

用物品创设游戏情景。教师使用一些与听说主题有关的物品，如玩具、日用品等，布置游戏的情景，制造游戏的氛围，引导幼儿进入游戏。

用动作创设游戏情景。教师用动作表演，让幼儿想象游戏的角色，或者游戏所发生的场景，进而产生游戏情景的气氛。

用语言创设游戏情景。教师通过自己所说的话，直接描述或指出游戏中的角色以及所处的环境。

②交代游戏规则。

在创设游戏情景后，教师接着要向幼儿交代游戏的规则，这一步骤的目的是通过教师布置任务，讲解要求，让幼儿明确游戏的玩法。教师通过讲解和示范相结合的方式，引导幼儿理解游戏规则，教师在交代游戏规则时，要注意以下几点：

第一，用简洁明了的语言讲解。在交代游戏规则时，切忌啰唆、冗长的解释，以免幼儿抓不住要领，不能及时领悟和理解游戏的规则，影响游戏的进程。

第二，要讲清楚听说游戏的规则要点和游戏的开展顺序。听说游戏的规则要点一般是游戏中幼儿要按照规则说话，教师应当让幼儿基本明白说什么和怎样说，以便他们能够在参与游戏时付诸实施。同时要帮助幼儿清楚地理解游戏开展的顺序：先做什么，后做什么，什么角色做什么。这样，他们才能够顺利地开展活动。

第三，教师用较慢的语速进行讲解和示范。教师在交代游戏规则时使用的语速要适当放慢。尤其是针对游戏规则回答问题或说词句时，一定要保证让幼儿听清楚，也可重复一遍，因为这种语言带有示范的性质。

③教师引导幼儿游戏。

在幼儿初步理解游戏规则的基础上，教师可以带领幼儿开展游戏。教师引导幼儿游戏有两种方式：一种是让一部分幼儿先参与游戏，另一部分幼儿观察，然后轮换；另一种是教师带领全体幼儿参与游戏。在游戏刚开始时，教师要引导幼儿一起游戏，以有利于幼儿在活动过程中熟悉游戏规则，进一步明确和掌握游戏的玩法，掌握在游戏中运用语言交往的基本思路，从而为独立开展听说游戏做好充分的准备。

④幼儿自主游戏。

通过前面三个步骤的活动，幼儿已经熟悉和掌握游戏的规则和玩法，具备独自开展听说游戏的基础了，这时，教师就可以从领导者的身份退出，放手让幼儿自己开展活动。此时，教师处于旁观者的地位。在观察幼儿游戏时，教师要巡回指导，注意对个别不熟悉规则的幼儿提供帮助。同时，教师要注意发现幼儿在游戏中可能出现的矛盾与纠纷，并及时予以解决。

幼儿自主游戏的活动形式可以根据每个游戏的具体要求而灵活选择。有的以集体活动的形式进行游戏，全班幼儿都可参加；有的以小组形式开展游戏，幼儿可以自由组合，选择合适场地进行游戏；有的可以一对一结伴进行游戏。采用何种形式取决于何种形式能让幼儿参与活动可以取得最佳效果而定。

(2)听说游戏的指导要点。

幼儿教师需要针对听说游戏活动的特点和目标对不同的幼儿进行及时的指导，其指导要点主要有以下几点：

第一，开始部分创设的游戏情景要自然、简洁、生动、准确，但不能喧宾夺主，更不能脱离主题。一般不要单一使用某一种创设情境的方式，而是应综合运用多种方式，以吸引幼儿的参与兴趣。

第二，教师在讲解游戏规则和要求时语速要慢，以保证每个幼儿都能听清楚，特别是那些需要模仿的词句，必要的情况下可以多重复几遍，也可采用提问的方法帮助幼儿理解游戏规则的语言要求。

第三，教师在引导幼儿游戏的环节，先是主导游戏，然后逐渐减少自己在游戏中的作用，激发幼儿主动参与游戏的兴趣。对于小班的幼儿，教师以担任主要角色的方式直接参与游戏，游戏开始时，请个别能力强的幼儿和教师共同游戏以起到示范作用，等到大家对游戏都很熟悉的时候，逐步过渡到全体幼儿参与。到中班、大班，以教师讲解玩法和规则，请能力强的幼儿示范为主，教师可慢慢退出游戏的范围，以隐性指导为主。

第四，在幼儿自主游戏时，教师要观察游戏的进程，随时提供帮助，及时发现游戏中出现的问题，通过隐性的方式引导幼儿自主解决。尽量减少和避免强行控制、禁止、批评等否定性言行，要多用赞许、鼓励、肯定等激励性的指导方式。

4. 文学作品学习活动

喜欢文学作品是幼儿的天性，他们对童话、故事和诗歌、散文等充满了浓厚的兴趣。然而，念一首儿歌或听一个故事，对幼儿来说并不是简单的学习，文学作品对幼儿发展所产生的潜移默化的作用，有着远远超过我们已有认识的意义。

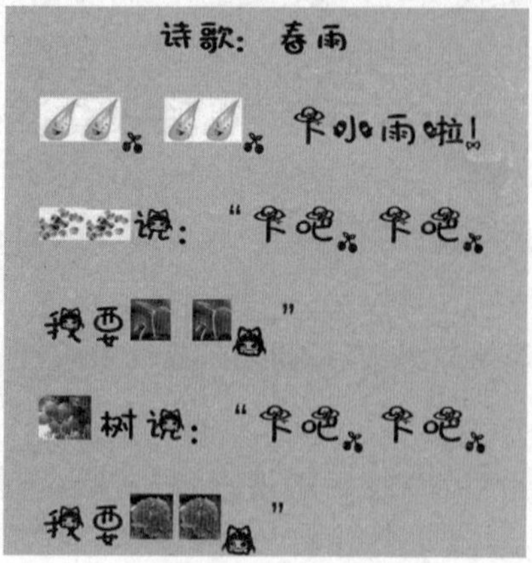

诗歌：春雨

散文诗《落叶》文学作品学习活动

（1）文学作品学习活动设计的基本步骤。

①创设情境为引出文学作品做铺垫。

在理解文学作品之前，教师应为幼儿创设一个良好的可发挥他们文学想象的语境和空间，为幼儿准确理解文学作品做好铺垫。教师可以利用三种方式创设：

第一，言语创设。教师通过生动有趣的解说，以其特有的语言魅力感染幼儿，并结合图片、幻灯等将他们带入一个充满幻想的神奇的文学宫殿。

第二，用提问创设。在介绍文学作品前，教师先通过一些问题让幼儿动脑筋思考，然后将幼儿的答案与作品中的答案做对比，以调动幼儿对文学作品的期望和兴趣。

第三，借助美术、音乐等艺术手段，布置一个安静、和谐、优美的环境。为下一步理解和欣赏文学作品打好坚实的基础。

②理解、体验文学作品。

当幼儿进入文学意境中后，教师就可向幼儿介绍要学习的文学作品，帮助幼儿理解和体验作品的人物特色、主要情节，进而体验作品中人物形象的心理特点，以及贯穿作品始终的情感基调和作品中所蕴含的文学意境之美。理解、体验文学作品可以分为两个阶段：

第一阶段，初步理解文学作品的人物、主要情节和主要意思。运用提问和图片、幻灯、录像、电脑课件等方法，使幼儿对作品有个初步的概念和认识。

第二阶段，深入理解文学作品，主要是理解作品的主要特色、作品的语言美及作品中所体现出的情感特征。教师可运用音乐、绘画、折纸等形式或让幼儿动手表演游戏的方法，以帮助幼儿深入理解作品的独特魅力，激发幼儿对作品的深刻感知和情感共鸣。

③运用想象进行创造性的仿编或创编。

当幼儿深入理解文学作品后，教师就可以让幼儿在原作品的基础上，结合自己的感性经验，调动自己的想象力和创造力，进行仿编、创编或故事续编等创造性的文学活动。通过这样的活动，培养幼儿对语言艺术的敏感性，增强幼儿的艺术思维能力和激发幼儿的创造潜能。

（2）对文学作品学习活动的指导要点。

教师需要针对文学活动的特点和目标对不同的幼儿进行及时的指导，其指导要点主要有以下几点：

第一，开始部分的指导。这个阶段的目的是创设一个美好的情境，为幼儿理解文学作品做好铺垫。因此花在这个阶段上的时间不能太长，这就要求教师把握好分寸，事先要做精心的准备和计划。既要为幼儿营造一个美好的文学意境，又不能将文学作品的时间抢占去，喧宾夺主。前面所提到的三种创设情境的方法对不同年龄的幼儿来讲应有所区别。小班幼儿思维直观性强，教师可用语言结合图片、幻灯、电脑课件的方式带领他们进入文学的意境中；中班、大班幼儿思维能力有了很大的发展，因此教师可以用提问、音乐提示的方法，让幼儿在积极的动脑思考中进入作品所描绘的世界。

第二，理解、体验作品时的指导。教师应将指导的重点放在理解、体验文学作品上。教师在指导这个过程时要将重点固定在怎样全面、深刻地帮助幼儿理解、体验作品上，引导幼儿学习如何欣赏一个文学作品，而不是用几个问题让幼儿草草地理解作品，之后就让他们朗读、背诵或复述作品。在深入理解文学作品的阶段中，游戏法等方法的使用要符合该作品本身的特点。在理解文学作品的过程中，运用游戏法、表演等是为了更好地引导幼儿深入理解文学作品，而不仅仅使活动形式花样繁多，因此，教师要清楚地认识到各种方法和手段要达到什么目的。

第三，幼儿进行仿编、创编或续编时的指导。无论是仿编、创编还是续编故事，教师都要鼓励幼儿积极地动脑想象、思考，并欣赏幼儿的思考和他们的与众不同。在评议中，教师要把重点放在对内容的评议上，鼓励每个幼儿都有自己的独特见解和看法。指导中注意因人施教，对不同的幼儿应有不同的要求，对能力弱的幼儿能大胆地仿编句子，教师就要给予及时的表扬；而对于能力较强的幼儿，教师要引导他们仿编或创编出较难的内容，以使所有的幼儿都能得到不同程度的发展。

5. 早期阅读活动

近几年来，我国学前教育界越来越多地关注学前儿童早期阅读活动。幼儿园的早期阅读活动，是有计划、有目的地培养幼儿学习书面语言的教育活动。这种早期阅读活动，向幼儿提供集体学习的环境，帮助幼儿接触书面语言，鼓励他们学习书面语言的行为，培养他们对书面语言的敏感性，为其进入小学正式书面语言的学习打下良好的基础。早期阅读是幼儿语言学习的一个不可缺少的部分，对促进幼儿语言发展具有重要的作用。

早期阅读：我爸爸

早期阅读：小乌龟上幼儿园

（1）早期阅读活动的内容。

从幼儿园早期阅读活动的目标出发，其内容包括为幼儿提供三个方面的阅读经验，即前图书阅读经验、前识字经验和前书写经验。所谓的“前”是与那种正式的、大量的、系统的书面语言学习有根本区别的，它主要是为这些正式的语言学习打下良好基础,并做好相应的准备。

① 前图书阅读经验。

图书是书面语言的载体,对于幼儿来说,他们阅读的图书至少应是由文字和图画两种符号系统构成的。幼儿要学会看图书,需要学习一些具体的行为经验:翻阅图画书的经验,即掌握一般的翻图画书的规则、方式;读懂图画书内容的经验,即会看画面,能从中发现人物表情、动作、背景,并将之串联起来理解故事情节;理解图画书画面、文字与口语有对应关系的经验,即会用口语讲出画面内容,或听爸妈念图画书,知道是在讲故事的内容;图画书制作的经验,即知道图画书所说的故事是作家用文字写出来的,画家又用图画表现出来,最后印刷装订成书的。

② 前识字经验。

向孩子提供的前识字经验主要有下面几方面的具体内容:知道文字有具体的意义,可以念出声音来;可以把文字、口语与概念对应起来;理解文字功能作用的经验,如可以将自己想说的话写成文字的信,寄给别人;粗晓文字来源的经验,初步理解文字是怎样产生的,文字是如何演变成今天的样子的;知道文字是一种符号并与其他符号系统可转换的经验。再如认识各种交通标志,这种标志代表一定的意思,人们看到就会明白;知道文字和语言的多样性经验,认识到世界上还有其他的语言和文字,同样的意思可以用不同的语言和文字来表达;理解识字规律的经验,幼儿明白了这些规律,就可以更好地识字。

③ 前书写经验。

学前幼儿不要求学习写字,但可以获得一些有关汉字书写的信息,为其进入小学后正式学习书写做好准备。其中包括:让幼儿知道汉字的基本结构,包括培养幼儿对文字的观察、分析、比较和分类能力;了解书写的最初步规则,学习按照规则写字,尝试用有趣的方式练习基本笔画;知道书写汉字的工具,学会不同的握笔方法;学会用正确的书写姿势写字,包括坐姿、握笔姿势等。

(2)早期阅读活动设计的基本步骤。

①阅读前的准备活动。

幼儿不可能仅靠一次阅读活动就理解一本书。因此,在正式阅读活动开展的前一两周,有必要让幼儿先阅读图书,为正式阅读活动的开展打下基础。在这个阶段,教师指导时应注意:

第一,阅读前准备性活动并不能代替正式阅读活动,它只是为正式阅读所做的铺垫。因此,幼儿只需对阅读内容有一个大概的理解就可以,而不必过于熟悉,以防幼儿在正式阅读时失去兴趣,影响正式阅读活动的开展。

第二,准备活动中,可以让幼儿从头到尾翻看图书一至两遍,教师重在观察幼儿的阅读方法是否正确、阅读习惯是否良好等,而对幼儿阅读是否准确不宜过多干涉。

第三，对幼儿理解不正确的地方，教师可给予提示并启发幼儿再思考。

②幼儿自由阅读。

幼儿自由阅读是正式阅读活动的第一阶段。教师将阅读活动所需图书展示给幼儿后，要提供机会让幼儿自由阅读。在阅读前准备性活动的基础上，幼儿对所阅读的书面语言应留有一定的印象，给幼儿创设自由阅读的机会，可以让幼儿通过观察再次认识阅读对象，获得有用信息。

正因为这是幼儿正式阅读的第一个阶段，教师在指导时也更应注意技巧：

第一，教师要多用提问的方式，多提有启发性的问题来引导幼儿的思路。提问可以引导他们边思考边阅读。启发性的问题有助于幼儿把握阅读的重难点。

第二，教师要对幼儿提出观察的要求，并进行操作表演，还要注意观察幼儿在阅读中的表现，如阅读速度、阅读方法、阅读态度等。幼儿自由阅读，并不意味着教师可以不闻不问，而要更巧妙地引导幼儿完整、安静地阅读。

③师幼共同阅读。

师幼共同阅读是阅读活动的一个重要步骤，此步骤又可分以下几个阶段：

第一阶段：师幼一起阅读，了解和理解图书的大致内容。

第二阶段：围绕阅读重点开展活动。

第三阶段：归纳图书的主要内容。

当幼儿对图书的主要内容有深入理解后，教师要鼓励幼儿将主要内容总结、归纳出来，以巩固、消化幼儿所学的内容。归纳图书内容，可以用以下三种形式：

一句话归纳法。这种形式要求幼儿用一句话将图书的主要内容总结出来。

一段话归纳法。这种形式要求幼儿用一段话将图书的主要内容讲述出来。

图书命名法。这种形式要求幼儿用简练的词或短句给图书起个名字，实际上是让幼儿学习归纳图书内容的主题。

师幼共同阅读是阅读活动中的重点内容，教师在指导时要把握好以下两个方面：

第一，这个阶段提问使用的频率较高，因此教师要谨慎对待提问法的使用，以免陷入一问一答的俗套中。

第二，在这个阶段，教师在指导不同年龄的幼儿进行阅读时，侧重点应有所不同。

④幼儿讲述阅读的主要内容。

这一步骤是幼儿将所理解的图书内容以口头语言的形式表达出来，也是幼儿将图画符号转化为语言符号的阶段，故此步骤是阅读活动中不可缺少的一个环节。幼儿可以在小组内自由讲述，在集体中讲述，也可以与同伴合作讲述。教师在指导这个阶段时应注意以下两个方面：

第一，幼儿讲述的内容是他们经过思维加工后所理解的图书的主要内容，因此，只要他们基本上将图书的主要内容讲述出来就可以了，而不必就每个画面进行反复斟酌、反复认知，否则势必会降低幼儿阅读的兴趣。与此同时，教师还要鼓励幼儿大胆想象，将与情节有关的人物、动作、对话和内心体验讲述出来，当然，这并不是要求幼儿用规范的语言将每个画面的意义都彻底讲清楚，而是培养幼儿围绕图书重点，将主要情节尽可能讲得生动、详细。教师在指导时，一定要将这两种讲述区分开，使幼儿自由地依据自己的理解和想象，将图书的主要内容完整连贯地表达出来。

第二，在讲述时要注意幼儿的个别差异。当幼儿在集体中独自或与小组合作讲述时，教师要注意兼顾语言能力强弱不等的幼儿的学习和指导。教师可以让语言能力较弱的幼儿选择较简单的阅读内容进行讲述，从而使这部分幼儿也能从讲述中获得乐趣，提高自信。

(3)早期阅读活动的指导要点。

教师需要针对听说游戏活动的特点和目标对不同的幼儿进行及时的指导，其指导要点主要有以下几点：

①幼儿自由阅读时，教师以提问的方式提示幼儿观察，教师也可以向幼儿提出观察要求并给予示范，让幼儿安静完整地阅读。

②教师与幼儿共同阅读时，应关注幼儿明确此次阅读的内容，采用平行的方式将自己的指导放在共同阅读中。

③围绕重点阅读时，教师可以组织幼儿讨论，还可以采用表演游戏等方式加深幼儿的学习印象。

④归纳阅读内容的组织方式有：竞赛性质的活动方式、表演的方式、游戏的方式等。

(三)其他领域教育活动中的随机语言教育

语言教育不仅仅是语言领域的事情。幼儿在健康、科学、社会、艺术等领域的学习中，同样离不开语言工具。所以，语言教育不仅仅是语言领域中教师的任务，其他领域的教师也应注意对幼儿的语言发展进行相应的教育，连同语言领域一起，共同为幼儿语言的良好发展打好基础。

1. 在数学教育活动中随机渗透语言教育

数学教育活动和语言教育活动不同，它没有许多优美动听的语句及丰富的词汇，但需要幼儿有快速的反应能力、敏捷的思维能力和精确的语言表达能力。对幼儿来说，数学是比较枯燥乏味的学习活动，因此，在数学教育活动中，为了提高幼儿学习数学的兴趣，教师常常采用游戏的形式，让幼儿在玩玩、做做、数数中学会数学知识。

2. 在科学教育活动中随机渗透语言教育

科学教育活动中的语言信息交流主要包括描述和讨论两种方式。幼儿在描述和讨论中既可以提出自己的观点与想法，又可以交流自己的探索、操作过程和操作方法，以及从中获得的情绪体验。例如：小班幼儿观察“水的三态变化”小实验，当水烧开以后，茶壶里冒出了热气，当幼儿描述这一过程说“水烧开了以后，就冒烟了”时，教师就要及时纠正幼儿的说法“是水烧开了，冒出了水蒸气”，幼儿从这一活动中就掌握了“水蒸气”一词。

3. 在音乐教育活动中随机渗透语言教育

生活中处处有音乐，语言和音乐有着非常密切的关系。凭着幼儿对音乐的特别情感和特殊领悟力，可逐渐在中班、大班的音乐教育活动中加入听音乐、学语言的环节。这种活动应在幼儿充分感受音乐、理解和体验音乐形象的基础上进行。例如：歌曲《小乌鸦》，主要讲述一只小乌鸦每天急忙赶回家，把捉来的虫子一口一口喂妈妈的故事。在学习这首歌曲后，教师要求幼儿根据歌词内容把它改编成一个故事，以提高幼儿的音乐欣赏能力和语言表达能力。

4. 在美术教育活动中随机渗透语言教育

幼儿的世界充满着美的色彩，他们爱画、爱玩、爱动手制作。教师可在美工活动中，抓住幼儿的这一特点，让他们对自己的作品进行分享，也可以在绘画活动中，加进幼儿喜闻乐见的儿歌形式，提高幼儿的学习兴趣。

5. 在体育教育活动中随机渗透语言教育

在体育活动中，应先让幼儿观看教师的示范动作，请幼儿讲述并讨论教师的动作要领及注意事项；然后请一名幼儿模仿老师的动作进行活动，再请这名幼儿说说他是怎样做好这一动作的。这样可以使幼儿通过自身体验，讲述各种活动的特色，同时也发展了幼儿的语言表达能力。

6. 其他领域教育活动中进行语言教育须注意的问题

（1）通过“计划—操作—整理—回忆”的活动程序为幼儿提供交流机会。

教育活动是幼儿主动活动的过程，教育活动的主体是幼儿，教师要在教育活动中帮助或引导幼儿自己计划活动的进程，在幼儿自主操作活动的过程中，教师要为幼儿提供充分的语言交流机会，鼓励幼儿与同伴协商沟通、交流合作，通过回忆与分享环节将自己独特的想法和感受表达出来。这样就使幼儿在认识事物的过程中，既互相交流了认识经验，又练习了语言表达。

（2）要避免语言教育的“喧宾夺主”，不要影响其他领域教育目标的实现。

其他领域教育活动的存在都有其独特的价值，在促进幼儿身心和谐发展方面有着不可替代的作用。我们不能为强调语言教育而忽视其他领域的教育,在其他领域的教育活动中,有时语言教育并不占据主要地位,不能为促进语言教育而使其他领域的教育活动“本末倒置”,这是幼儿园教育活动中所应注意的问题。

(3)鼓励幼儿间的合作与交流。

各种教育活动为幼儿提供了同伴之间互相合作和交往的机会,教师要充分利用这些机会。当幼儿在生活中遇到困难和问题时,教师要启发幼儿动脑筋,与同伴商量,以找到解决问题的方法。这样既促进了同伴之间的协商与合作,又有助于发展幼儿与同伴之间的语言交往能力。

(4)为幼儿提供规范的语言示范,鼓励幼儿积极表达。

教师除了要为幼儿提供规范的语言让幼儿模仿和学习外,还要努力为幼儿创设一种宽松自由、轻松愉快的心理环境和语言环境,使幼儿有机会自由表达心声。教师真诚而坦诚的表达、师幼之间平等的交谈,将有效地激发与增强幼儿运用语言表达思想感情的动机和兴趣。

二、幼儿园语言教育的方法

幼儿园语言教育的方法是根据幼儿语言发展理论、幼儿学习语言的规律、幼儿语言教育的目标以及多年来幼儿语言教育实践经验归纳出来的。一般的方法有:示范模仿法,视、听、讲、做结合法,游戏法,表演法,练习法等。

(一)示范模仿法

示范模仿法是指教师通过自身的规范化语言,为幼儿提供语言学习的样板,让幼儿始终在良好的语言环境中自然地模仿学习,有时也可以由语言发展较好的幼儿来示范。这一方法的具体运用如下:

1. 教师的示范语言一定要规范到位

教师说话时,除了咬字清楚、发音准确、辅以自然的表情和恰当的手势外,还要注意语言的表达,包括运用适当的音量、语调、语速等。教师的言语示范必须做到正确、清楚、响亮,并且要富于表现力和感染力。

2. 教师要把握好示范的时机和力度

语言教育中一些新的、幼儿不易掌握的学习内容,教师要反复地重点示范,如难发准的音“n”和“l”、“c”和“ch”等,新词句的学习,人物的对话,连贯的讲述,需要幼儿作为仿编参照的原词句等,让幼儿有意识地进行模仿学习。

3. 教师要恰当地运用“显性示范”和“隐性示范”相结合的手段

语言教育中,教师要恰当地处理好“显性示范”和“隐性示范”两种手段的运用。

对于教学的重点和难点问题，依据幼儿语言发展的水平和特点，必须恰当地选用不同的示范方法。

4. 教师要积极观察幼儿的语言表现，妥善地运用强化原则

教师要关注幼儿在各种活动中的语言表现，善于发现幼儿语言发展的差异，因材施教，随时鼓励幼儿正确的语言行为和习惯，并加以强化。同时也要及时地指出错误，尽量避免重复幼儿不正确的语言，以免产生误导。但也要避免过于挑剔幼儿语言中的错误，以免降低幼儿学习的积极性。

（二）视、听、讲、做结合法

这种方法是依据“直观法”和“观察法”以及结合幼儿语言学习的特殊性而提出的。所谓“视”是指教师提供具体形象的讲述对象。所谓“听”是指教师用语言描述、启发、引导、暗示、示范等，让幼儿充分地感知与领会。所谓“讲”是指幼儿在感知、理解的基础上，充分地表述个人的认识。所谓“做”是指教师给幼儿提供一定的想象空间，通过幼儿的参与或独立操作活动，帮助幼儿充分地构思，从而组织起更加丰富、连贯、完整、富有创造性的语言进行表述。

具体运用这一方法时要注意以下几点：

一是教师所提供的语言教育辅助材料，应该是幼儿接触过的、较熟悉的或符合幼儿认识特点的；二是教师应教会幼儿正确观察被讲述对象的方法，给幼儿留存一定的观察时间和空间；三是教师的提问要有顺序性、启发性、开放性，以帮助幼儿构思与表述；四是根据幼儿的语言实际水平，提出不同的表述要求，要求幼儿在动手、动脑、动口的学习中获得语言经验。

（三）游戏法

游戏法是指教师运用有规则的游戏，训练幼儿正确发音，丰富幼儿词汇和学习句式的一种好方法。游戏是最符合幼儿年龄特点的活动，运用游戏方法进行教育是幼儿语言教育中常见的活动方式之一，其目的在于提高幼儿的学习兴趣，集中幼儿的注意力，促进幼儿各种感官和大脑的积极活动。

这一方法的运用需注意以下两点：一是根据幼儿语言教育目标和内容选择和编制游戏，要求目标明确，规则具体，便于幼儿理解，以达到训练语言能力的目的；二是在运用游戏法的同时，可配合使用教玩具或学具。

（四）表演法

表演法是指在教师的指导下，幼儿学习表演文学作品，以提高口语表现力的一种方法。这一方法在具体运用时需要注意几点：一是教师必须在幼儿理解诗歌、散文、绕口令等作品内容并能熟练朗读的基础上运用表演法；二是鼓励幼儿在故事表

演中创新内容和增加情节与对话，大胆发展故事情节，恰当地进行动作设计和人物的心理刻画；三是教师需努力为全体幼儿提供参与表演的机会。

（五）练习法

练习法是指有意识地让幼儿多次使用同一个语言因素（如语音、词汇、句子等）或训练幼儿某方面的语言技能、技巧经常采用的一种方法。在幼儿语言教育活动中，口头练习活动占多数。

这一方法在具体运用时需注意以下两点：一是教师在明确练习目的的基础上，逐步提高练习的要求；二是在幼儿理解内容的基础上，教师应尽量进行独创性的练习，避免简单、枯燥的重复，以免使幼儿失去兴趣。

第四节 幼儿园语言教育活动的评价

幼儿园语言教育活动的评价，即指收集语言教育活动的设计、组织和实施过程中各方面的信息，依据一定的客观标准对教育活动及其效果做出客观衡量和科学判定的过程。幼儿园语言教育活动评价是语言教育实施过程中的一个不可缺少的环节，其主要目的在于建立一种积极反馈信息的途径，从而形成有效调节和改善幼儿园语言教育过程的机制。

一、幼儿园语言教育活动的评价原则

幼儿园语言教育活动的评价是一种比较微观、真实的评价，与教师联系更密切，对教师影响更直接。因此，幼儿园教师应当直接参与幼儿园语言教育活动的评价。一方面，教师可以及时了解活动设计和组织实施过程中的不足，讨论改进的办法，以不断提高语言教育活动设计和组织实施的能力；另一方面，可以保证评价的深入性和全面性，避免评价过程中评价者和被评价者之间的对立现象。

（一）客观性原则

实施教育活动评价必须采取客观的实事求是的态度，而不能主观臆断或掺杂个人的情感色彩。这是进行教育评价的最基本的原则。首先，评价者必须根据客观的评价标准来实施评价，评价标准一旦确定，就不能任意改动。其次，标准应适合于每一个评价对象，否则，就不能称为客观的标准。再次，要以客观公正的态度对待每一个评价对象，不能因个人好恶而使评价结果出现偏差。

（二）全面性原则

全面性原则是指对语言教育活动的各个构成要素进行全面评价。既要对幼儿在活动过程中的语言学习行为变化的过程和结果进行评价，又要对教师在教育活动中的组织行为进行评价；既要对教育活动过程中教具、学具的选择与利用进行评价，又要对教师与幼儿之间的语言和情感互动情况进行评价；既要对静态的活动要素进行评价,又要对动态的活动过程进行评价。

(三)参照性原则

参照性原则是指制定的评价标准要有依据。幼儿园语言教育活动评价标准的制定,首先,要依据国家有关教育法规性质的文件,这是确定语言教育活动评价标准的根本依据;其次,要依据幼儿语言发展的基本规律,根据幼儿在每个年龄阶段应有的水平做出恰当的规定,不可任意提高或降低标准;再次,要依据语言教育活动的目标,目标不但是教育活动组织和实施的指南,也是教育活动评价的指南和参照的依据。在评价过程中,那种脱离目标另定标准的做法是不可取的。

二、幼儿园语言教育活动的评价内容

幼儿园语言教育活动的评价应该包括这几个方面的内容:一是对幼儿语言学习行为的评价,二是对语言教育活动中教师的设计和组织、实施行为的评价。

(一)对幼儿语言学习行为的评价

1. 幼儿参与活动的积极性

对幼儿参与活动积极性的评价主要用于考察幼儿对活动的情感投入程度,可以从幼儿参与活动的兴趣和注意力等方面进行分析和评价。

2. 幼儿在活动中完成语言学习任务的情况

幼儿在语言活动中是有任务的,这些任务是由具体活动目标直接转化而来的,可以从三个方面进行分析。其一,了解幼儿是否获得了目标所规定的语言知识,是否掌握了有关的词汇和句型,是否懂得在什么样的语言环境下运用这些词汇和句型。其二,了解幼儿是否形成了耐心倾听别人说话的态度,是否乐意在集体面前讲述自己经历的事或看到的图片内容,是否懂得并遵守语言交往中的一般规则。其三,了解幼儿组词成句的能力和在具体情景中运用语言的能力,是否能根据活动中的语言情景来运用有关的词汇、语法和语调,是否能用连贯的语句说清楚自己想要表达的意思。对幼儿在活动中完成语言学习任务情况的评价可分为“圆满完成”“基本完成”和“尚未完成”三个等级。

3. 幼儿在活动中表现出来的独立见解情况

幼儿在活动中表现出来的独立见解可以用于考察幼儿对活动目标要求的理解程度,以及自己独有的生活、学习经验与该活动中语言学习任务之间相互作用的情况等。需要列出某一幼儿与其他幼儿不一样的具体语言行为表现,如说出“音乐糖很有趣,能发出声音”“石头还可以用来砸死吓人的毛毛虫”等。

4. 幼儿在活动中创造性地运用语言的表现

主要分析幼儿对语言结构的创造性运用，以及在操作、想象等方面的创造性表现。需要具体列出幼儿的行为表现内容，如："使用了'因为……所以……'这个句型"等。

以上四个方面既相互区别，又相互联系，共同构成了幼儿在语言教育活动中语言学习行为评价的主要内容。这些内容是根据幼儿园语言教育活动目标和语言发展目标建构而成的，它们反映了幼儿在语言教育活动中语言学习效果各个方面的因素。

幼儿学习活动

（二）对语言教育活动中教师的设计和组织、实施行为的评价

教师行为评价是对教师设计和组织某一具体语言教育活动效果的直接评价。虽然对幼儿在活动中语言学习行为的评价能在一定程度上反映教师设计和组织语言教育活动的质量，但每一个语言教育活动的质量并不能得到全部的体现。因此，为了科学、准确地评价每一个教育活动的效果，除了评价幼儿在活动中的语言学习行为外，还要对语言教育活动中教师的行为进行评价。对语言教育活动中教师行为的评价着眼于为教师提供分析、判断教育活动设计和组织的思路，以便教师能更好地认识自己的活动设计和组织的状况，在不断深入理解和把握各种类型语言教育活动设计、组织要求的基础上，提高教师的自我调节能力。

1. 目标的达成程度

语言教育活动旨在有目的、有计划地为幼儿提供语言学习机会，具有明确的教育目标。各种类型的语言教育活动包含着不同的语言教育目标，起着促进幼儿语言循序渐进地向完整语言方向发展的重要作用。故此，教育活动目标的达成程度将会反映出该教师设计与组织实施的水平如何。

2. 活动内容和形式的适合程度

在评价教育活动的内容时，主要分析教师对教育活动内容的选择与目标要求是否一致；活动内容是否符合科学性和思想性；内容的分量是否适当，有无过多或过少的情况；内容的安排是否分清主次或突出重点、难点，是否抓住了关键内容；内容的布局是否合理，各要点之间的衔接是否自然流畅；活动内容与幼儿原有的语言、认知和社会经验是否相对应等。

3. 活动内部要素的协调程度

语言教育活动是教师、幼儿、语言环境、活动材料等要素之间相互作用的过程，所以在评价语言教育活动内部各要素的协调程度时，需要从幼儿与语言环境之间的互动情况、材料的利用情况和教师与幼儿之间的互动情况三个方面进行分析。

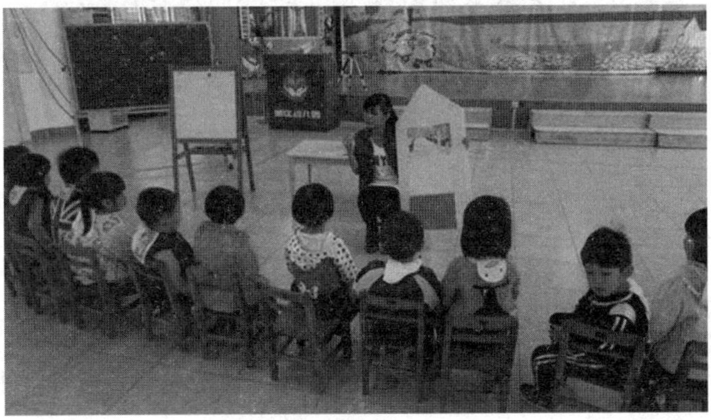

教师组织活动

4. 效果分析

在上述几个方面考察的基础上，评价者还需要进一步对本次语言教育活动的效果进行总体评价，包括对活动的总体印象进行简单的描述，总结、分析活动设计和组织中的得与失及其原因所在，特别是分析教师设计和组织活动中存在的不足之处，并就其中的不足提出改进的建议，为教师以后的活动设计和组织活动提供参考。

案例分析

《笑比哭好》(小班谈话活动)[①]

◇设计意图

小班幼儿开学才将近两个月,孩子年龄小,对故事内容的理解能力和语言表达能力都比较差,对于集体生活和学习的概念还很模糊,针对此情况,教师在本次活动中更关注孩子的情绪体验,让他们充分感受集体活动的快乐。在活动过程中,采用了动静交替、整体学习、正面鼓励等教学方法。

◇活动目标

1. 认识哭与笑的表情,理解不同的情感。(知识目标)
2. 发挥想象能力,想象不同情境中人物不同的感情色彩。(技能目标)
3. 做个快乐、勇敢的孩子。(情感目标)

◇活动重难点

认识哭与笑的表情,理解人类不同的情感。

◇活动准备

哭娃娃、笑娃娃礼物人手一个,小镜子人手一个,大娃娃头像两个。

◇活动过程

一、认识笑

1. 今天,老师给你们带来了一个有趣的声音,请小朋友仔细听一听,它是什么声音?(笑的声音)
2. 让我们一起来学一学,笑一笑。
3. 拿出镜子照一照,瞧一瞧笑的时候我们的小嘴巴是什么样的?
4.(演示图片)这个小朋友嘴巴往上翘了,很高兴的样子。
5. 他为什么这么高兴呢?(幼儿各抒己见、畅所欲言)

二、认识哭

1. 让我们再来听一个有趣的声音。(哭的声音)
2. 一起来学一学哭的样子。

①案例来源:http://new.060s.com/article/2013/05/27/760529.htm,有改动.

3. 拿出镜子照一照，看看我们哭的样子。哭的时候我们的小嘴巴又怎样了？（重点观察嘴巴的形状）

4. 听到哭的声音，我们心里很难过，想着一定是遇到了伤心的事情了。

5. 这个小朋友为什么哭呢？（猜一猜）

三、游戏

小朋友真聪明，老师奖给你们一些小礼物（图片）。下面我们来做个游戏，老师说“高兴”时，你们就把“笑的小朋友”图片举起来，嘴里发出笑的声音；当老师说“伤心”时，你们就把“哭的小朋友”图片举起来，嘴里发出哭的声音。

四、听辨不同语气的话语

1. 有这么一个小朋友，他遇到了很多事情，请小朋友仔细听一听他发出的是高兴的声音还是伤心的声音。

2. 听录音，分辨语气中的高兴及伤心。

（1）今天，爸爸给我买了一个玩具。（高兴）

（2）一个小朋友撕坏了我的图书。（伤心）

（3）妈妈说过星期天带我去公园玩，可是，却下起了雨，去不成了。（伤心）

（4）姑姑从北京回来了，给我买了好多好吃的东西。（高兴）

3. 一个是高兴的小朋友，一个是伤心的小朋友，你更喜欢谁呢？

小结：我们都喜欢笑的小朋友，我们也要做一个高高兴兴的孩子，做一个勇敢的孩子，现在让我们一起来唱一首歌——《表情歌》吧！

◇活动评析

小班幼儿情绪多变，难以控制自己的不良情绪。该教师通过教具哭娃娃、笑娃娃的演示、比较，通过认识哭娃娃、笑娃娃来揣测心情、情绪的变化，最后学会自我调节，一步步引导，激起幼儿对笑娃娃的喜爱，鼓励幼儿做个快乐、勇敢的好孩子。该教师生动活泼、亲切自然的教态激起了听课者与幼儿对快乐认识的共鸣。最后，活动在《表情歌》的律动中结束，为本次活动画上了一个圆满的句号。

【考查要点】

幼儿园语言教育是幼儿园全面发展教育的重要组成部分，作为一名幼儿教师，需要掌握谈话活动、讲述活动、听说游戏活动、文学作品学习活动和早期阅读活动的设计步骤。在历年教师资格考试中，语言教育活动设计与指导部分会以少量的单项选择题和简答题出现，较多的题型是给出幼儿面临的一些问题，或者根据幼儿园所处的空间、时间特点，要求设计出相应的语言教育活动。另外，在面试考试中，讲故事、表演故事等题型也较为常见。活动设计主要是对幼儿所要参加的活动制定出活动方案和计划，主要包括：设计意图、活动目标、活动重难点、活动准备、活动过程、活动延伸、活动反思等环节。

【真题解析】

1.（2016年上半年选择题）1岁半的幼儿想给妈妈吃饼干时，会说“妈妈”“饼”“吃”，并把饼干递过去，这表明此阶段幼儿语言发展的一个主要特点是（ ）。

A. 电报句　　B. 完整句　　C. 单词句　　D. 简单句

【答案解析】A。双词句阶段（1.5~2岁）的幼儿语言的发展主要表现在开始说由双词或三词组合在一起的句子。幼儿有时在双词句中省略了如助词、介词等功能词，就像我们发电报时用的语言，因此，这种句子也被称为“电报句”。

2.（2016年下半年选择题）2~6岁幼儿掌握的词汇量迅速增加，词类范围不断扩大，该时期幼儿掌握词汇的顺序通常是（ ）。

A. 动词、名词、形容词　　B. 形容词、名词、动词

C. 名词、动词、形容词　　D. 形容词、动词、名词

【答案解析】C。在幼儿对各类词的掌握中，幼儿掌握各类词的顺序是：幼儿先掌握实词，后掌握虚词。儿童对实词掌握的顺序是：名词—动词—形容词。

3.（2012年上半年选择题）幼儿学习语言的关键期是（ ）。

A. 0~1岁　　B. 1~3岁　　C. 3~6岁　　D. 5~6岁

【答案解析】B。1~3岁的幼儿处于语言学习的关键期，他们的身体各项机能都在发展变化，是语言学习的黄金期和关键期。

4.（2016年上半年选择题）一名4岁幼儿听到教师说“一滴水，不起眼”，结果他理解成了“一滴水，肚脐眼”这一现象主要说明幼儿（ ）。

A. 听觉辨别力弱　　B. 想象力非常丰富

C. 语言理解凭借自己的具体经验　　D. 理解语言具有随意性

【答案解析】C。4~5岁幼儿的思维具有具体形象的特点，在理解成人语言时，时常凭借自己的具体经验，如教师说“一滴水，不起眼”，儿童则理解成了“一滴水，肚脐眼”。

5.（2015年下半年选择题）语言活动中，吴老师发现向红在他前面一个女孩身上贴上了纸条，此刻吴老师合理的做法是（ ）。

A. 停止教学，点名批评　　B. 停止教学，让其罚站

C.继续教学，置之不理　　　　　D.继续教学，微笑提醒

【答案解析】D。教育教学活动中会遇到各种突发事件，对于不太严重的事件发生时，教师首先应该做的就是继续教学，不能影响教学活动，然后在不影响教学活动的前提下进行机智的化解。

【真题模拟】

1.有意识地让幼儿多次使用同一个言语因素或训练幼儿某方面言语技能技巧的方法是幼儿园语言教育的（　）。

A.示范模仿法　B.视、听、讲、做结合法　C.游戏法　　D.练习法

2.一般情况下，哪个年龄阶段的幼儿能结合情境理解一些表示因果、假设等关系的相对复杂的句子？（　）

A.托班　　B.小班　　C.中班　　D.大班

3.教师和幼儿双方围绕一个问题或主题，自由发表自己的想法、意见，表达自己的感受、体验，进行相互交流。该教师运用的是（　）。

A.讲解法　　B.谈话法　　C.示范法　　D.演示法

4.教师在向小班幼儿描述常规时应避免使用否定性的语句，这是由于（　）。

A.按规定不能用　　　　B.容易造成幼儿的逆反心理

C.小班幼儿年龄小，语言理解能力弱　　D.说否定句有损教师形象

5.下列属于幼儿园语言教育活动目标的是（　）。

A.能认读拼音字母　　　　B.能清楚地说出自己想说的事

C.能认读一定量的汉字　　D.能正确书写常用汉字

6.活动设计题

请以诗歌《春雨》为主题，设计一个幼儿园中班的语言教育活动方案。

附诗歌：春雨

滴答，滴答，下小雨啦！

种子说："下吧，下吧，我要发芽！"

梨树说："下吧，下吧，我要开花！"

麦苗说："下吧，下吧，我要长大！"

小朋友说："下吧，下吧，我要种瓜！"

【思考实训】

思考：

学习完本章内容，我会设计出一次谈话活动的具体活动方案吗？讲述活动呢？听说游戏活动呢？文学作品学习活动呢？早期阅读活动呢？我都能设计出来吗？设计出方案后，我会实施吗？

实训：

到一所幼儿园里去观察一次语言教育活动，判断这次语言教育活动的类型，根据相应的类型对该教育活动进行评析，找出该活动的亮点，同时指出它存在的不足，并提出自己的完善方案。

【推荐阅读】

[1]张明红.学前儿童语言教育(修订版)[M].上海:华东师范大学出版社,2006.

[2]庄虹,陈瑶.新编幼儿园教育活动设计与指导[M].北京:北京师范大学出版社,2011.

[3]张琳.幼儿园教育活动设计与实践(第二版)[M].北京:高等教育出版社,2010.

第 3 章

幼儿园科学教育活动的设计与组织

幼儿是带着已有的知识经验和与生俱来的好奇心和探究热情来到幼儿园的，所以，幼儿教师要因材施教。为了让幼儿与生俱来的好奇心和探究热情永不枯竭，教师要多鼓励他们，提供适宜其发展的教育活动，支持幼儿探究自己喜欢的问题，让幼儿建构自己的认知结构。

幼儿是天生的科学家，教师该如何开展幼儿园科学教育活动呢？幼儿园科学教育活动的目标和内容是什么？幼儿园科学教育的方法有哪些？带着这些问题，我们开启后续内容的学习。

【学习目标】

知识目标:了解幼儿园科学教育活动的含义;理解并掌握幼儿园科学教育活动的目标、内容和方法。

技能目标:能设计幼儿园科学教育活动,并会做相应的指导。

情感目标:乐意与幼儿一起参与科学教育活动。

【学习重点】

1. 掌握幼儿园科学教育的方法。
2. 学会设计幼儿园科学教育活动,并做相应的指导。

【知识结构图】

- **幼儿园科学教育活动的设计与组织**
  - 幼儿园科学教育活动概述
    - 幼儿园科学教育的含义
    - “儿童的科学”的特点
  - 幼儿园科学教育活动的目标与内容
    - 幼儿园科学教育活动的目标
    - 幼儿园科学教育活动的内容
  - 幼儿园科学教育的途径与方法
    - 幼儿园科学教育的途径
    - 幼儿园科学教育的方法

第一节
幼儿园科学教育活动概述

一、幼儿园科学教育的含义

人从出生起就与科学结下了不解之缘，特别是幼儿，天生就对许多问题感到好奇，例如，为什么鸟儿会飞？为什么鱼儿能在水里呼吸？种子怎样发芽？为什么冬天冷夏天热？雨、云、冰雹是怎样形成的？……显然，幼儿所感兴趣的是一些看来浅显和天经地义的事实或物体之间的联系，他们所学的科学就是那些经常接触到的、周围世界中的各种事物和现象。因此，“儿童的科学不同于成人的科学，前者以动作逻辑为基础，后者以形式逻辑为基础。‘儿童的科学’是一个自我建构的过程，是对世界的独特见解”[①]。

观察动物标本

光和影的秘密

幼儿园科学教育是指幼儿在教师的指导下，通过自身的活动，对周围的环境进行感知、观察、操作、发现，以及提出问题、寻找答案的探索过程。幼儿如何“做”科学要比他们如何学科学更重要。幼儿科学教育更关注幼儿主动探究和解决问题的能力，教育活动的结果更关注幼儿通过活动获得的科学经验。

① 施燕．学前儿童科学教育[M]．上海：华东师范大学出版社，1999：5-6．

二、"儿童的科学"的特点[①]

幼儿有自己的科学，只有理解了"儿童的科学"的独特性，才能使幼儿科学教育真正符合幼儿的年龄特点，并发挥其独特的价值。"儿童的科学"具有如下特点。

（一）"儿童的科学"是一种经验层次的科学知识

幼儿能够获得"真正"的科学知识吗？其实，幼儿所理解的科学知识并不是成人意义上指的抽象的、概念化的科学知识，而是具体的科学知识，是经验层次的知识。幼儿可以通过观察获得有关事物和现象的具体、个别的经验，却不容易从中进行抽象与概括，更不可能通过概念来进行间接学习。

（二）"儿童的科学"是一个自我建构的过程

正如人类的科学认识是在自我批判的过程中成长起来的一样，"儿童的科学"也经历了一个不断改变的过程。首先，幼儿随着生活经验的丰富，他们对周围事物的认识也在不断地改变。另外，幼儿认知能力的发展也是促使其认识不断发生改变的重要因素。

（三）"儿童的科学"是对世界的独特理解

"儿童的科学"是一种不完善的认识、一种发展中的认识，也是一种独特的认识。正因为"儿童的科学"带有主观色彩，而使其赋予了诗意和想象的性质。幼儿不能客观地解释自然事物和现象，他们往往从主观的意愿出发（如认为船能浮在水面是因为它勇敢），或赋予万物以灵性（即泛灵论，如指南针指向小猫是因为它喜欢小猫）。这是因为幼儿分不清主观的（假想的、游戏的）现实和客观的现实，从某种意义上说，"儿童的科学"恰恰弥补了现代唯理性科学之不足。

---

① 张俊．幼儿园科学教育[M]．北京：人民教育出版社，2004：14-17.

第二节 幼儿园科学教育活动的目标与内容

一、幼儿园科学教育活动的目标

（一）幼儿园科学教育的总目标

《幼儿园教育指导纲要（试行）》中明确规定了科学领域总目标的具体内容有：①对周围的事物、现象感兴趣，有好奇心和求知欲；②能运用各种感官，动手动脑，探索问题；③能用恰当的方法表达、交流探索的过程和结果；④爱护动植物，关心周围环境，亲近大自然，珍惜自然资源，有初步的环保意识；⑤获得有关周围事物及其关系的经验并有使用的倾向。

（二）幼儿园科学教育各年龄阶段的目标

幼儿科学学习的核心是激发探究兴趣，体验探究过程，发展初步的探究能力。成人要善于发现和保护幼儿的好奇心，充分利用自然和实际生活机会，引导幼儿通过观察、比较、操作、实验等方法，学习发现问题、分析问题和解决问题；帮助幼儿不断积累经验，并运用于新的学习活动，形成他们受益终身的学习态度和能力。《3—6岁儿童学习与发展指南》对幼儿科学探究提出了以下目标：

（1）目标1：亲近自然，喜欢探究（如下表所示）。

亲近自然，喜欢探究的年龄阶段目标

3~4岁	4~5岁	5~6岁
1. 喜欢接触大自然，对周围的很多事物和现象感兴趣 2. 经常问各种问题，或好奇地摆弄物品	1. 喜欢接触新事物，经常问一些与新事物有关的问题 2. 常常动手动脑探索物体和材料，并乐在其中	1. 对自己感兴趣的问题总是刨根问底 2. 能经常动手动脑寻找问题 3. 探索中有所发现时感到兴奋和满足

(2)目标2:具有初步的探究能力(如下表所示)。

初步的探究能力的年龄阶段目标

3~4岁	4~5岁	5~6岁
1. 对感兴趣的事物能仔细观察,发现其明显特征 2. 能用多种感官或动作去探索物体,关注动作所产生的结果	1. 能对事物或现象进行观察比较,发现其相同与不同 2. 能根据观察结果提出问题,并大胆猜测答案 3. 能通过简单的调查收集信息 4. 能用图画或其他符号进行记录	1. 能通过观察、比较与分析,发现并描述不同种类物体的特征或某个事物前后的变化 2. 能用一定的方法验证自己的猜测 3. 在成人的帮助下能制订简单的调查计划并执行 4. 能用数字、图画、图表或其他符号记录 5. 探究中能与他人合作与交流

(3)目标3:在探究中认识周围事物和现象(如下表所示)。

在探究中认识周围事物和现象的年龄阶段目标

3~4岁	4~5岁	5~6岁
1. 认识常见的动植物,能注意并发现动植物是多种多样的 2. 能感知和发现物体和材料的软硬、光滑和粗糙等特性 3. 能感知和体验天气对自己生活和活动的影响 4. 初步了解和体会动植物与人们生活的关系	1. 能感知和发现动植物的生长变化及其基本条件 2. 能感知和发现常见材料的溶解、传热等性质或用途 3. 能感知和发现简单物体现象,如物体形态或位置变化等 4. 能感知和发现不同季节的特点,体验季节对动植物和人的影响 5. 初步感知常见科技产品与自己生活的关系,知道科技产品有利有弊	1. 能察觉到动植物的外形特征、习性与生存环境的适应关系 2. 能发现常见物体的结构与功能之间的关系 3. 能探索并发现常见的物理现象产生的条件或影响因素,如影子、沉浮等 4. 感知并了解季节变化的周期性,知道变化的顺序 5. 初步了解人们的生活与自然环境的密切关系,知道尊重和珍惜生命,保护环境

(三)具体教育活动目标

幼儿园科学教育的目标要通过一个个具体的科学教育活动来实现和达成,具体教育活动的目标应体现和落实总目标和年龄阶段目标,并密切结合幼儿身心发展的实际水平和需求,促进幼儿知识、经验和能力的发展,进而促进其身心全面发展。幼儿园科学教育活动目标应具有针对性、趣味性、活动性和可操作性等。比如,“天气预报”的活动目标如下:①知道一些气象变化与动物习性变化之间的关系;②能根据动物的特殊表现来推断并预报天气;③提高探索天气奥秘的兴趣,萌发爱科学的情感。又如,“影子的秘密”的活动目标如下:①运用各种感官,积极动手动脑,探索影子的秘密;②在探索过程中感受发现的快乐,激发好奇心和求知欲。

二、幼儿园科学教育活动的内容

面对新鲜事物时，幼儿总是充满着好奇和兴奋，而幼儿园科学教育最重要的作用就是让幼儿获得丰富而多样的经验，这些经验是满足和扩展幼儿好奇、好问的基础。目前，幼儿园科学教育活动内容体系的组织，体现了现代的生态观和科技观。幼儿园科学教育活动的内容主要体现在以下四个方面。

（一）探索和研究人体

幼儿从小就对自己的身体有着强烈的好奇心和浓厚的探索兴趣，幼儿对人体的探索既是满足其好奇心的需要，也是健康教育的需要。

1. 人体的结构及其功能与保护

观察、探索人体的外部结构、功能，及认识、保护人体的外部结构，主要包括头、颈、四肢、躯体、皮肤等，让幼儿感受其各自的功能，并初步知道怎样保护。

初步了解人的共同性、差异性及其种类，如每个人的身体结构都是基本一样的，但又有很大的不同，男女之别、不同种族、不同肤色、不同发色、五官特征之别、体形之别等。了解人体的感觉器官及其功能。

初步感受和体验人体的内部生理活动及其功能，了解人体的生理活动包括呼吸、消化、血液循环、排泄等，如联系生活中见到的流血、骨折事件，引导幼儿探索人体内的血液、骨骼的作用，以及保护身体的重要性。

2. 人的心理活动

了解大脑可以思考问题，具有想象、记忆等功能。

了解人有情绪、情感，知道每个人都会有情绪的感受和体验，知道情绪不同表现形式也不同，如高兴与微笑、伤心与哭泣等。

观察并理解别人的情绪表现，学习怎样表达自己的情绪，学会控制自己的消极情绪，发展自己的积极情绪。

3. 人的自然生命发展过程

认识到人是一个自然实体，每个人都会经历从出生、成长到衰老、死亡的生命过程，初步形成对生命过程的客观态度。

了解食物、空气和水是人生长发育的基本条件，合理的营养、适当的运动和休息都是个体健康成长的必要条件。

4. 保护身体及身体健康

知道在任何条件下，都应该注意安全，保护自己的身体不受损伤和侵害。锻炼身体，预防疾病，养成良好的生活、卫生习惯等。

（二）关注、探究自然生态环境

幼儿科学教育强调让幼儿了解自然环境和人们生活的关系，强调热爱自然、保护自然、人与自然和谐相处的生态观点。我们不仅要向幼儿展示自然环境的多样性，还要充分考虑自然环境中各个成员之间广泛的、动态的联系，并渗透尊重自然、保护自然的知识。幼儿周围的动物、植物和非生物——沙、石、土、水、空气等，都是构成自然生态环境的重要因素。

1. 自然界中常见的动植物及其与人、自然环境的关系

幼儿对动物、植物特别是动物有着特别的感情。教师要利用幼儿对动植物的浓厚兴趣，引导他们去观察、接触和研究，了解动植物的典型外部特征，探索和了解动植物与环境以及动植物与人类的关系。

观察常见动植物的生长与生活，探索动植物的特征和多样性，能说出常见的动植物的名称，通过接触和探索植物、饲养和照料动物等方式，观察和发现植物典型的外部特征及其主要用途，观察、了解动物的生活习性。

认识和探索动植物的多样性。动物中，有大的，有小的，有温顺的，有凶悍的，还有会孵蛋的；动植物种类很多，动物有昆虫、鸟、兽、家禽、家畜等，植物有花草树木、蔬菜等。观察和发现动植物的生长、变化规律，能用标志、绘画等简单方式进行记录，交流观察中的有趣现象、新发现，感受动植物顽强的生命力。

探索和初步发现动植物与环境的关系，知道动植物的生长与环境的关系。通过种植植物、饲养动物等活动，探索动植物的生长需要哪些环境条件，知道动植物的生存与成长离不开空气、阳光、水和土壤；知道动植物的多样性与环境的关系，知道不同的环境生活着不同的动植物，如有的陆生，有的水生，有的生长在暖和的地方，有的生长在寒冷的地方等。

知道动植物和季节变化的关系。有的植物春天播种、秋天收获，有的动物冬眠，有的植物会落叶等。

知道动植物的形态结构与环境的关系。了解不同环境中的动植物在形态结构上的不同以及它们与环境之间的关系，如企鹅为什么生活在南极？北极熊的皮毛为什么会很厚？大树的根为什么要深入地下很深的地方？等等。

知道动植物之间的关系，包括动物与动物之间和动物与植物之间的关系。知道动物间是朋友和天敌的关系，如鳄鱼与牙签鸟是好朋友，狼是羊的天敌；动物与植物之间是友好的关系，如牛、羊—草—粪便—草的生长—牛、羊。

种子实验

颜色变变变

2. 探索和发现动植物与人的关系

认识人、动物、植物之间是紧密相连的、互相依存的。懂得动物是人类的好朋友，人类应该保护它们；植物对净化空气有贡献，要保护植物。了解人类在生活中是怎样利用动植物的，还要让幼儿了解人类是怎样保护动植物的。

（三）探索、了解自然科学现象

大自然中存在着许多自然现象，这些现象有的循环往复，有的变化无穷，它们发生在幼儿的身边，无时无刻不在激励着幼儿去探索和了解。

1. 气候和季节现象

气候和季节现象是自然界中四季规律变换的具体体现，它直接影响着人类的生活和动植物的生长。幼儿了解气候和季节现象，对于认识环境并主动适应环境，以及保护身体都有重要的意义。

知道气候和季节现象是影响人类及动植物生存的重要环境因素，它们的变化是有规律的。

观察各种天气现象：雨、雪、风、云、冰、霜、雾、闪电、冰雹等，并能进行简单的记录、报告和预测。知道风的产生；观察和感受不同情形下的风的不同，如风有大小的不同、冷暖的不同；知道风对人类和动植物生活的作用和影响，如风能传播花粉、风力发电等，但是台风、飓风也会给人类和动植物带来危害。观察比较雨的不同，知道雨的种类，如大雨、小雨、急雨、暴雨、雷雨等；知道雨在不同的季节对于植物生长的作用和影响，如春雨有利于播种，秋季的雨过多不利于秋收，适量的雨有利于植物的生长，而雨水过多就会造成洪涝灾害。观察云在不同天气时的表现与变化，知道云有厚薄之分，知道云是多变的。知道冬天常见的天气现象，如冰、雪、霜等；夏天常见的天气现象，如雷雨、彩虹等。通过实验和游戏观察并体验冰、雪、霜，了解冰、雪、霜对人们日常生活及植物生长的作用和影响。

知道四季的变化及其规律，了解不同季节的不同特征。

了解季节和气候变化对人类和动植物生活、生长的影响，培养幼儿能主动适应外界环境变化的能力，并养成保护身体的习惯。

探究气压

天气播报

2. 天文现象

知道地球存在于宇宙中，除了地球外，宇宙中还有太阳、月亮和星星等，它们都离我们很远。

知道太阳是一颗恒星，是一颗发光、发热、燃烧着的巨大火球；知道太阳距离地球很远很远，如果没有它，地球上所有的生命都不能生存。

知道月球是地球的卫星，它不会发光，只有太阳光照射到月球上，才使我们看到天空中的明月；观察月相的变化，并用简单的方式进行记录；知道月球上没有空气和水，也没有生命，人类乘宇宙飞船能进入太空，能登上月球。

观察天空中的星星，知道星星有无数颗，它们离我们太远，所以我们只能看到一个个闪烁的光点；知道星星有的像太阳一样会自己发光，有的自己不会发光。

3. 物理现象

有关物理现象的内容很丰富，需要引导幼儿通过操作具体材料进行探索。按照涉及的知识领域划分，主要包括光、声、电、磁、力和运动、冷、热和温度等内容。

（1）光。

光是大自然普遍存在的现象，而且与人们的生活紧密相连。幼儿探索和发现光的现象是必要的。探索和发现光源，知道光源有来自自然的，如阳光，也有来自人类自己制造的，如各种类型的灯光、火光等，了解它们的不同。通过实验探索光和影子的关系。通过实验探索多种颜色的形成，了解颜色是光反射的结果。

通过各种光学仪器，如平面镜、三棱镜、凸透镜、凹透镜以及日常的物品、玩具（如望远镜、万花筒），探索光的反射和折射现象，知道光在人类各种活动中的重要性，了解光和人类生活的密切关系：光为我们带来光明，使我们可以看见周围的世界，光还为植物的生长提供了条件。

（2）声。

声音是幼儿最初了解世界的重要信息来源。在周围各种各样的声音中，可供幼儿感受、探索的声音方面的内容包括：知道我们生活在一个充满声音的世界里，注意倾听、观察和感受各种各样的声音；探索各种能产生声音的物体和能产生声音的方法，探索各种声音的不同；知道声音有乐音和噪声之分，乐音给人以美的感受，噪声会给人带来危害。通过游戏、实验等探索声音的传播。

（3）电。

电在日常生活中的应用越来越广泛，幼儿也接触到很多与电有关的物品，如家用电器、电动玩具等。通过向幼儿进行适当的有关电的知识的教育，使其了解安全用电的常识，这既可以避免事故的发生，又可以满足幼儿强烈的好奇心。幼儿学习有关电的主要内容有：初步了解各种电的来源，静电是摩擦产生的，日常生活中绝大多数的电是发电厂通过电线输送来的。通过游戏和实验探索摩擦起电的现象。初步了解干电池也能产生电，在游戏和实验中探索干电池的用途，知道废旧的干电池是有毒的，不能随便丢弃。通过探索各种家用电器、电动玩具的功能，初步了解电在日常生活中的重要作用。

（4）磁。

磁对于幼儿来说比较抽象，但由于磁的现象充满了神秘和魔幻，幼儿对其有着强烈的好奇心。幼儿对于磁的认识主要是磁铁及有关磁铁制品，例如观察各种大小和形状的磁铁，知道磁铁能够吸铁。通过游戏和实验的方式探索发现磁铁和磁铁之间的吸引与排斥现象，知道其磁力的大小是不同的。玩磁针或指南针，探索指南针指南的现象。了解磁的用途，探索和发现生活中磁铁的应用。

磁铁的奥秘

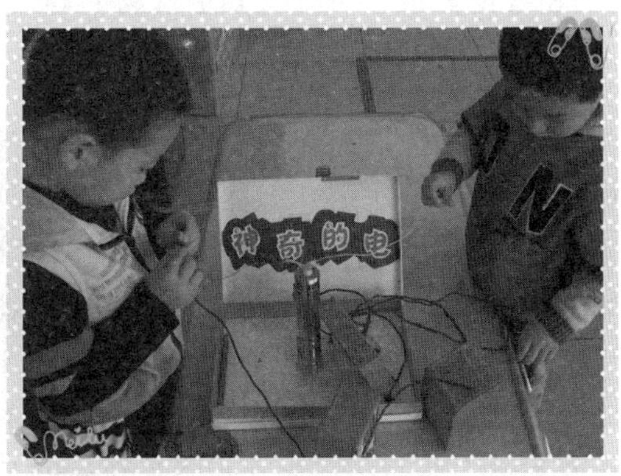

神奇的电

（5）力和运动。

物体之间的相互运动产生了力。力的表现形式是多种多样的，有重力、弹力、浮力、摩擦力、吸引力、推力、拉力、风力、电力等，这些力时刻存在于人们的日常生活中。幼儿虽不清楚力的性质，但在生活中却能时时感受和运用各种各样的力。让幼儿探索、发现、体验这些力，主要是启发幼儿探索和思考日常生活中的这些经验，从平常的事情中总结发现其规律，从而获得初步的感性经验。

知道力和运动是日常生活中普遍存在的自然现象。幼儿通过实验、操作，感受力的大小，探索发现力的方向，探索力和运动之间的关系，以及不同大小、方向的力和运动的关系。知道力有很多种，如地球的吸引力，还有推力、拉力、压力、浮力、摩擦力，以及水力、电力、风力等，感受各种力的作用。通过玩跷跷板、天平和平衡架等，感受并体验力的平衡，探索平衡的条件。探索省力的方法，如使用滑轮、杠杆、倾斜面、轮子等。探索各种机械，发现它们的作用。探索各种自然力，如水力、风力，了解人类对它们的利用。

(6)冷、热和温度。

结合幼儿的日常生活经验，可让幼儿探索以下有关冷、热和温度的内容：知道任何物体都有温度，有的物体温度高，有的物体温度低。探索不同温度的物体之间的传热现象，知道有的传热快，有的传热慢。探索并发现热的物体会变冷，冷的物体会变热，探索使物体变冷、变热的方法。知道天气有冷有热，知道夏天怎样散热，冬天怎样取暖保暖，了解几种常见的取暖或散热的产品。

4. 化学现象

化学现象是幼儿生活中比较常见的自然现象，虽然化学现象的规律性比较隐蔽，很难让幼儿直接观察，但是有些化学现象的表现形式是非常有趣的，教师可让幼儿去探索、去发现一些安全的、有趣的、简单的化学现象。

了解周围物质世界和日常生活中存在的简单的化学现象，如大米经过烧煮变成米饭，面粉发酵做成馒头等。知道食物的霉变现象，初步了解食物为什么会霉变。

(四)探究、了解现代科学技术

生活中随处可见科技产品的广泛应用。幼儿对现代科学技术及其产品具有强烈的好奇心，如电话里为什么能传来声音？飞机为什么能飞上天？等等。

通过向幼儿进行科学技术教育，让其接触和了解常见的现代科技成果，感知科学技术对人类生活的影响，激发和培养幼儿对科学的兴趣，使幼儿萌发对科学家的崇敬之情。当今的幼儿生活在一个崭新的科学世界里，许多科技成果已成为幼儿身边的常见物品，如电视、冰箱、洗衣机、手机、电话、微波炉、电脑等。教师可有选择地引导幼儿探究一些与生活密切相关的科技产品和技术，具体内容包括以下方面。

1. 幼儿生活中常见的科技产品及其作用

认识现代家用电器，如电脑、电视机、电风扇、空调、洗衣机、电饭锅等，知道其主要用途，知道这些家用电器在人们生活中的重要作用。

探索现代通信工具，感受固定电话、移动电话、可视电话、传真机等给人们生活带来的便利。

探索常见的交通工具，如汽车、火车、摩托车、电车、地铁、飞机、轮船等，了解它们在人们生活中的重要作用。

探索现代农用工具，如拖拉机、脱粒机、播种机、抽水机等，知道现代农用工具既减轻了农民的劳动负担，又有助于农作物增产增收。

探索和初步了解现代生物科学技术和农业科技产品，如无籽西瓜、无土蔬菜的种植，以及食品的加工等。

探索各种科技玩具，会正确使用，并能进行拆卸、组装等。

组装小汽车

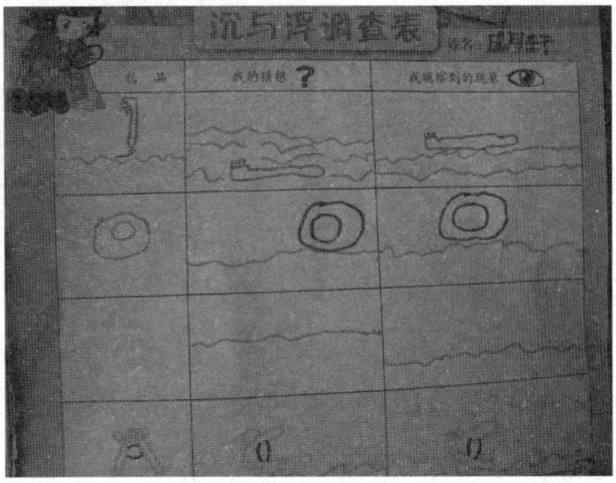

“沉与浮”实验记录表

2. 了解科学技术的发展，熟悉著名的科学家

了解科学技术是不断发展、不断进步的，并体会它们与人们生活的关系。如了解灯的发展史，探索了解从古至今的灯是什么样的，人们是怎样照明的，由此体会科学技术的发展给人们生活带来的影响，初步了解科学技术给人们带来的便利，科技发展提高了人们的生活质量。

了解并熟悉一些著名的科学家，知道科学家对于科技的发展所做的巨大贡献。如可以向幼儿介绍一些科学家的故事，也可以请科学工作者与幼儿直接交流，激发幼儿对科学的崇尚和对科学家的敬佩之情。

思考与练习

以“沉与浮”为探究活动主题，写出幼儿园大班科学教育活动的目标。

第三节
幼儿园科学教育的途径与方法

一、幼儿园科学教育的途径

幼儿学习科学的途径多种多样，主要包括集体教学活动、日常生活活动和科学游戏活动等。

（1）集体教学活动中的科学教育主要采用科学探究的方法，对此下文有详细的介绍，在此不赘述。

（2）日常生活中的科学教育。幼儿一日生活内容丰富，且蕴含着许多科学经验和问题，如哪里可以挖到蚯蚓？我为什么不能孵出小鸡？教师要善于利用日常生活中的教育契机，挖掘一日生活中的科学素材，适时引导幼儿深入探究其中的科学奥秘。首先，引导幼儿观察日常生活中的自然现象；其次，带领幼儿到自然中寻找科学现象；再次，将科学教育渗透在幼儿园室内外的环境创设中；最后，通过家园共育，共同寻找科学教育的契机。[①]

（3）科学游戏活动。科学游戏指应用自然物质材料或有关图片、玩具（科技玩具）等物品，进行带有游戏性质的操作活动。科学游戏将科学内容蕴含于游戏之中，让幼儿在轻松愉快的游戏活动中丰富科学经验，巩固已获得的知识经验，进一步激发幼儿探究科学现象的兴趣和欲望，发展幼儿的观察能力和思维能力等。

科学游戏的类型，从材料分类有：①利用实物的游戏，如踩影子、手影、神秘的口袋、猜一猜；②利用图片的游戏，如看图识物、找错误等；③利用科技玩具的游戏，如声控玩具、发条玩具、遥控玩具等；④口头游戏，如谁在水中游、季节问答等；⑤情境游戏，如假设在火灾现场，如何保护自己等；⑥多媒体互动游戏，如利用多媒体软件进行的科学游戏。从科学游戏的作用来分，有感知类游戏和分类游戏等。[②]

---

①王文乔，申利丽，申健强．幼儿园教育活动设计与实践[M]．成都：西南交通大学出版社，2012：141-148.

② 刘艳．学前儿童科学教育[M]．成都：西南交通大学出版社，2012：83-88.

二、幼儿园科学教育的方法

幼儿园科学教育的方法是指在教师的指导下，幼儿学习科学的具体方式和手段。《3—6岁儿童学习与发展指南》指出，幼儿科学学习的核心是激发探究兴趣，体验探究过程，发展初步的探究能力。成人要善于发现和保护幼儿的好奇心，充分利用自然和实际生活机会，引导幼儿通过观察、比较、操作、实验、测量、科学游戏和早期阅读等方法，学习发现问题、分析问题和解决问题；帮助幼儿不断积累经验，并运用于新的学习活动，形成受益终身的学习态度和能力。

（一）自主探究是幼儿科学教育的基本方法①

自主探究就是让幼儿以类似或模拟科学探究的方式学习科学。当代科学教育专家、美国芝加哥大学教授施瓦布提出了探究学习的模式，他界定的探究学习活动是：儿童通过自主地参与知识的获得过程，掌握研究自然所必需的探究能力；同时，形成认识自然的基础——科学概念，进而培养其探索世界的积极态度。

风扇转起来了

用显微镜观察

1. 科学学习寓于过程性的探究之中

教师可以直接给出幼儿所提问题的答案，但是这个结果和幼儿通过自己的亲身探究所获得的结果从对幼儿的培养和影响来看是大不一样的。我们主张让幼儿通过自己的探究来获得认识。也许幼儿自己获得的认识未必正确，但教师可以在幼儿已有认识的基础上，通过质疑或建议，引发幼儿进行更深入的探究，并在此基础上，让幼儿丰富、修正自己的认识。探究将科学知识、科学方法、科学精神有机地整合在一起，并使三者一体化、系统化。科学探究的基本步骤大致可以分为五个阶段：

阶段一：确定探究主题，提出问题——幼儿关注问题，进入探究情境之中。教师要选择适合幼儿发现的知识经验，这种知识经验要能反映某一领域的关键概念，既有方法论意义，又符合幼儿的能力水平，能激发幼儿的探究兴趣。

阶段二：推测与讨论——幼儿主动建构知识的前提。在此阶段，教师应积极调

①张俊. 幼儿园科学教育[M]. 北京：人民教育出版社，2004：125-145.

动幼儿的原有经验，鼓励幼儿大胆猜想和假设，提出自己对观察和实验的看法，鼓励幼儿对答案进行推测，将师幼之间、幼儿和同伴之间的讨论用结果不同的方式记录下来。

阶段三：实验和观测——幼儿获得事实依据和实证材料。教师引导幼儿多感官充分感知现象，并鼓励幼儿采用合适的测量方法，不可干预太多，可适时提问引发幼儿深入探究。

阶段四：处理信息和数据——幼儿学习对客观事物进行描述。教师鼓励幼儿用多种方法记录实验和观察的信息，可以是图画、图表、简单的文字、照片等，记录可以采取个人、小组和集体等不同的形式，教师指导幼儿把握记录的时机和内容，以免错过重要信息。

阶段五：表达和交流——幼儿学习表达自己和倾听别人。教师鼓励每个人表达自己的发现，并引导幼儿将结果和最初的猜想进行对比，改进自己的想法，鼓励幼儿记录全班最终的结论。①

2. 教师指导寓于幼儿自主的学习之中

教师始终不能忘记自己的"角色"：教师是幼儿学科学的助手，而幼儿才是科学学习的真正主人。科学课程改善研究（SCIS）是由加利福尼亚大学伯克利分校的Robert Karplus博士（一位理论物理学家）提出并发展起来的。在SCIS中，Robert Karplus博士首创了著名的"学习环"，以指导教师支持儿童的科学探究活动。学习环包括三个阶段：①探究；②概念解释与概念引入；③发现。

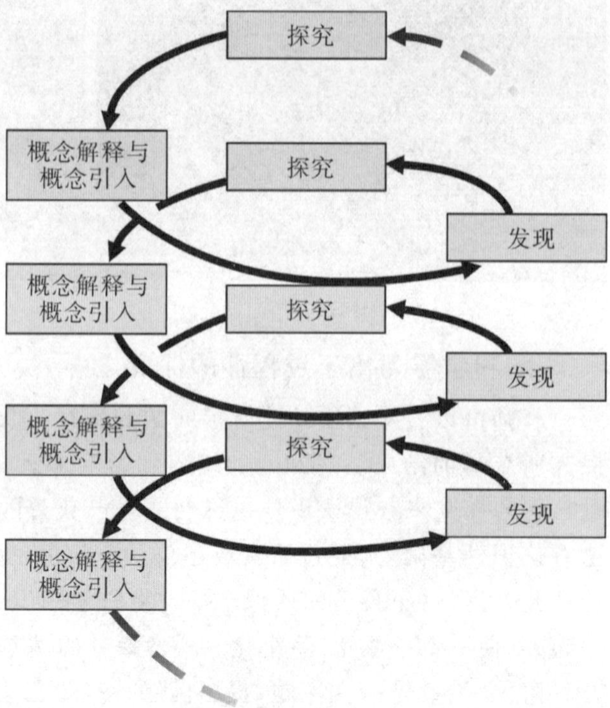

探究学习环图

幼儿根据教师给出的某一概念进行探究和发现。幼儿的动手探究在教师的支持下进行，在此过程中，教师并不过早地直接指导。在幼儿有机会探究之后，在概念解释与引入阶段，幼儿发现与教师之前指导下的科学知识之间建立起了

① 王文乔，申利丽，申健强．幼儿园教育活动设计与实践[M]．成都：西南交通大学出版社，2012：142-143.

稳固的联系。在这一阶段，当幼儿比较自己的发现与已经掌握的科学概念时，教师进行直接指导。最后，教师鼓励幼儿调查相关的新问题与情境，以进一步探究该概念。这时，教师充当了支持者和促进者的角色，而不是直接指导者。之后，幼儿不断深入探究，新的循环便开始了。学习环有许多变式，有一些变式增加了评价阶段。

拓展阅读

幼儿科学教育探究学习过程的分析

幼儿科学教育的过程，是教师对幼儿施加影响的过程，不是教师单方面的“教”，也不是简单的“教师教，幼儿学”的过程，而是在教师的指导下幼儿自己的科学探究过程。下面以某中班幼儿学习“沉与浮”的科学活动对幼儿科学教育探究学习的过程进行分析。

教师为幼儿提供了各种各样的实验材料——木块、石子、玻璃瓶等，供幼儿探究“沉与浮”的现象。在活动中，幼儿用这些材料分别做实验，探究它们在水里的情况，结果发现了很多有趣的现象。有的幼儿发现木块是漂在水上的，他一次又一次地尝试把它按下去，但只要手一松，木块就会漂上来。还有的幼儿发现玻璃瓶放进水里后，先是漂着的，过一会儿灌进了水，就慢慢地沉下去了；如果把玻璃瓶的盖子盖好，它就不会沉下去了……在整个活动过程中，每个幼儿都有自己的发现，对活动的兴趣也很浓。教师还组织他们把自己的发现讲给大家听，并且进一步验证这些发现。最后，教师和幼儿一起总结了今天的收获：“我们今天玩得真开心，而且发现了很多秘密。这些东西有的是浮在水面上的，有的是沉在水里的。以后，我们还可以把别的东西放在水里，看看它们会怎样。”

活动分析：在这个活动中，教师为幼儿提供材料，幼儿自主进行探究活动。幼儿把不同的材料放进水中，发现了不同的结果，获取了丰富的科学经验，而这些经验是幼儿通过自己的操作和尝试所获得的，比教师告诉他们的知识要更加直接、生动、丰富，也更加有意义。在科学探究过程中，幼儿充分满足了好奇心，也学习了科学探究的方法。

(二)幼儿园科学教育方法的多元化

幼儿园科学教育方法的多元化，指的是幼儿科学教育应在坚持以幼儿自主探究的学习为主体的前提下，给艺术手段、社会参与等方法以一席之地，并将其综合运用，以追求更好的教育效果。

1. 利用艺术手段开展科学教育

除了让幼儿亲身经历科学探究的活动外，我们还可以充分利用各种艺术手段来展开科学教育。这样的方法能够激发幼儿求知的兴趣，使其在轻松愉快的情绪中，积极地获取一些科学知识、科学经验，丰富其科学认识。具体的做法，可以借助文学作品等形式对幼儿进行"接受式"教育，儿童文学作品中常常包含很多科学教育的内容，如《刷牙记》是利用动物幼儿园里各种动物学刷牙的故事，向幼儿介绍动物牙齿的科学知识。

另外，可以让幼儿自己自由地进行艺术的表现和创造，这样既能帮助幼儿表现科学认识，巩固对自然世界的认识，也能增添一点艺术情趣。如小班幼儿认识了各种蔬菜，他们就把蔬菜打扮成各种"蔬菜娃娃"，大白菜拥有了一头披肩卷发，土豆变成了笑脸……孩子们一定觉得很开心。除了造型之外，还可以引导幼儿用动作、图画、诗歌等方式再现科学知识，如用动作模仿昆虫的行动方式，用图画记录观察结果，还可以创编诗歌来表达在春天的发现等。

2. 通过社会参与渗透科学价值观教育

幼儿科学教育可以运用社会参与的方法，让幼儿参与到真正的社会生活中，并在其中渗透科学价值观的教育。可以采用社会调查、实践行动、外出参观等方法。

【资料链接】

科学教育的方法及其指导要点①

一、观察法

观察法是一种有目的、有计划，比较持久的知觉活动，是幼儿认识事物的最主要的方法。它可以确保幼儿在直接接触事物的过程中，运用多种感官直观、生动、具体地认识事物，提高幼儿感官综合活动能力，培养幼儿运用感官探索周围环境的习惯，并为发展幼儿的抽象思维能力提供丰富的感性经验。观察法包括对个别物体的观察、比较性观察和长期系统性观察。观察的指导要点有：(1)尽可能提供实物、实景；(2)调动幼儿的多种感官参与观察；(3)引导幼儿多角度、全方位去观察；(4)教会幼儿正确的观察方法。

二、科学小实验

科学小实验是指教师或幼儿按照预想的目的，利用一些材料，通过简单演示或操作，对周围常见的科学现象加以验证的一种活动。根据目的不同，可分为教师演

---

① 王文乔，申利丽，申健强. 幼儿园教育活动设计与实践[M]. 成都：西南交通大学出版社，2012：146-148.

示实验和幼儿操作实验。

（1）教师演示实验的指导要点：①必须做预备性实验；②演示实验时，要让每个幼儿看清；③演示与讲解、提问要紧密结合。

（2）幼儿操作实验的指导要点：①为幼儿提供必要的用具和材料；②指导幼儿使用工具、材料并学习操作；③给幼儿充分的实验时间；④讲清实验规则，注意保证幼儿的安全。

思考与练习

1. 设计一个中班或大班幼儿科学教育活动方案，要求写出活动目标、重难点、活动准备、活动过程和教学方法等。

2. 分小组试讲该活动方案，全班观摩研讨。

3. 将全班同学或幼儿分成几个小组，让每个小组根据所选的一种恐龙来制作模型。再根据各种恐龙的型号大小，在一张大纸上画好恐龙的草图，剪出恐龙模型，然后，将其粘贴在大房间的墙上。

4. 磁力研究实验。

适宜年龄：中、大班幼儿。

目的：设计并实施实验，研究磁力对不同物质的穿透力。

给幼儿分发磁铁，请他们自己操作。幼儿会发现有些物质能被磁铁吸住，而有些则不能。这时，向幼儿提问："磁铁能透过不同材料吸引物体吗？"请设计并实施一个实验来研究这个问题。

案例分析

圆圆的轮子跑得快（关于力的活动）[①]

◇活动目标

1. 引导幼儿探究、发现轮子的特性。
2. 让幼儿学习运用各种废旧材料制作轮子。
3. 发展幼儿的动手操作能力。

◇活动准备

① 幺丹彦，方燕．让环境和材料与幼儿对话[M]．北京：北京师范大学出版社，2002：237.

1. 主体材料：瓶盖、大大卷包装盒、药瓶里的海绵、卡纸、橡胶圈、积木、插片、串珠。

2. 辅助材料：锤子、按钉、钉子、剪刀。

◇活动过程

1. 请幼儿用这些材料制作各种形状的轮子。

2. 帮助幼儿寻找将两个轮子连接起来的辅助材料。

3. 组织幼儿玩自己制作的各种轮子。

(1)你是怎么玩的?

(2)你发现了什么?

让幼儿从中体验圆圆的轮子跑得快的原因(是因为圆形没有角)。

4. 将跑得快的轮子放在一号筐里,跑得慢的轮子放在二号筐里。

5. 什么样的轮子跑得快？启发幼儿发现不同材料制作的轮子跑的速度有所不同。

6. 请幼儿讨论：你还看见哪些东西有轮子？为什么这些东西都有轮子？如果没有轮子它们将会怎么样?

◇活动评析

通过幼儿亲自操作、观察等,使幼儿了解到：尽管各种轮子大小不一、材料不同,但有相同的形状。幼儿可获得轮子能滚动、不同材料的轮子滚动的速度是不同的、使用轮子能使工作省力等初步知识,丰富幼儿的生活经验。

梧桐树叶的秘密(大班科学活动)

◇活动目标

1. 激发幼儿观察的兴趣和探索的欲望。

2. 能细致观察梧桐树叶的结构特征,初步了解叶脉的作用。

3. 能用较清楚的语言讲述自己的发现。

◇活动准备

1. 叶脉书签、叶脉图片、叶脉PPT、梧桐树叶以及其他幼儿园内常见的树叶。

2. 活动前组织幼儿观察落叶,捡拾落叶,给"梧桐树叶"涂色。

3."梧桐树叶的秘密"记录单,人手一个放大镜。

◇活动过程

一、欣赏幼儿的绘画作品，引发他们对叶脉的关注

1. 引导：秋天到了，梧桐树的叶子都飘落下来了。我们一起来看看我们用笔画出的这些美丽的梧桐树叶都是怎样的？

2. 幼儿观察绘画作品并发现画中树叶的线条，从而引出叶脉。

小朋友们画的树叶是什么样的？

你知道树叶中的线条是什么吗？

二、观察梧桐树叶的叶脉，探索其结构特点

1. 自由观察

引导：教师巡回指导观察，提示观察的方法，及时肯定有的小朋友既能观察叶子的正面，又能观察叶子的反面。

仔细观察梧桐树叶的叶脉是怎样的？

你觉得观察树叶的哪一面会把叶脉看得更清楚一些呢？

2. 探讨交流

教师播放PPT，引导幼儿看一看、说一说叶脉是什么样的，从而使其了解、认识主脉和侧脉。

你发现叶脉了吗？

有几根非常明显的叶脉？（引出主脉）

主脉是从哪里生长出来的？一直长到什么地方？

除了主脉，还有其他的叶脉吗？（引出侧脉）

侧脉是怎样生长的？

3. 深入观察

引导幼儿用放大镜顺着叶柄的延伸方向进行观察：发现叶脉由粗到细，像许多管子连接在一起，像一张大网等秘密。

除了主脉和侧脉，还有其他的叶脉吗？

用放大镜来仔细看看，你看到什么了？

你发现了叶脉的什么秘密？

4. 绘画记录

引导幼儿在记录单上画出自己观察到的叶脉，可边用放大镜观察边画。

三、讨论叶脉的作用，整理与分享经验

1. 观看PPT——叶脉输送养分

植物通过根在泥土里吸收水分和养料，然后传送到身体的各个部分。为了传送

养料，植物从根的末端开始，经过茎到叶子的位置，这些管子藏在茎里面，平时是看不见的，但是到了叶子里面就变成了更细更小的分叉的管子，它们就是叶脉，我们从叶子的表面就能看到。叶脉还像我们身体里的骨头，把叶子支撑起来。

2. 问题分析

叶脉为什么会长得像一张网？

为什么会粗细连在一起，一直生长到叶片的各个部分？叶脉有什么作用？

四、小结与拓展

1. 幼儿自己选择不同形状的叶子进行观察、比较，围绕相关问题讨论交流。

除了梧桐树叶长有叶脉外，其他的树叶也有叶脉吗？它们的叶脉是怎样生长的？和梧桐树叶的叶脉一样吗？

2. 小结：

树叶的形状不同，叶脉生长的形状也会不同，但是它们都会有叶脉，叶脉可以帮助树叶输送养料和水分，还可以起到支撑树叶的作用。

◇活动延伸

1. 收集更多种类的树叶，观察并记录它们的叶脉。

2. 教师记录并组织幼儿讨论他们自己提出的关于叶脉及植物的问题，引发幼儿对植物的学习兴趣。

◇活动评析

引发幼儿探索“叶脉的秘密”，不仅能促进幼儿认知的发展，而且可以进一步激发幼儿对植物的好奇心。“观察”是本次科学活动的重要方法，活动过程中教师除运用记录表外，还提供了人手一个放大镜，这不仅可以让幼儿发现密密麻麻、细细的叶脉，而且还可以让幼儿进一步体验工具的作用。教师还充分运用PPT，让幼儿能够更加直观地去了解、去认识，充分地发挥现代多媒体能变静为动、变不可视形象为可视形象的特点，从而让幼儿的学习变得生动、形象，可接受、能理解。

【考查要点】

幼儿园科学教育是幼儿园五大领域活动之一，是引导幼儿通过“做科学”来学习科学。本章内容在历年的考试中经常出现，题型多以活动设计题为多，因此应多关注幼儿园科学教育活动设计的各个方面，如活动目标、活动内容、教学方法等。尤其在活动过程中要体现以幼儿自主探究为主，因此要特别掌握科学教育活动设计的基本步骤和方法。

【真题解析】

1.（2016年上半年《综合素质》）下列对古代科技著作的表述，不正确的是（　）。

A.《周髀算经》是数学专著　　B.《农政全书》是农学专著

C.《黄帝内经》是中医学专著　　D.《齐民要术》是天文学专著

【答案解析】D。《齐民要术》是中国杰出的科学家贾思勰所著的一部综合性农学著作。

2.（2016年下半年《综合素质》）钟乳石发育于石灰岩溶洞地区，包括石笋、石柱、石钟乳等，其中悬挂在洞顶，向下生长的倒锥状碳酸钙沉积物是（　）。

A. 石笋　　B. 石柱　　C. 石钟乳　　D. 石灰乳

【答案解析】C。在洞穴次生化学沉积物的分类中，钟乳石和石笋、石柱属于石类。顾名思义，它们是由洞顶滴水形成的。挂在洞顶向下垂直生长者为钟乳石，其横断面为纵向同心纹理结构。自洞底向上生长者为石笋，具叠层状结构。石钟乳与石笋连接在一起便叫石柱。同一处滴水，在洞顶生成钟乳石，在洞底则生成石笋，所以两者总是对应形成的。

3.（2016年下半年《综合素质》）在进化过程中鸟嘴形成了不同的形状，下图是鹦鹉、鹭鹭、老鹰、金丝雀头部的画像，从嘴型看，金丝雀应当是（　）。

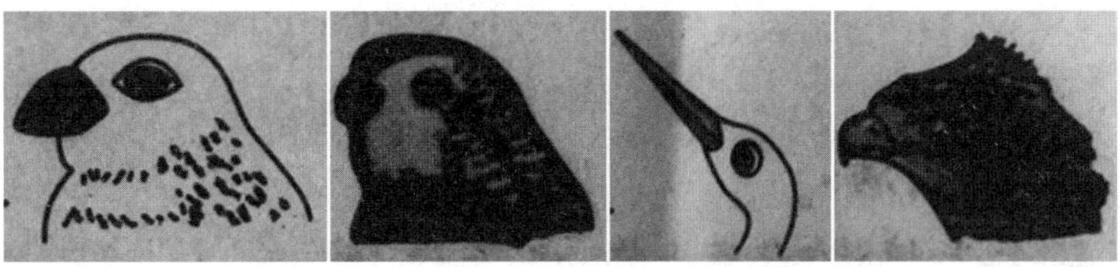

A　　B　　C　　D

【答案解析】A。注意观察鸟类头部的特征，特别是嘴型的不同。鹦鹉的嘴喙粗、短而较弯；鹭鹭的嘴型细而尖长；老鹰的嘴呈黄色，上嘴弯曲，翼大善飞；金丝雀的嘴型比较圆润、柔和，故选A。

4.（2016年下半年《综合素质》）没有发动机的过山车，自高处下滑，速度越来越大，到达斜坡底部时速度最大，足以使车体冲上下一个斜坡。使过山车保持运动状态，冲上下一个斜坡的是（　）。

A. 势能　　B. 惯性　　C. 加速度　　D. 初速度

【答案解析】B。惯性原理使一切物体在没有受到外力作用的时候，总保持匀速直线运动状态或者静止状态。

5.（2015年上半年活动设计题）某幼儿园的院子里有几种高大的树，也有一些比较低矮的灌木。请你结合院子里的这些资源，设计一个题为“幼儿园里的树木”的中班主题活动方案（含3个子活动），要求写出总目标，每个子活动的名称、目的和主要环节。

【参考设计】

6.(2016年上半年活动设计题)请根据下列素材设计一个大班科学活动,要求写出活动名称、活动目标、活动准备。

大班的胡老师为幼儿提供了各种吹泡泡的工具,有吸管、铁丝绕成的圈、塑料吹泡泡棒等,让幼儿在户外活动时自己吹泡泡玩。幼儿在吹泡泡的时候,有的能吹出很大的泡泡,有的只能吹出小泡泡;有的能一次吹出好多个泡泡,有的一次只能吹出一个泡泡……

结果有的幼儿得意,有的幼儿沮丧。针对上述现象,胡老师打算组织一个科学教育活动,以引发幼儿深入探究的兴趣,并使幼儿了解不同吹泡泡工具与吹出的泡泡之间的关系。

【参考设计】

【真题模拟】

1. 下列选项中,不属于自然光源的是(　)。

A. 阳光　　B. 月光　　C. 激光　　D. 星光

2. 下列太阳系行星中,已证实拥有卫星最多的是(　)。

A. 地球　　B. 木星　　C. 水星　　D. 火星

3. 下列动物中不属于两栖动物的是(　)。

A. 青蛙　　B. 蟾蜍　　C. 蜥蜴　　D. 大鲵

4. 我们日常食用的马铃薯,所属的植物器官是(　)。

A. 块根　　B. 块茎　　C. 肉质根　　D. 肉质茎

5. 请写出科学领域中"在探究中认识周围事物和现象"目标中5~6岁幼儿的表现。

6. 活动设计题。

幼儿园的科学区中,摆放了不倒翁玩具,教师发现幼儿对不倒翁不是非常感兴趣。进入大班,幼儿已经不再满足于对玩具的外表进行简单的感知,他们开始探索事物的简单奥秘,逐步走入科学的大门。请你针对这一现象,设计一个有关不倒翁的科学活动,引起幼儿对不倒翁的兴趣,使其发现力的平衡的科学道理,并能理解和加以运用。

【思考实训】

思考：

通过学习科学教育活动设计与指导，我学到了什么？如何让幼儿在科学教育活动中自主探究？为此，教师应提供哪些帮助和支持？我还有哪些困惑？我还想了解什么？

实训：

一、观摩及评析科学教育活动

1. 观摩及评析科学教育活动。

(1)边观看优质课录像或进幼儿园观摩，边记录教师的活动过程(活动目标、活动方法、教具准备、教师提问、师幼互动等)。活动流程及评价的记录要求：活动内容记录详细具体；活动结构层次表述清晰；语言表述恰当，活动步骤标题要求使用概括性语言表述；评价内容涵盖优点和缺点。

(2)根据幼儿园科学教育活动理念，对观摩的活动进行评价。

2. 分组讨论，分享记录成果，分组讨论学习要求。

(1)各组针对活动的优缺点及优化策略进行讨论，每组选一名代表汇总小组评价意见并在集体面前讲述。

(2)小组的讨论主要围绕科学教育活动设计的相关理论知识进行：预设的活动目标是否全部达成？幼儿有哪些学习，得到了哪些发展？

二、按照下列要求设计一次幼儿园科学教育活动

1. 请按给定活动主题设计一次科学教育活动。

2. 设计任务完成后，分小组相互学习、评价教案。

三、试教幼儿园科学教育活动

1. 试教科学教育活动学习任务。

试讲同学——自选、优化科学教育活动方案，认真备课，写出详案，做好活动教具和课件准备等。

辅教同学——用心揣摩方案所定试讲对象的年龄特点，全力配合试教同学完成教学活动。

听课同学——认真记录每位试讲同学的教学活动名称、目标、组织步骤、教学方法、教学手段、教学基本功等；对每位试讲同学的教学活动做出评价，包括打分和文字评价。

2. 试讲过程中，每位同学按照学习任务执行。

试讲完毕后，执教者做自我评价，每个小组推选代表汇总评价意见与建议，并当

场讲述，汇总的书面评价意见与建议交给试教者做参考。教师做评价与总结。

【推荐阅读】

[1]幺丹彦，方燕．让环境和材料与幼儿对话[M]．北京：北京师范大学出版社，2002.

[2][美]大卫·杰纳·马丁．建构儿童的科学——探究过程导向的科学教育[M]．杨彩霞，于开莲，洪秀敏，等，译．北京：北京师范大学出版社，2002.

[3]吴佳瑛．集体教学活动的设计与组织．讲座视频资料来源：http://v.youku.com/v_show/id_XNTU0MjkxNDky.html?spm=a2h0k.8191407.0.0&from=s1.8-1-1.2.

[4]应彩云．大班科学探索活动：好玩的报纸．优质课视频资料来源：http://v.youku.com/v_show/id_XOTIxODkyMzE2.html?spm=a2h0k.8191407.0.0&from=s1.8-1-1.2.

第 4 章

幼儿园数学教育活动的设计与组织

幼儿数学教育是幼儿全面发展教育的一个重要组成部分。它将幼儿探索周围世界的数量关系、空间形式等需求纳入有目标、有计划的教育过程，通过幼儿自主的操作和建构活动，促进他们认知、情感、态度、能力等方面整体、和谐地发展。那么，幼儿园该如何开展多种多样的数学教育活动？幼儿教师在数学教育活动中如何有效地指导呢？让我们带着这些问题开启本章内容的学习。

【学习目标】

知识目标：了解幼儿园数学教育活动的意义；理解幼儿学习数学的特点；掌握幼儿数学活动的目标、内容和幼儿园数学教育活动方法。

技能目标：学会设计幼儿园数学教育活动，并会做相应的指导。

情感目标：喜欢设计与组织幼儿园数学教育活动。

【学习重点】

1. 掌握幼儿园数学教育的方法。
2. 学会设计和组织幼儿园数学教育活动，并做相应的指导。

【知识结构图】

- **幼儿园数学教育活动的设计与组织**
  - 幼儿园数学教育活动概述
    - 幼儿园数学教育的内涵
    - 幼儿学习数学活动的特点
    - 幼儿园数学教育的意义
  - 幼儿园数学教育活动的目标与内容
    - 幼儿园数学教育活动目标
    - 幼儿园数学教育活动内容概述
  - 幼儿园数学教育的途径与方法
    - 幼儿园数学教育的途径
    - 幼儿园数学教育的方法

第一节 幼儿园数学教育活动概述

一、幼儿园数学教育的内涵

数学是研究客观世界中的数量关系和空间形式的一门学科。幼儿生活在现实世界之中，一方面，他们对现实生活中的各种事物和现象有了一定的认识和体验；另一方面，幼儿的思维还处于具体形象思维阶段，缺乏理解事物抽象关系的能力。因此，幼儿数学教育的培养目标主要是引导幼儿从生活和游戏中感受事物的数量关系并体验到数学的重要性和趣味性。

幼儿数学教育是一门关于幼儿数学学习与教学的学科，它将幼儿探索周围世界的数量关系、空间形式等需求纳入有目的、有计划的教育中，通过幼儿的操作和建构活动，使幼儿获得在认知、情感态度、习惯等方面整体、和谐的发展。①幼儿园数学教育，更多关注的是来自幼儿直接生活经验中的数学问题，强调的是幼儿通过自己动手操作，在生活中建立数学概念。

二、幼儿学习数学活动的特点②

（一）幼儿学习数学依赖于动作

皮亚杰认为"抽象的思维起源于动作"，而幼儿最初在学习数学时也是通过外部动作的配合进行的。例如：小班幼儿在数数时，总是要用手将实物一一点数才能进行，这实际上就是用动作帮助计数。随着动作的逐步内化，他们才能不依靠动作而在心中默数进行计数。

（二）幼儿数学学习需要借助于表象思维

幼儿对数学知识的理解开始于外部的动作，但是要把它们变成头脑中抽象的数学概念，即在头脑中重建事物之间的逻辑关系，还有赖于内化的过程。表象的作用

---

① 李玲.学前儿童数学教育[M].成都:西南交通大学出版社,2013:1.

② 张慧和,张俊.幼儿园数学教育[M].北京:人民教育出版社,2004:19—23.

在于帮助幼儿完成这一内化的过程。例如：在学习加减运算时，在幼儿进行了一定操作的基础上，通过让幼儿观察一幅图中物体之间的关系来理解加减。

（三）幼儿数学学习需要与日常生活情景相联系

对幼儿来说，数学就存在于现实生活中，从真实的生活和游戏中感受事物的数量关系并体验数学的重要和有趣，是一种自然、愉快的学习经历。因此，把幼儿的数学学习活动置身于有意义的、真实的日常生活情景之中，可以激发幼儿主动学习的兴趣。真实的情景也为幼儿提供了将数学知识与其他知识加以整合，实现“生活化数学”“应用性数学”的条件，例如：“商店游戏”的情景。

（四）幼儿数学学习有赖于练习和应用的活动

幼儿对数学知识的掌握是一个持续不断的过程，他们通过不断地体验与环境相互作用的过程，去练习和检验才能巩固习得的数学知识。

【资料链接】

幼儿园数学教育的原则①

对幼儿进行数学教育，首先要考虑的就是幼儿学习数学的心理特点，以下教育原则，就是在尊重幼儿数学学习的心理特点，并结合数学学科特点的基础上提出的：

1. 密切联系生活的原则。从生活中选择教育内容；在生活中引导幼儿学习数学、应用数学。

2. 发展幼儿思维结构的原则。不应只是着眼于具体的数学知识和技能的传授，而应指向幼儿思维结构的发展。

3. 让幼儿操作、探索的原则。以操作活动为主的教学方法；把学数学变成幼儿自己主动探索的过程。

4. 重视个体差异的原则。根据个体差异设计活动方案；根据个体差异给予不同指导。

三、幼儿园数学教育的意义②

（一）有利于幼儿对生活和周围世界的正确认识

幼儿在成长的过程中接触的事物很多都和数量、形状有关系，比如，当他们说自己几岁了，就涉及数量；在玩建构游戏时，就会用到不同的形状。而且幼儿在现实生活中还会遇到各种各样的问题需要用数学来解决，比如，家里有几口人，需要几副碗

① 黄瑾.幼儿园数学教育与活动设计[M].北京:高等教育出版社,2010:14–16.

② 黄瑾.学前儿童数学教育(修订版)[M].上海:华东师范大学出版社,2007:1–4.

筷等。因此,在认识事物、与人交往、解决生活中的问题时,都免不了要和数学打交道。向幼儿进行初步的数学教育,既是幼儿生活的需要,也是其认识周围世界的需要。

(二)有利于培养幼儿的好奇心、探索欲及对数学的兴趣

《3—6岁儿童学习与发展指南》将"初步感知数学的有用和有趣"列为数学教育的目标之一。幼儿天生就有好奇心,好奇心驱使他们去注视、观察、摆弄、发现、探索、了解周围的事物和环境,而这种好奇心和探究欲往往需要通过某些活动方式,如观察、制作、提问等表现出来。幼儿园数学教育为幼儿提供了多种形式的数学活动,这不仅保护了幼儿的好奇心,促使其身心发展,同时也避免了从现实物质世界中抽象出来的"数学"知识的枯燥化和模式化,使他们学得愉快,感受到心理的满足。

(三)有助于幼儿思维能力及良好思维品质的培养

由于数学本身具有抽象性、逻辑性、辩证性以及广泛的应用性等特点,即使是让幼儿掌握初步的数学概念和学习简单的运算,也需要他们把感知到的材料经过一番分析与综合、抽象与概括、判断与推理的过程,由感性认识逐步上升到理性认识,在这个过程中可以发展幼儿的智力(观察力、记忆力、思维力、注意力等),尤其是逻辑思维能力。幼儿数学教育能激发幼儿思维的积极性和主动性,促进幼儿抽象思维能力和推理能力的初步发展,培养幼儿思维的敏捷性和灵活性。

(四)有利于幼儿日后的小学数学学习

结合幼儿的生活环境,在游戏活动中渗透数学内容,让幼儿接触和认识一些粗浅的数学基本知识,逐步积累数学的感性经验,让幼儿感知数学的美,数学的真实、准确、巧妙和实用,能够为幼儿以后形成正确的数学观念和概念打下基础。因此,对幼儿进行数学启蒙教育有利于他们顺利地在小学学习数学,为日后的数学学习打下基础,并为幼儿终身发展提供支持。

思考与练习

1. 观摩幼儿园数学教育活动录像或去幼儿园见习,进一步体验幼儿学习数学的特点。

2. 观摩幼儿园数学教育活动案例,运用幼儿园数学教育的原则分析幼儿园数学教育实践中的问题。

第二节 幼儿园数学教育活动的目标与内容

一、幼儿园数学教育活动目标[①]

(一)幼儿数学教育的总目标

(1)对周围环境中事物的数量、形状、时间和空间等感兴趣,有好奇心和求知欲,喜欢参加数学活动和游戏。

(2)能从生活和游戏中感受事物的数量关系,获得有关数、量、形、时间和空间等感性经验,体验到数学的重要和有趣。

(3)学习简单的数学方法,解决生活和游戏中某些简单的问题,能用适当的方式表达、交流、操作和探索问题的过程和结果。

(4)会正确使用数学活动材料,能按规则进行活动,有良好的学习习惯。

(二)各年龄阶段目标

《3—6岁儿童学习与发展指南》中对幼儿数学认知领域提出以下年龄阶段目标。

(1)目标1:初步感知生活中数学的有用和有趣(如下表所示)。

初步感知生活中数学的有用和有趣的年龄阶段目标

3~4岁	4~5岁	5~6岁
1. 感知和发现周围物体的形状是多种多样的,对不同的形状感兴趣 2. 体验和发现生活中很多地方都用到数	1. 在指导下,感知和体会有些事物可以用形状来描述 2. 在指导下,感知和体会有些事物可以用数来描述,对环境中各种数字的含义有进一步探究的兴趣	1. 能发现事物简单的排列规律,并尝试创造新的排列规律 2. 能发现生活中许多问题都可以用数学的方法来解决,体验解决问题的乐趣

① 张慧和,张俊.幼儿园数学教育[M].北京:人民教育出版社,2004:34-44.

（2）目标2：感知和理解数、量及数量关系（如下表所示）。

感知和理解数、量及数量关系的年龄阶段目标

3~4岁	4~5岁	5~6岁
1. 能感知和区分物体的大小、多少、高矮、长短等量方面的特点，并能用相应的词表示 2. 能通过一一对应的方法比较两组物体的多少 3. 能手口一致地点数5个以内的物体，并能说出总数。能按数取物 4. 能用数词描述事物或动作。如我有4本图书	1. 能感知和区分物体的粗细、厚薄、轻重等量方面的特点，并能用相应的词语描述 2. 能通过数数比较两组物体的多少 3. 能通过实际操作理解数与数之间的关系，如5比4多1；2和3合在一起是5 4. 会用数词描述事物的排列顺序和位置	1. 初步理解量的相对性 2. 借助实际情境和操作（如合并或拿取）理解“加”和“减”的实际意义 3. 能通过实物操作或其他方法进行10以内的加减运算 4. 能用简单的记录表、统计图等表示简单的数量关系

（3）目标3：感知形状与空间关系（如下表所示）。

感知形状与空间关系的年龄阶段目标

3~4岁	4~5岁	5~6岁
1. 能注意物体较明显的形状特征，并能用自己的语言描述 2. 能感知物体基本的空间位置与方位，理解上下、前后、里外等方位词	1. 能感知物体的形体结构特征，画出或拼搭出该物体的造型 2. 能感知和发现常见几何图形的基本特征，并能进行分类 3. 能使用上下、前后、里外、中间、旁边等方位词描述物体的位置和运动方向	1. 能用常见的几何形体有创意地拼搭和画出物体的造型 2. 能按语言指示或根据简单示意图正确取放物品 3. 能辨别自己的左右

（三）幼儿园数学教育活动目标

数学教育活动的目标应提得具体、具有可操作性，并尽量用行为化的语言进行描述，使教师能够在活动中根据目标的要求观察幼儿掌握目标的情况，判断幼儿的发展状况，及时对活动做出诊断性评[illegible]后续的数学教育活动做出相应的改进，提出更有针对性、更上层、更[illegible]数学教育活动目标。例如，“正式的数学活动:三角王国（小班）”的活[illegible]论、操作等活动中，认识三角形；②对图形感兴趣，能积极投入活动中[illegible]的数学活动:奇奇超市（中班）”的活动目标：①在图片的观察与比较中[illegible]出物体量的差异，并能按规律接着往下排；②培养幼儿的推理判断能力和合作交往的能力。

案例分析

“学习10以内数的顺数与倒数”活动目标

原活动目标：

1. 使幼儿在心情愉悦的情况下，积极主动地进行数学活动；

2. 学会顺数与倒数，学会顺接数、倒接数；

3. 开拓幼儿的思维发展。

这样设定的活动目标显得空泛，无法进行评价，也难以作为评价效果的依据。调整后的活动目标为：

1. 学习10以内顺数与倒数，学会10以内顺接数、倒接数；

2. 能感知倒数与顺数的规律；

3. 体验数学活动的快乐，并感受顺数、倒数的乐趣。

二、幼儿园数学教育活动内容概述①

幼儿园数学教育内容是教师对幼儿进行数学教育的依据，是幼儿学习并感知自己周围生活中最初步的数、量、形、空间、时间等有关数学的知识。

（一）数的概念和运算

（1）10以内的数（包括基数、序数、数的实际意义、数量的比较与守恒、相邻数、0和10以内自然数列的差等关系）。

（2）数数（唱数、手口一致点数、目测数、按群计数等）。

（3）书面数符号（数字的认读、书写）。

（4）数的组合与分解。

（5）10以内的加减运算。

（二）集合

（1）感知集合及其元素，进行物体的分类。

（2）认识“1”和“许多”及其关系。

（3）以对应的方法比较两个物体的数量相等和不等。

（4）初步感知集合间的交、差集关系和包含关系。

（三）分类与统计

（1）分类（一维特征、一维以上的特征、层级分类等）。

① 黄瑾.幼儿园数学教育与活动设计[M].北京:高等教育出版社,2010:96-97.

（2）统计（在分类的基础上初步学会用简单的统计对资料做出分析，能看懂和学习用实物图示、图表和数符号等记录方式统计结果）。

（四）认识几何形体

（1）平面图形：圆形、正方形、三角形、长方形、半圆形、椭圆形、梯形 。

（2）立体图形：球体、正方体、长方体。

（3）图形之间的关系与等分。

（五）量的比较与自然测量

（1）比较大小、长短、粗细、高矮、厚薄、宽窄、轻重、容积等量的差异。

（2）感知量的正、逆排序，量的守恒，量的相对性和传递性。

（3）自然测量。

（六）空间和时间概念

（1）空间方位：上、下、前、后、左、右、里、外、远、近等。

（2）空间运动方向：向前、向后、向左、向右、向上、向下等。

（3）区分早晨、晚上、白天、黑夜、昨天、今天、明天、星期、年月的名称及顺序。

（4）认识时钟：长针、短针及其功能，认识整点和半点。

拓展阅读

各年龄阶段幼儿数学教育内容与要求

年龄 内容	小班	中班	大班
感知集合与分类	1.根据范例和口头指示从一堆物体中分出一组物体 2.按物体某一特征（颜色、大小、形状）进行分类 3.区分“1”和“许多”，并理解它们的关系 4.学会以一一对应方法来比较两组物体的多、少和一样多（物体个数在5以内）	1.能从一对物体中把不属于这一集合的元素找出 2.能按物体的某一特征（高矮、长短、粗细等）进行分类 3.按物体的数量分类 4.进一步用对应的方法比较不同类型或圆点的多、少和一样多（物体个数在10以内）	1.初步理解集合的包含关系，能根据指示找出集合中的子集类 2.初步感知集合中的交集、并集和差集 3.按物体两种（或两种以上）特征进行分类 4.学习自由分类 5.学习按标志进行逐级分类 6.比较两个集合的对应关系，能说出对应法则

续表

内容＼年龄	小班	中班	大班
10以内的数概念	1. 手口一致地点数5以内的物体，理解数的实际意义 2. 能按数取物（5以内）	1. 正确点数10以内的物体，理解数的实际意义 2. 能按数取物（10以内） 3. 理解10以内相邻两数间的多"1"和少"1"的关系 4. 初步认识10以内的守恒 5. 学习10以内的序数 6. 学习10以内的顺着数和倒着数 7. 认读10以内的阿拉伯数字	1. 认识0 2. 学习单双数和相邻数；了解10以内相邻数之间的等差关系 3. 学习目测数群及按群计数 4. 学习10以内的组成，理解总数和部分数间的等量、互补和互换关系 5. 正确书写10以内的阿拉伯数字
10以内的加减运算			1. 学习简单的口述应用题 2. 学习用数的组成进行10以内的加减运算及列式
量的比较及自然测量	1. 比较物体的大小和长短 2. 从5个以内物体中找出并说出最大和最小的物体 3. 按物体的外部特征（颜色、形状等）或量的差异特征（大小、长短等）对3个及以上物体进行正排序 4. 能按一定的规则指示排序（序数、数量在3以内）	1. 比较粗细、厚薄、高矮和轻重不同的两个物体 2. 从几个物体中找出等量的物体 3. 按物体的差异（粗细、厚薄、高矮等）和数量对不同物体进行6以内的正、逆排序 4. 能按一定规则指示排序（数量在6以内）	1. 比较远近、宽窄、体积不同的两个物体 2. 初步学习量的守恒 3. 按量的差异和数量不同对10以内的物体进行正、逆排序 4. 按一定规则自由排序，并初步理解序数之间的传递性和双重关系 5. 学习自然测量
认识几何形体	1. 认识区分圆形、三角形和正方形 2. 能用圆形、正方形、三角形进行合理拼搭	1. 认识长方形、椭圆形和梯形 2. 能按平面图形和边的数量正确区分、辨认不同的图形 3. 初步理解平面图形间的简单关系 4. 用6种平面图形进行组合拼搭	1. 认识并区分球体、正方体和长方体、圆柱体 2. 寻找、区分、理解平面图形和立体图形间的关系 3. 学习几何图形的二等分、四等分，知道整体和部分间的分合关系

续表

内容＼年龄	小班	中班	大班
空间和时间概念	1. 以自身为中心区分上、下的空间方位 2. 认识早晚(白天、黑夜)的时间概念及代表性的日长变化	1. 以自身为中心区分前后、里外的空间方位,逐步学习以客体为中心区分前后方位 2. 会按指定的方向(向上、向下或向前、向后)运动 3. 认识昨天、今天、明天的时间概念	1. 以自身为中心区分左、右方位,逐步学习以客体为中心区分左、右 2. 会向左、右方向运动 3. 认识时钟,学会看整点和半点 4. 学会看日历,知道年、月、星期、日的名称及顺序

案例分析

饼干专卖店(小班)①

◇活动目标

1. 学习将图形片按颜色或形状分类排放;
2. 按图形的颜色和形状特征进行配对并学习命名;
3. 喜欢数学分类活动。

◇活动准备

红、黄、绿3种颜色,圆形、正方形、三角形3种形状的图形片若干;红、黄、绿3种颜色的标志各一个,圆形、正方形、三角形(无色)标志各一个,放置在筐(或盒)前;3个娃娃,身上分别有一个红色的圆形,黄色的正方形,绿色的三角形标志。

◇活动过程

一、商店进货

1. 一起商议玩"开饼干商店"游戏。

商店货架上只有一个一个空的筐,还没有进货,先请小朋友把饼干拿来布置货架。

2. 幼儿看自己的小箩筐里有些什么饼干?看看形状,如:三角形饼干……红色的饼干……

---

① 徐苗郎.我的幼儿园数学活动模式[M].上海:上海社会科学院出版社,2004:54.

3. 按教师筐前出现的颜色标志，请一部分幼儿把饼干分送到三个筐里，边送边说。如：我把红饼干送到红色标志的筐里。我把绿饼干送到绿色标志的筐里……

4. 按教师筐前出现的形状标志，请另一部分幼儿把饼干分送到三个筐里，边送边说。如：我把圆形饼干送到有圆形标志的筐里，我把方形饼干送到有方形标志的箩筐里……

二、介绍饼干

1. 幼儿看一个有颜色标志筐里的饼干，介绍这儿的饼干都是某色的饼干（如都是红色的饼干）。说："要买红色饼干的到我这里来！"教师帮助补充："要买红色的饼干可以到我这里来，也可以挑选你喜欢的形状。因为这里是红色的饼干但有不一样的形状。"

2. 幼儿看一个有形状标志筐里的饼干。介绍这儿都是某某形状的饼干（如都是正方形的饼干），说，"要买方饼干的到我这里来！"教师帮助补充说："要买方方的饼干可以到这里来！"

三、幼儿当顾客去购买饼干

1. 买2块不一样的饼干。（幼儿挑选，并让大家看看讲讲，这两块饼干什么地方不一样。）

2. 买2块相同的饼干。（让幼儿挑选并让大家看看讲讲，这两块饼干什么是相同的。）

3. 出示3个娃娃（身上有标志），请小朋友买他们最喜欢吃的饼干，先看看说说他们各自喜欢吃的饼干。如红色的圆饼干，黄色的正方形饼干，绿色的三角形饼干，然后，分组为3个娃娃买饼干。

四、评价

每个小组是否为娃娃买到他喜欢的饼干。

◇活动评析

教师在这个活动的设计中，体现出年龄分层和标准要求渐进推进的活动设计原则。首先，教师所选的"商店"材料是特征较为明显的"图形饼干"，便于幼儿把握外在的不同特征；其次，在活动环节的设计上不时地照应和关注，并让幼儿用语言将"饼干"的特征描述出来，这对小班幼儿理解分类特征、再现思维过程是极其重要并有益的；最后，教师在整个活动设计中的环节设置是非常严密而谨慎的，围绕着分类的目标要求，步步紧扣、层层深入地推进幼儿的操作、逻辑思考和数学语言表述。

思考与练习

试拟定一个小班数学教育活动——"5以内数的点数"的活动目标。

第三节 幼儿园数学教育的途径与方法

一、幼儿园数学教育的途径①

幼儿园数学教育的途径是指实施数学教育所采取的活动组织形式，其途径十分灵活且丰富多样，大致有以下几个途径：①专门的数学教育活动，指教师组织或安排专门的时间让幼儿参加的专项数学活动。它可细分为教师预定的数学活动（正式的数学活动）和儿童自主选择的数学活动（非正式的数学活动）。②渗透的数学教育活动，指除专门的数学教育活动外，渗透于其他教育活动和幼儿日常生活中的数学教育活动。其中包括日常生活中的数学教育渗透、主题及其他各科教育活动中的数学教育渗透，以及游戏活动中的数学教育渗透。

二、幼儿园数学教育的方法②

（一）操作法

1. 操作法的含义

操作法是指给幼儿提供合适的操作材料，让幼儿在自己摆弄材料的实践过程中进行探索，获得数学感性经验和逻辑思维能力的一种方法。操作法的特点是将数学概念转化成幼儿可以操作的学习活动。

2. 操作法的运用及注意事项

（1）明确操作目的。教师在设计活动时，应尽量从幼儿操作开始，活动的整个过程以幼儿操作为主，让幼儿开动脑筋、探索知识并获得经验，教师在此基础上，再引导讨论操作的结果，达到帮助幼儿整理经验、明确概念的目的。

（2）创设操作条件，交代操作规则。教师应为幼儿提供可操作的合适的场地及足够儿童摆弄的物体，以及操作、思考、探索的时间。教师可以在儿童动手操作之前

① 黄瑾．学前儿童数学教育[M]．上海：华东师范大学出版社，2007：59—73.

② 周希冰，周利文．幼儿科学教育·数学[M]．北京：北京师范大学出版社，2013：77—86.

先向儿童说明操作的目的及具体的操作方法，以保证幼儿的操作具有一定的方向性，减少盲目性、随意性。

（3）体现操作过程的层次性。幼儿学习特点和能力具有差异，操作活动在材料准备、活动方式、过程、要求等方面应体现差异性和层次性。如小班的幼儿不仅提供人手一份的操作材料，且要求动手摆弄的材料可多些；而大班幼儿的粘贴、涂色、记录等书面一类的操作材料可多些，且可以安排小组共用一份操作材料，培养幼儿的合作能力。

（4）评价操作结果。幼儿操作以后应该围绕操作所要达到的教学目的，和幼儿一起讨论他们操作的结果，帮助幼儿将他们在操作中获得的感性经验予以整理归纳，形成初步的数学概念。

（5）与其他方法有机结合。强调数学教育中充分发挥操作法作用的同时，也要考虑将其与其他方法有效结合，操作法可与分类、排序、比较、分合、计数等内容相结合，引导幼儿通过拼、摆、画、剪、贴、推、投等操作活动。发挥每一种教学方法的优点，共同促进幼儿数概念和数思维的发展。

数字排队

给图形涂色

（二）游戏法

1. 游戏法的含义

游戏法是指将抽象的数学知识寓于幼儿感兴趣的游戏中，让幼儿在游戏活动中学习数学的一种方法，以完成一定数学教育任务的有规则的游戏活动。游戏法有利于调动幼儿学习的积极性和兴趣。

2. 游戏的类型

（1）操作性数学游戏。指按照游戏规则，幼儿通过操作玩具和实物材料，从而获得数学知识的游戏活动。

（2）情节性数学游戏。指有一定的游戏情节、内容和角色，通过游戏情节的安排来体现所要学习的数学知识的游戏活动。这类游戏一般以一个主题贯穿整个游戏，较为适合年龄小的幼儿。游戏的过程不宜太新奇、规则不宜太复杂，以免分散儿童的注意力。

区域中的数学活动

自主数学游戏

案例分析

小熊过生日(中班)

◇活动目标

1. 学习用目测的方法进行4以内的数数。

2. 在游戏化的情景中体验数学活动的乐趣。

◇活动准备

小熊头饰、泡沫塑料板，4根木制生日蜡烛，图片4张(图片内容分别是2个盘子，3个盘子，4个盘子，5个盘子)，4个客人(小兔、小牛、小狗、小羊)，勺子、叉子若干。

◇活动过程

引入：播放《生日歌》，出示小熊和生日蛋糕，蛋糕上插有4根生日蜡烛，营造小熊生日聚会的快乐气氛。

1. 邀请所有的小朋友来参加生日会。先请大家注意生日蜡烛，并要求快速说出：这是几根蜡烛?

2. 请很快回答出问题的小朋友，说说：你回答这么快，是怎么知道的? 为了印证目测快，再请两个小朋友来比赛，一个用一一点数的方法，一个用目测的方法，来数一数今天来了几个客人。

3. 所有小朋友为4个客人准备餐具(盘子)，即选出画有4个盘子的图片。

4. 用目测的方法为客人们选餐具：4个叉子、4个勺子。

◇活动评析

在这个案例中,幼儿通过扮演小熊和4个客人,学习了目测数的方法,既满足了幼儿喜欢游戏的特点,又提高了计数的能力。

(3)竞赛性数学游戏。这种数学游戏带有竞赛性质,它更适合中、大班幼儿,这类游戏不仅适应幼儿的好胜心理,而且有助于幼儿巩固所学知识和发展思维的敏捷性和灵活性。

(4)运动性数学游戏。这类游戏将数学概念和知识寓于运动活动之中,既满足了幼儿好动的天性,又渗透了数学的初步概念。比如,大班幼儿通过掷飞镖的游戏来学习数的组成。

保龄球游戏

飞镖游戏

(5)多感官的数学活动。指通过不同的感官进行数学学习,体现幼儿对初步数学知识的充分感知。如让幼儿通过看一看、听一听、摸一摸活动多方面地理解数的实际意义。在认识几何图形中,可以以奇妙的口袋游戏通过触摸来感知、区别图形的不同特征。

3.游戏法运用时的注意事项

(1)游戏的选择。每个数学问题都有其自身的特点,教师在选择游戏时,需根据数学内容和目标要求采取与之相适应的游戏活动来完成。

图形拼合

算一算,套指环

(2)时间的长短。"小班幼儿的注意力,一般只能集中2~4分钟;中班幼儿集中3~

8分钟；大班幼儿集中5~10分钟”，教师在设计游戏时应遵循这个规律，安排合理的游戏的时间。

（3）尊重幼儿的发展水平和兴趣需要。选择难度适宜、符合幼儿兴趣及其发展需要的数学内容来融入游戏，使他们获得成就感，这有利于增强幼儿学习数学的兴趣和培养良好的情感态度。

（三）比较法①

1. 比较法的含义

比较法是通过两个（组）或两个（组）以上物体的比较，让幼儿找出它们在数、量、形等方面的相同和不同的一种学习方法，被广泛运用到数学教育活动中。

2. 比较法的分类

（1）按比较的性质分。

直接比较，是指对两个（组）物体的量或数的比较。两个物体间量的比较，是两个物体在大小、长短、高矮、粗细、宽窄和厚薄等特征方面进行的比较。比如两本书的厚薄、两根绸带的宽窄等。这种量的比较应将物体放在一起才有利于提高比较的准确性。比较时，应注意避免儿童因物体之间的距离而造成视觉上的错误。

间接比较，是指对两个（组）及以上物体的量或数的比较。复杂的比较也可以叫连续比较，因为它是连续进行的两个（组）物体间的比较，是以简单比较为基础所构成的被比较对象之间较为复杂的关系。如对3个以上10个以内物体按某一特征进行排序等，均属复杂性比较。例如，比较三本书中哪本书最厚，哪本书最薄。

比厚薄

（2）按比较的排列形式分。

①对应比较。

重叠比较：把一个（组）物体重叠在另一个（组）物体上，形成两个物体（组的元素）之间一一对应的形式，进行量或数的比较。如下图所示将三只勺子先分别放入三个杯子里，再放在三个盘子上，比较它们的数量是相同还是不同；小朋友坐在跳跳球上，比较小朋友和跳跳球的数量是相同还是不同。

并放比较：把一个（组）物体并放在另一个（组）物体的下面，形成两个物体（组的元素）之间一一对应的形式，进行量和数的比较。如下图将三个茶杯，一一对应地放在三个茶壶的下面进行比较。

① 李玲．学前儿童数学教育[M]．成都：西南交通大学出版社，2013：72—78.

重叠比较

重叠比较

连线比较：将图片上面的物体和有关的物体、形状和数字等，用（画）线联系起来进行比较。

并放比较

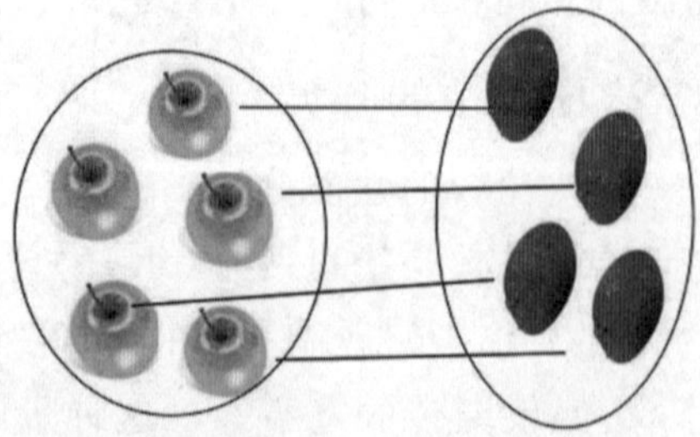

连线比较（数量不等）

②非对应比较。

单排（列）比较：将物体摆成一排或一列进行比较。

双排（列）比较：将物体摆成双排（列）进行比较。如有异数等长、异数异长、同数异长等。

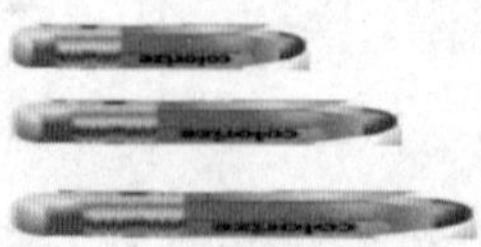

单列比较

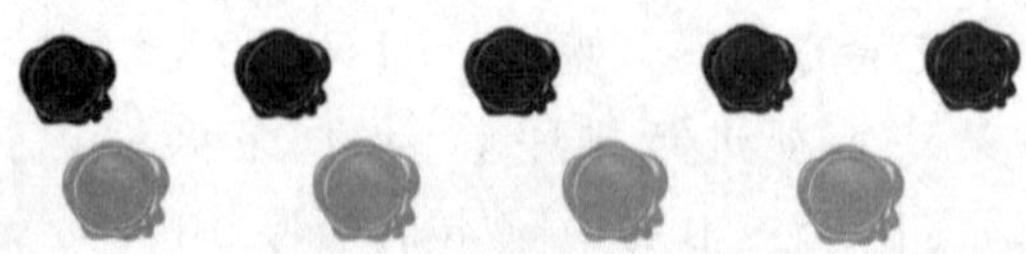

双排比较

变式比较：将一组物体作不同形式的排列进行数量比较。

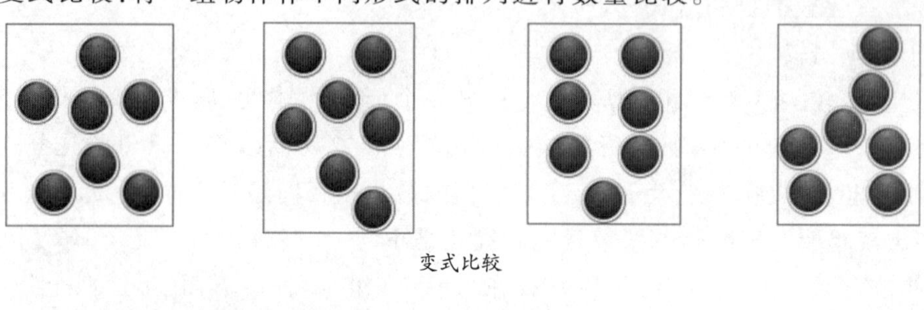

变式比较

3. 比较法运用时的注意事项

（1）首先要组织幼儿细致地观察物体的数量和形状特征，在充分观察的基础上，再进行数或形方面的比较。

(2)运用比较法不只限于让幼儿用视觉进行观察比较，还要尽量让幼儿亲自动手进行比较。

(3)在比较判断的过程中，教师要多提启发性问题(启发的问题应围绕目标，突出数、量、形的要求)，以指导幼儿进行比较并进行正确判断。

(4)在运用重叠、并放、连线等比较形式时，教师应有意识地指导幼儿理解对应(匹配)的含义并使其掌握正确的对应技能。

比较法的选择应根据不同年龄班幼儿的现有水平和教学内容来确定。

(四)讨论法

1. 讨论法的含义

讨论法是指教师引导幼儿有目的地、探讨性地学习数学的一种重要方法。它是一种多边的活动过程，可以是教师与幼儿，也可以是幼儿之间的讨论；它能够起到相互交流、相互启发、共同探究的作用；有利于幼儿进行分析与归纳，有利于幼儿对数的初步概念的形成及思维的发展。讨论法常常与操作法结合在一起使用。

2. 讨论法运用时的注意事项

(1)要有讨论的基础。幼儿在开展讨论前需要有一定的知识经验和感性认识，因为幼儿只有有了一定的感性认识，才能对要讨论的内容做出积极的反应，才能接受讨论的最终结果。因此，操作体验是讨论的基础，讨论常常伴随着操作活动展开。

(2)要注重讨论的过程。幼儿数学教育的重点不在于传授知识，而在于促进幼儿思维的发展，因此，讨论的过程比结论更重要。在讨论过程中，教师要注意倾听幼儿的操作体验，观察分析幼儿在讨论中的反应，了解幼儿的思维形式和思维活动的过程，并在此基础上进行有针对性的引导。

(3)注重差异，因人施教。教师应让不同能力水平和性格特点的幼儿参与讨论活动，给幼儿更多自由讨论的空间、时间，在宽松自由、无拘无束的讨论环境中帮助儿童克服自卑感、紧张感，树立起他们的自信心，让他们大胆地说出自己的意见。当幼儿有了一定的基础之后，教师就可以提高问题的难度。

案例分析

小鸡搬家(大班)①

◇活动目标

1.复习8的组成，理解8的第一、二组加减含义，会根据算式算出得数。

① 黄瑾.幼儿园数学教育与活动设计[M].北京：高等教育出版社，2010:216-217.

2. 对加减运算感兴趣，在游戏情境中体验快乐。

◇活动准备

物质准备：气球上打印 7 的组成；背景小鸡的家，8 的第一、二组加减（活动的、书写的、游戏的），记号笔，抹布，花娃娃，夹子，数字 1~8。

经验准备：学过 8 的组成，对 7 以内加减有一定理解。

◇活动过程

1. 复习 8 的组成（情境：庆祝小鸡搬家）。

游戏：放气球（歌曲问答：气球上面有题目，我们大家来放气球，8 可以分成 1 和几，1 和几组成 8 ……）。

2. 集体学习 8 的第一组加减（情境：新房子里的小鸡的颜色不一样、小鸡去玩）。

（1）根据颜色不同，幼儿理解 1 只红小鸡和 7 只黄小鸡合起来是 8 只小鸡，引导列式计算 1+7 = 8。

（2）把小鸡位置进行交换，幼儿感知小鸡总数不变的道理（巩固理解加法交换律），引导列式 7+1 = 8。

（3）分别以 1 只小鸡去玩和 7 只小鸡去玩，引导孩子列式 8 − 1 = 7 和 8 − 7 = 1，理解减法含义。

（4）共同整理朗诵算式。

3. 探索学习 8 的第二组加减（情境：看花；为小鸡家门前的花娃娃打扮，用夹子扎辫子）。

（1）为花娃娃打扮。根据上面的算式，请你用夹子帮忙算出得数，既扎好了辫子又算出了得数。请大家试一试。

（2）把花娃娃送到相应的花园里（如 2+6 = ，送到 8 号花园）。

（3）对孩子的经验加以整理。引导：你为花娃娃扎了几个辫子？为什么？

得出：2+6 = 8，6+2 = 8，8 − 2 = 6，8 − 6 = 2。

（4）小结：8 的第二组加减。

4. 总结活动。

看花娃娃有没有哭。（评价对错）

◇活动评析

这个活动目标明确，而且整个活动有丰富的材料，特别是活动过程 3“探索学习 8 的第二组加减”，这个操作过程兼顾了不同幼儿的发展水平，因为幼儿在加减时会使用不同的策略：实物加减、数数加减、应用数的组合知识加减。教师在设计本次活动前已经摸清了幼儿的发展水平，可以应用数的组合进行加减，但在过程 3 中，幼儿给娃娃打扮时，不一定会应用教师所教的8的组合知识，教师需在一旁观察提醒。如果个别幼儿加减水平滞后，需要分析具体原因。

（五）寻找法

1. 寻找法的含义及其分类

寻找法是让幼儿从周围生活环境中寻找数、量、形及其关系，或在直接感知的基础上按数、形要求寻找相应数量的实物的一种方法。它是幼儿数学教育中经常使用的一种基本方法，其具体形式有以下三种：第一，在自然环境中寻找，例如：引导幼儿发现图片中的"一"和"许多"。第二，在已准备的环境中寻找，例如：找找活动室里有哪些圆形的物体。第三，运用记忆表象来寻找。可以启发儿童在直接感知的基础上运用记忆表象，寻找出相应的物体。

寻找法不仅可以提高幼儿学习的积极性，使儿童的好奇心得到一定的满足，同时也有利于培养儿童的观察力、注意力和分析与综合能力。

2. 寻找法运用时的注意事项

根据具体的教学内容及儿童的年龄特点适宜地选用，避免追求形式。

寻找法可以和游戏法相结合，特别是年龄小的儿童，可以利用游戏的口吻、游戏的情节及游戏的场景启发儿童寻找。

教师对儿童的寻找要进行必要的引导和启发。

（六）启发探索法

1. 启发探索法的含义

启发探索法是指对于一些数学知识、简单的数学逻辑规律等，用启发、引导的方式，让幼儿从已有的数学知识经验出发，自主探究、合作交流，通过积极的思考，探索并获取新知识的方法。它最显著的特征是让幼儿在学习中探究和在探究中学习。

2. 启发探索法的运用及注意事项

（1）提供有利于幼儿探究发现的环境。比如对于5的组成，教师提供直观、具体的学习环境，启发幼儿思考"发现了什么"，让幼儿自主探究发现。

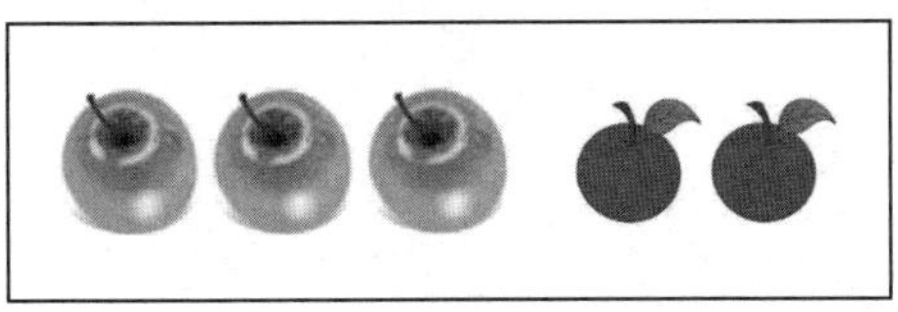

5的组成

（2）充分发挥教师的启发、引导作用。教师通过多样性的提问，如正面提问、反面提问、开放性提问、拓展性提问等，给予幼儿较多的思考和探究的机会。例如在学习比较物体数量的多少时，教师提问：“你可以用什么方法让苹果和梨一样多？”这个开放性的问题能引导幼儿采取添上或拿走两种方法解决问题。

给幼儿交流和表达探究发现提供足够的时间。在幼儿思考探索的基础上，教师组织幼儿进行讨论交流，让幼儿有大量的机会表达自己的发现。

案例分析

学习6的组成(大班)

首先，提供操作材料引导幼儿操作并发现6的部分形式，一般只提供6的组成的一半内容，即“6可以分成5和1”“6可以分成4和2”“6可以分成3和3”如图(1)所示。

其次，启发幼儿运用规律，由已知的组成形式推出未知的组成形式，启发幼儿思考“6还可以分成几和几”，引导幼儿推出“6可以分成2和4”“6可以分成1和5”，从而掌握6的组成的全部形式，如图(2)所示。

6			6	
5	1		5	1
4	2		4	2
3	3		3	3
			2	4
			1	5
图(1)			图(2)	

最后，再次用互换律和互补律进行验证，使幼儿对6的组成有完整的认识。

◇活动评析

在此案例中，幼儿在补充6的组成形式的过程中，运用了互换律和互补律，从而对数的组成规律形成了完整的认识，提供了幼儿探索和推理的能力。基于此，教师可以进一步引导幼儿探索7~10的组成形式。

(七)讲解演示法

(1)讲解演示法的含义。

这是在数学活动中将演示与讲解相结合的一种方法。教师通过操作演示教具的过程，把抽象的数学知识直观地呈现出来，同时通过生动、明确的语言对演示的过程进行说明和解释。讲解演示法既能够使抽象的数学知识具体化、形象化，使幼儿获得丰富的、典型的感性材料，又能启发幼儿的思维，帮助幼儿理解所学内容的难点。

(2)运用讲解演示法要注意突出重点，突破难点；教具的演示要便于幼儿观察，启发幼儿思考；语言的讲解要明确、简洁、生动，始终突出幼儿是学习的主体。

总之，“教有法而无定法”，教学方法具有很大的灵活性和创造性，教师在选用具体方法时，应考虑教学目标、教学内容、教学对象等多种因素，让幼儿在有趣的学习中得到初步数学知识的启蒙，从而促进幼儿思维的发展。

思考与练习

试拟定一个年龄段幼儿园数学教育活动方案，选用适宜的教学方法。

案例分析

去小鸡家做客(中班)

◇活动目标

1. 在游戏过程中复习认识六种平面图形，并初步感知图形之间的变换组合关系。

2. 学习按图形的颜色、名称或大小的不同进行排序。

◇活动准备

活动室中间布置一条六种不同图形拼成的“小路”；“小鸡家房子”一幢，几何图形“篱笆”一段；几何图形拼板若干。

◇活动过程

一、修路

1. 教师：“今天，我们要一起去小鸡家做客……哇，前面有条小路，坑坑洼洼的坏了，让我们一起来修一修吧！”

2. 提醒幼儿观察一下，小路上有哪些图形，每个小朋友可以拿一块图形对应嵌入来修好小路。

3. 还有一些图形没有用上，怎么办?(教师出示一些剩下的半圆形、长方形、三角形等“石块”，启发幼儿想办法，把它们组合后嵌入)

二、踩小路

教师出示不同的图形卡，发出游戏命令，请幼儿根据看到的图形，选择踩相应的小路上的图形走向“小鸡家”。

三、筑房子

1. 教师：“小鸡家到了，小鸡家的房子是用哪些图形拼成的？”

2. 教师：“小鸡搬家可忙坏了，房子是造好了，可门口的篱笆还没有筑完呢。小朋友们愿意帮忙把它家的篱笆筑好吗？”

3. 请幼儿一起看看已经筑好的“篱笆”有什么规律。

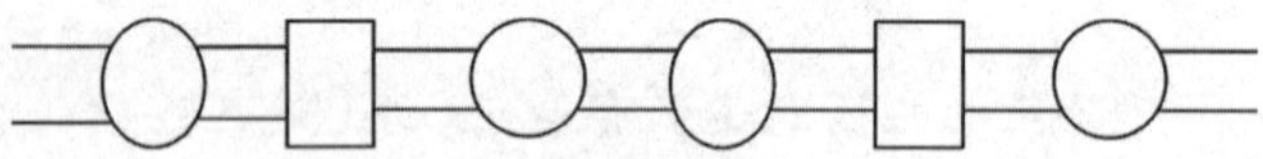

图形篱笆墙

拓展阅读

幼儿园数学教育活动设计与指导案例

名称	学习5的分解和组成	评 析
	大班	
目标	1. 乐意动手操作，体验成功发现数学秘密的快乐。 2. 学习5的分解和组成，了解并归纳出分合式中两边数列分别是递增、递减的关系。 3. 能通过观察和分析发现问题，并与同伴分享交流自己探究发现的结果。	由于是在学习了2，3，4的分解与组合基础上学习5的分解与组合，因此，在认知目标中，提出了“了解并归纳出分合式中两边数列分别是递增、递减的关系”，这符合幼儿最近发展区，并且将它作为难点来突破。
活动准备	1. 幼儿经验的准备：幼儿已学习2，3，4的分解与组合。 2. 活动材料的准备：教具：小丑手偶娃娃1个；1~5的数字卡，分合符号；一段轻快的音乐。学具：1~5的数字卡若干；幼儿操作材料糖果5颗；蓝色和红色糖果瓶各一个，人手一份；固体胶。	
活动重难点	1. 重点：学习5的分解和组成。 2. 难点：了解并归纳出分合式中两边数列分别是递增、递减的关系。	

续表

<table>
<tr><td rowspan="2">名称</td><td>学习5的分解和组成</td><td rowspan="2">评 析</td></tr>
<tr><td>大班</td></tr>
<tr><td>活动过程</td><td>1.情境引入:以小丑手偶来做客的情境引入。
2.学习5的分解。
(1)手偶娃娃送礼物:手偶娃娃给小朋友们带礼物来了,请你们看一看是什么?数一数糖果共有几颗?
(2)教师提出问题:请你们将手中的糖果分别装入蓝色糖果瓶和红色糖果瓶中,并想一想可以怎样装?
(3)鼓励幼儿大胆动手操作,用不同的分法将5颗糖果分别装入两个糖果瓶中。
(4)师幼一起记录糖果瓶的几种不同分法,即:
5 5 5 5
1 4 2 3 3 2 4 1
3.教师重新摆放出示5的分解和组成的分合式,引导幼儿观察、分析并归纳分合式两边数列的递增、递减关系。
5
1 4
2 3
3 2
4 1
教师启发式提问,并引导幼儿观察:
(1)分合式两边各是哪些数?
(2)左右两边的数1~4分别是怎么排列的?
(3)左右的数从上往下越来越怎么样?每次多几个?右边的数从上往下越来越怎么样?每次少几个?
(4)引导幼儿观察、思考,师幼共同归纳出分合式两边数列是递增、递减的关系。
4.通过体验活动,对5的分解与组成进行巩固。
(1)游戏“我们是一对”:每名幼儿拿好一张数字卡,表示扮演一个部分数的宝宝,在轻快的音乐中,去寻找自己的另一个部分数的朋友,自己拿的一个部分数要和找的数合起来是5,才是一对朋友。
(2)粘贴糖果:请根据自己的愿望,幼儿将5颗糖果分别粘贴在两个糖果瓶上,教师再按相同分法进行分类展示。
5.幼儿自由交流学习中的感受。</td><td>教师提出问题的目的是为了让幼儿在动手实践的过程中,独立思考、自主探索和合作交流。
发现分合式两边数列的关系,有一定的难度和挑战性。幼儿在具体的操作活动中通过自己的独立思考,与同伴交流,亲身体验5的几种分法,真正感受到学习成功的快乐。
教师重新摆放5的分解和组成分合式,便于幼儿直观观察与比较。
结合教师启发式的提问,幼儿在层层深入的引导、启发的提问中,逐渐发现分合式两边数列的关系。最后,师幼共同归纳出分合式两边递增、递减的关系。真正让幼儿“跳一跳够得着”,进一步提升幼儿的能力,使幼儿在数概念方面产生质的飞跃。
体验活动是为了巩固幼儿对5的分解与组成的掌握。同时,粘贴糖果的活动,也是为以后寻找发现每一个数分别有几种分法的数学概念做铺垫,感知每一对数的互补关系。</td></tr>
<tr><td>活动延伸</td><td colspan="2">1.在区域活动中,提供类似“粘贴糖果”的作业,请幼儿自由选择并完成。
2.在区域活动中,提供1~10的数字卡片,鼓励幼儿借助所学分解与组成的方法,用类推的方式,尝试找出10以内各数的分解与组成的方法。</td></tr>
<tr><td>效果评价</td><td colspan="2">本活动利用情境导入,激发了幼儿的学习兴趣,整个活动气氛十分活跃,教学采取了动手操作实践的方式,幼儿人手一套教具,人人动手动脑,教师由易到难、层层深入地提问和启发,给予幼儿不断探究的动力和热情;教学设计层次分明,教学内容难易适度。</td></tr>
</table>

【考查要点】

幼儿园数学教育活动设计与指导的内容在历年的考试中经常出现，题型以材料分析题和活动设计题为多，考试内容围绕幼儿数学知识习得与能力发展，对考生进行综合分析问题与解决问题能力的测试，因此作为一名幼儿教师，不仅需要掌握数学活动的目标与内容，而且要明确幼儿学习数学的特点和心理学基础，掌握幼儿数学教育活动设计的原则和方法。

【真题解析】

1.（2018年上半年选择题）在引导幼儿感知和理解事物“量”的特征时，恰当的做法是（　）。

A. 引导幼儿感知常见事物的大小、高矮、粗细等

B. 引导幼儿识别常见事物的形状

C. 和幼儿一起手口一致点数物体，说出总数

D. 为幼儿提供“按数取物”的机会

【答案解析】A。《3—6岁儿童学习与发展指南》指出，引导幼儿感知和理解事物“量”的特征时应感知常见事物的大小、多少、高矮、粗细等量的特征。

2.（2015年上半年材料分析题）为了解中班幼儿分类能力的发展，教师出示了“狗、人、船、鸟”四张图片，要求幼儿从中挑出一张不同的。很多幼儿拿出来“船”，他们的理由分别是：狗、人和鸟常常是在一起出现的，船不是；狗、人、鸟都有头、脚和身体，而船没有；狗、人、鸟是会长大的，而船是不会长大的。

（1）请结合上述材料分析中班幼儿分类能力的发展特点。

（2）基于上述材料中幼儿的发展特点，说说教师应如何实施数学教育。

【答案解析】

3.（2014年上半年简答题）茵茵已经上了中班，她知道把两个苹果和三个苹果加起来，就有5个苹果。但是问她2加3等于几时，她只是摇头。请结合案例简述中班幼儿数学学习的思维特点及对教育教学的启示。

【答案解析】

4.（2015年上半年材料分析题）。

情境一：

一天晚上，莉莉和妈妈散步时，有下列对话：

妈妈：月亮在动还是不动？

莉莉：我们动它就动。

妈妈：是什么使它动起来呢？

莉莉：我们。

妈妈：我们怎么使它动起来呢？

莉莉：我们走路的时候它自己就走了。

情境二：

在幼儿园教学活动中，老师给莉莉出示两排一样多的纽扣，莉莉认为一一对应排列的两排一样多。当老师把下面一排聚拢时，她就认为两排不一样多了。

（1）莉莉的行为表明她处于思维发展的什么阶段？（2 分）举例说明这个阶段的学前儿童思维的主要特征及表现。（12 分）

（2）幼儿这种思维特征对幼儿园教师的保教活动有什么启示？（6 分）

【答案解析】

【真题模拟】

1. 按照皮亚杰的观点，2~7 岁儿童的思维处于（　）。

A. 具体运算阶段　B. 形式运算阶段　C. 感知运算阶段　D. 前运算阶段

2. 教师根据幼儿的图画来评价幼儿发展的方法是（　）。

A. 观察法　B. 作品分析法　C. 档案袋评价法　D. 实验法

3.《幼儿园教育指导纲要（试行）》中的教育目标较多使用“体验”“感受”“喜欢”“乐意”等词汇，这表明幼儿园教育强调（　）。

A. 知识取向　B. 情感态度取向　C. 能力取向　D. 技能取向

4. 小班集体教学活动一般安排在 15 分钟左右，是因为幼儿有意注意时间一般是（　）。

A.20~25 分钟　B.3~5 分钟　C.15~18 分钟　D.10~12 分钟

5. 教师要依据幼儿的个体差异进行教育，下列现象不属于幼儿个体差异表现的是（　）。

A. 某幼儿往常吃饭很慢，今天为了得到老师的表扬，吃得很快

B. 有的幼儿吃饭快，有的幼儿吃饭慢

C.某幼儿动手能力很强,但语言能力弱于同龄幼儿

D.通常男孩比女孩表现出更多的身体攻击性行为

6.研究人员曾问一个儿童,是红片片多还是片片多,他一直认为红片片多。直到研究人员向他解释,片片是指的所有的片片,而不是(剩下的)绿片片,他才做出正确的回答,但回答的方式是一一点数,得出红片片是8个,片片是19个,因此片片比红片片多。

阅读上述案例,请回答下列问题。

(1)这个实验反映了幼儿的什么特点?

(2)对学前儿童进行分类活动的教育有何意义?

【思考实训】

1.观察幼儿园某个年龄班幼儿数学教育活动,再分析其教育目标和教育过程的适宜性。

2.设计一个年龄班的数学活动教案,并制作相关教具,进行实际操作练习。

【推荐阅读】

[1]孙汀兰.学前儿童数学教育理论与实践[M].北京:科学出版社,2009.

[2]周希冰,周利文.幼儿科学教育·数学[M].北京:北京师范大学出版社,2013.

[3]中班数学《趣味排序》幼儿园优质课视频.讲座视频资料来源:https://v.youku.com/v_show/id_XODU5Nzc5NDY4.html?spm=a2h0k.8191407.0.0&from=s1.8-1-1.2

[4]中班数学《找七星瓢虫》幼儿园优质课视频.讲座视频资料来源:https://v.youku.com/v_show/id_XMzg0MDkyNjM2.html?spm=a2h0k.8191407.0.0&from=s1.8-1-1.2

第 5 章

幼儿园社会教育活动的设计与组织

活泼可爱、好奇好动本是幼儿的天性，但因为家庭教育的缺失，家长的监管不到位，幼儿园在幼儿社会性发展方面的教育不足等，导致出现一系列的社会性问题。儿童的社会性发展教育越来越显示出其重要性。教师该如何抓住教育契机，开展幼儿园社会教育活动？幼儿园社会教育活动的目标和内容是什么？幼儿园社会教育的途径和方法有哪些？带着这些问题，我们开启本章后续内容的学习。

【学习目标】

知识目标：知道幼儿园社会教育活动的含义，理解《3—6岁儿童学习与发展指南》中社会教育目标的内涵。

技能目标：会设计幼儿园社会教育活动，并能实施、指导相关活动的展开。

情感目标：重视幼儿社会教育的发展，有意识地在实践活动中融入社会教育的内容。

【学习重点】

1. 掌握多途径实施幼儿园社会教育的方法。
2. 能设计和组织幼儿园社会教育活动，并做相应的指导。

【知识结构图】

- **幼儿园社会教育活动的设计与组织**
  - 幼儿园社会教育活动概述
    - 幼儿园社会教育的含义
    - 幼儿社会领域学习的特点
    - 幼儿社会领域的教育原则
  - 幼儿园社会教育活动的目标与内容
    - 幼儿园社会教育活动的目标
    - 幼儿园社会教育活动的内容
  - 幼儿园社会教育的途径与方法
    - 幼儿园社会教育的途径
    - 幼儿园社会教育的方法

第一节
幼儿园社会教育活动概述

一、幼儿园社会教育的含义

幼儿园社会教育是指在成人的引导和社会环境的熏陶下，以发展幼儿的个体社会性为目标，以增进幼儿的社会认知，激发幼儿的社会情感，培养幼儿的亲社会行为为主要内容的教育活动。

人生而为自然人，具有人的自然属性，起初一切的需求与活动皆是生理需要，生存的需求。随着个体在人类社会环境中接受各种形式的教育，包括家庭教育、学校教育、社会教育等一切正式的与非正式的教育活动，其会与家庭、伙伴、社区、学校及传播各种信息的大众传媒等社会群体进行互动，在与社会的交互作用中，个体为适应社会的要求，学习与内化社会文化，习得相应的社会技能，掌握相当的社会知识，从而胜任社会期待，承担社会角色，并相应地发展自己独特的个性，使幼儿从一个自然人发展成一个社会人，这就是个体的社会化，使个体具有社会属性。

生活在社会环境中，我们的行为直接或间接地受到周围环境的影响和限制。社会化是我们融入社会，适应社会生活，成为一个合格公民的必经阶段。幼儿也不例外，蒙台梭利提出了“关键期”的发展学说，认为幼儿的发展存在多个关键期，例如语言关键期、动作关键期等，相应幼儿的社会性发展也有关键期。幼儿时期是人走向社会的第一个阶段，这个阶段简单也是人开始社会化的关键期。通过社会化的过程，幼儿学会了人际交往的简单技能技巧，如知道如何加入游戏，如何获得别人的帮助，如何交到好朋友；还习得了基本的社会规范，如别人帮助了自己应该说谢谢，要借用别人的东西应该先征得别人的同意，过马路要走斑马线，不闯红绿灯；也掌握了初步的社会生活技能，学会了照顾自己，自己的事情自己做，进行简单的自我服务等。

【资料链接】

1978年，75位诺贝尔奖获得者在巴黎聚会。人们对于诺贝尔奖获得者非常崇敬，有个记者问其中一位：“在您的一生里，您认为最重要的东西是在哪所大学、哪所实验室里学到的呢?”这位白发苍苍的诺贝尔奖获得者平静地回答:“是在幼儿园。”记者感到非常惊奇,又问道:“为什么是在幼儿园呢? 您认为您在幼儿园里学到了什么呢?”诺贝尔奖获得者微笑着回答:“在幼儿园里,我学会了很多很多。比如,把自己的东西分一半给小伙伴们;不是自己的东西不要拿;东西要放整齐;饭前要洗手;午饭后要休息;做了错事要表示歉意;学习要多思考,要仔细观察大自然。我认为,我学到的全部东西就是这些。”

可见,学前期让幼儿掌握人际交往和社会适应能力,对他们以后的人生具有重要的作用和影响。

二、幼儿社会领域学习的特点

(一)模仿

班杜拉的社会认知理论认为,观察学习是幼儿社会行为获得的重要方式。观察学习是指人通过观察他人(榜样)的行为及其结果而习得新行为的过程。他认为学习是通过模仿产生的,即一个人通过观察另一个人(榜样)的行为反应而学习了某种特殊的反应方式。幼儿大部分是通过观察和模仿别人的适宜行为来进行学习的。幼儿喜欢模仿,自觉或不自觉地重复他人(榜样)的行为,这也是人类最初的学习方式。幼儿可以模仿他人的动作、语言、态度、行为等,模仿对象(榜样)可以是来自生活中的真人,也可来自大众媒体、影视作品、图书、故事中的虚构形象。

案例分析

对抗“粗口”记

儿子一向懂礼貌,可有一次他要买玩具我没同意,他竟然甩出一句脏话“×!”我生气地质问他跟谁学的,他就是不说,我只好努力控制情绪,转移了话题。

回家后,和儿子一起吃红薯,他有礼貌地说:“谢谢妈妈给我吃红薯。”我抓住这个时机,首先肯定他是个讲礼貌的孩子,然后跟他交流了不能说脏话的原因。谁知儿子却理直气壮地说:“可是爸爸和爷爷都讲,妈妈也没有生气啊!”我这才意识到儿子讲粗口的根源。家长的言行举止对孩子的影响是多么重要!

我请他当家里的“文明用语监督员”,发现谁讲粗口就制止。此后,儿子果然不再讲粗口了,在他的监督下爷爷和爸爸也开始注意自己的言行。我庆幸自己没有粗暴地呵斥、生硬地处罚,而是用疏而不堵、柔而不躁的方式,建筑了一条陪伴孩子健康成长的彩虹桥。

分析:小孩子说脏话,常常是出于好玩,是无意识的模仿行为,家长对此应及时控制情绪，巧妙地运用转移话题、阐明原因、沟通感受、赋予责任感等正面疏导的方法，将“对抗”变为一种“引导”。更可贵的是，该家长倾听了孩子的心声，找到了问题的根源，从而使家长与孩子在平等相处中共同进步。

（案例选自教育部新闻办“微言教育”公众号，有改动）

（二）体验

台湾教改的先驱者黄武雄在《童年与解放》一书中说道：通过体验得来的知识，才是真实的知识；通过体验认识的世界，才是真实的世界。人通过体验认识世界的同时，才真实地认识了自己。不断的体验，最能使个体依本性发展。

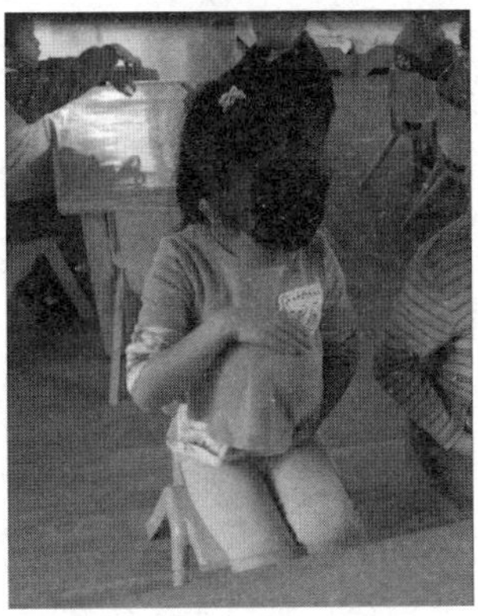

幼儿体验母亲怀孕的状态

幼儿在“怀孕”的状态下工作

体验，既是一种活动，也是一种结果。作为一种活动，是指主体亲历某件事并在此过程中对事物产生真切感受，从而形成某种态度和认识的过程；作为活动的结果，是指主体在亲身参与实践的过程中，对其中所隐含的道理和意义形成的独特感受和领悟。这种感受和领悟是直接的，极具个人特征，他人无法替代，而且往往是深刻的。体验学习是一个注重过程的学习，它的本质是“做中学”。

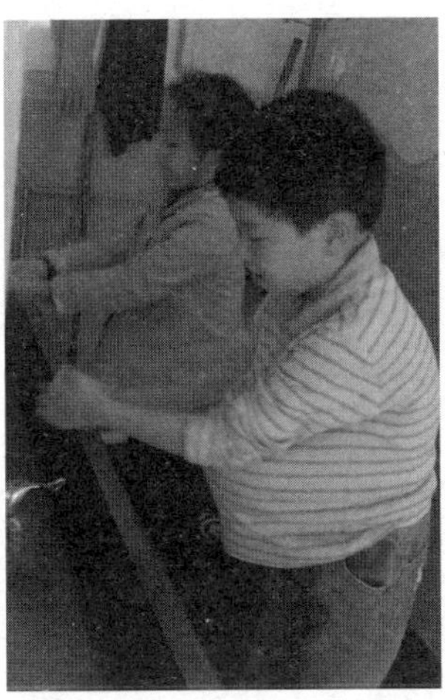

幼儿在“怀孕”的状态下生活

幼儿在自己做父母照顾“宝宝”

（三）同化

同化是指人们的行为和态度受周围其他人的影响而逐渐变得与其相似的现象，即所谓的“近朱者赤，近墨者黑”。同化效应是个体在潜移默化中对外部环境的一种不自觉的调适，同化中含有模仿的因素，但更强调团体行为和情感态度的感染与熏陶。在生活中，如果大家都爱护环境，那么这种行为会影响到个体，个体也会爱护周围的环境；但是如果大家都乱丢垃圾，个体的行为也会受到影响，觉得乱丢垃圾很正常，很可能也会乱丢垃圾。

（四）强化

强化分为正强化和负强化。正强化也称为“积极强化”，它是通过呈现想要的愉快刺激来增强此种行为出现的频率，例如：当幼儿表现出良好行为时教师或家长应及时给予表扬和鼓励。负强化也称“消极强化”，是通过消除或中止厌恶、不愉快的刺激来增强反应频率，例如：当幼儿犯错时，教师或家长给予其不准吃冰激凌的惩罚；当幼儿出现良好行为时，就取消不准吃冰激凌的惩罚，用来加强出现良好行为的频率。不管是正强化还是负强化，其目的都是增加反应出现的频率。幼儿会根据结果和情感体验的性质来调整自己的行为，一般而言，带来益处和愉快体验的行为会增强，带来坏处和消极体验的行为会减少甚至消失。改变幼儿行为的结果和体验可以是直接的，即自己亲身感受的，也可以是间接的，如看到同伴的良好行为受到教师赞赏而想要表现出此种行为；可以来自外部，如成人的赞赏，也可以是自我强化，如因为帮助了别人之后感觉到很满足。

三、幼儿社会领域的教育原则

教育原则是开展活动、指导活动时必须遵循的原则，是有效进行活动的指导性原理和行为准则，对教育活动的内容、方法、手段和形式等的选择起指导的作用，具有积极而重要的意义。

（一）由近及远、由易到难的原则

幼儿园社会教育的内容应该贴近幼儿生活，从幼儿的社会现实生活开始，逐渐扩大范围，延伸内容。这是和幼儿的身心发展特点分不开的，幼儿发展的顺序性和阶段性要求幼儿园社会教育要由浅入深、由简单到复杂、由低级到高级、由具体到抽象，循序渐进地促进幼儿的发展。幼儿的生活是一个同心圆向四周扩散的状态，以幼儿为中心，逐渐扩散到家庭、幼儿园、社区、国家、世界。选择幼儿能够理解的、感兴趣的，具有教育价值的内容进行组织和实施教育活动，符合幼儿的认知，能够起到教育作用最大化的效果。

（二）正面教育和真诚教育相结合的原则

幼儿园社会教育以正面教育为主，把幼儿作为一个独立的、发展中的个体来看待，进行积极引导，对幼儿的进步与成功给予积极的鼓励和肯定，当幼儿遇到困难和挫折时，少一些责备与抱怨，而给予更多的理解和包容。帮助幼儿了解在社会生活的各种场合或是在与人交往的过程中应该如何做，传递正确的社会行为规范；帮助幼儿分析问题，使其找到解决问题的办法，树立解决问题的信心；培养幼儿自信的品质，使其养成良好的态度和行为习惯。

（三）活动和实践相结合的原则

幼儿的学习是以直接经验为基础的，通常采用"做中学、玩中学、生活中学"的方式，这也是幼儿感兴趣的学习方式，它能够让学习过程变得生动有趣，发挥出教育的最大效果。因此，幼儿园社会教育活动要避免单一呆板的言语说教，避免知识的灌输，应利用现有的环境，根据幼儿的经验，采用幼儿喜闻乐见的形式，把教育内容进行多种形式的转换，成为可体验、可操作、可实践的活动。为幼儿提供可活动的空间和充足的时间，创造活动和实践的机会和条件，激发幼儿的主动性和积极性，在活动和实践中去体验、感受，最后逐步掌握相关的内容。同时，在活动和实践的过程中，幼儿与同伴会发生冲突、协商、交换、合作等情况，这也为幼儿提供了学会解决问题、与人交往的机会，有利于幼儿积极主动地发展社会性。

（四）一致性与一贯性相结合的原则

幼儿的学习具有模仿的特点，因此，幼儿在社会性发展的过程中容易受到身边环境（社会、家庭、学校等）的影响。幼儿健康积极、蓬勃向上的发展，需要环境和教育者发挥积极作用。家庭和幼儿园是幼儿生活的重要环境，教师和父母是幼儿的重要"他人"，双方应该要保持教育的一致性，在教育态度、教育观念、教育方式等方面保持一致，积极沟通，进行家园合作，共同促进幼儿的社会性发展。同时，良好的社会秩序、社会风貌有助于幼儿形成正确的社会认知，感受积极的社会情感。环境对人的影响巨大，因此，除了家庭和幼儿园，整个社区环境、大众传媒，甚至社会环境都应该为幼儿的发展提供便利的条件，积极响应国家的教育政策，共同创设一个文明、健康、向上、和谐的大环境，这不仅有利于幼儿的发展，还能促进整个社会的发展。

（五）因地制宜的原则

我国幅员辽阔，是一个多民族国家，呈现出大杂居、小聚居的分布特点。从北到南，从东到西，每个地域的社会环境和文化都具有差异性，甚至小到每一个社区，文化氛围都显示出不一样的特征。了解当地的文化背景和地域特色以及幼儿生活的文化环境，从本区域、本园、本班的实际情况入手，选取最能代表本地特点的，幼儿熟悉的，又为幼儿需要的内容进行教学活动，让幼儿园社会教育做到有的放矢，为幼儿的社会性发展提供更适宜的教育。

（六）专门性和渗透性相结合的原则

专门的幼儿园社会教育是指教师根据学前儿童社会教育的目的和要求，结合幼儿的身心发展特点和年龄特征，选择适宜的内容和恰当的方式，进行的有目的、有计划、有组织的教育活动。

幼儿园社会教育除了通过专门的教育活动，还应该渗透在其他领域和幼儿的一日生活中。一日生活中蕴藏着丰富的社会教育内容，具有随意、自然、琐碎、重复的特点，抓住每一个教育契机，充分挖掘适宜的教育资源，进行长期的、随时随地的、各方面的社会教育，有利于培养幼儿的良好行为习惯，培养其积极的社会情感。这也是显性课程和隐性课程的整合，对于幼儿社会性发展具有整体的、全面的影响。

案例分析

看不见世界的人们（大班）①

◇活动意图

《3—6岁儿童学习与发展指南》指出：幼儿社会性教育应融入生活，在潜移默化中进行。5~6岁幼儿已经习得怎样看待他人的经验，并给予力所能及的帮助。此活动从幼儿自身经验出发，注重运用多样性的体验，帮助幼儿理解盲人生活的不容易，激发幼儿尊重盲人，钦佩其自强不息品质的美好情感。通过游戏体验、视频观察、话题交流、与盲人爷爷现场互动等，不断推进幼儿情感与经验的建构，从内心关心和尊重身边的弱势群体，从而帮助幼儿形成对他人的正确态度，促成其知行合一、知情合一。

◇活动目标

1. 体验盲人生活的不容易，形成尊重、钦佩的情感。
2. 了解盲人的生活状态，及其自强不息的精神，知道给予力所能及的帮助。
3. 能用正确的语言、行为来表达自己对盲人的关心、爱护和尊重。

---

① 案例来自海军工程大学幼儿园官方微信平台，国家学前教育改革发展实验区“健全学前教育教研制度”——武汉市幼儿园社会领域优质教学活动展示方案（江岸区珞珈山街幼儿园百步亭分园　魏晞）。

◇活动准备

1. 知识经验准备。

(1)幼儿和教师对盲人及其生活状态有初步的了解。

(2)教师已与盲人助教爷爷进行了活动内容的沟通,对爷爷基本情况有所了解。

2. 物质材料准备。

(1)游戏用眼罩。

(2)认知行为的辨析图片和课件。

(3)盲人姐姐日常生活的小视频,社会对盲人提供方便、盲人学习工作的课件。

(4)社区资源:邀请一位在社区工作的盲人按摩师。

◇活动过程

1. 说一说:停电以后的感受,引发幼儿已有的生活体验。

(1)提问:家里停电后,心里有什么样的感受?

(2)教师进行归纳总结:停电后,什么也看不见了,感觉害怕、紧张。

2. 试一试:蒙眼穿衣服,体验看不到时做事的困难和心里的不安。

(1)集体玩游戏:蒙眼穿衣服。

玩法:幼儿戴上眼罩,在规定时间内脱下衣服后,再迅速穿上衣服。

规则:时间到了动作停止。

(2)幼儿交流游戏感受。

提问:戴着眼罩穿衣服是什么样的感受?

教师小结:当我们的眼睛看不到的时候,做事情就特别困难,心里很害怕,有不安全感。

3. 看一看:盲人姐姐的生活,初步了解盲人的生活状态。

(1)提问:我们都有一双明亮的眼睛,能看到五彩的世界。但生活中还有这样一些人,他们什么也看不到,他们是什么人?

(2)引发幼儿已有经验:你见过盲人吗? 盲人是怎么生活的呢?

(3)观看视频,交流心情和了解的盲人生活状态。提问:看完视频后你的心情怎么样? 盲人姐姐是怎样刷牙、找衣服的? 上街需要干什么?

小结:盲人虽然生活不方便,但他们很聪明,盲人能通过触摸、聆听等方式感知周围事物,和我们一样快乐地生活着。

4. 猜一猜:盲人朋友如何工作和学习,激发其形成敬佩的情感。

(1)引发幼儿猜想:盲人的生活特别不容易,他们也要学习和工作吗? 盲人是怎样学习和工作的呢?

(2)寻找答案:观看课件,进一步了解现实生活中盲人的学习与工作情况。

(3)情景互动:盲人按摩师来了。教师提问:盲人爷爷是怎样学习和工作的?你们想对爷爷说些什么?

小结:盲人生活虽然不方便,但他们一样热爱生活、热爱学习、热爱工作。

5. 想一想:怎样帮助盲人,激发幼儿对生活中弱势人群的关爱。

(1)观看课件,了解社会为盲人提供的方便。提问:专门为盲人设置的通道叫什么?导盲犬可以干什么?

(2)迁移经验:我们可以怎样帮助盲人朋友们?

出示图片:这样的情况可能会给盲人带来哪些危险?我们应该怎么做?(车辆占盲道、打导盲犬、不让导盲犬上车、无下水道井盖等场景图片)

(3)经验拓展,情感提升。

观看课件,了解其他自强不息的残疾人,引发幼儿继续了解其他弱势群体的兴趣,进一步激发幼儿对残疾人自强不息精神的钦佩之情。

◇活动延伸

1. 引导幼儿收集有关残奥会、残疾人艺术家的信息资料,再将其布置成主题墙面,继续开展"身边了不起的人们"的分享活动,进一步强化幼儿尊重与理解他人的情感。

2. 在一日生活中,引导幼儿主动关心身边的小伙伴,能主动为集体做力所能及的事情。

3. 携手家长开展"我是爸爸妈妈的小帮手""我会关心长辈"竞赛体验活动,引导幼儿在家庭生活中懂得尊重和关心长辈。

思考与练习

1. 根据幼儿社会领域学习的特点,如何才能有效组织幼儿的学习活动?

2. 结合具体活动案例,分析教师在组织社会教育活动时体现了幼儿社会领域学习的哪些特点。

第二节 幼儿园社会教育活动的目标与内容

一、幼儿园社会教育活动的目标

（一）幼儿园社会教育活动的总目标

《幼儿园教育指导纲要（试行）》中规定的社会教育总目标如下：①能主动地参与各项活动，有自信心；②乐意与人交往，学习互助、合作和分享，有同情心；③理解并遵守日常生活中基本的社会行为规则；④能努力做好力所能及的事，不怕困难，有初步的责任感；⑤爱父母长辈、老师和同伴，爱集体、爱家乡、爱祖国。

参照社会性发展的维度来对总目标进行分析，不难发现总目标中包括三个维度的教育内容，分别是指向自我层面的社会教育内容、指向他人层面的社会教育内容和指向社会环境层面的社会教育内容。具体分析如下：

（1）指向自我层面的目标有：能主动地参与各项活动，有自信心；能努力做好力所能及的事，不怕困难，有初步的责任感。

（2）指向他人层面的目标有：乐意与人交往，学习互助、合作和分享，有同情心；爱父母长辈、老师和同伴。

（3）指向社会环境层面的目标有：理解并遵守日常生活中基本的社会行为规则；爱集体、爱家乡、爱祖国。

《幼儿园教育指导纲要（试行）》的目标是一个宏观性的目标，在此基础上，《3—6岁儿童学习与发展指南》为教师和家长了解幼儿身心发展水平和特点提供了更加具体和可操作的依据和指导。同时也在社会教育目标的每个指向上都做了相应的补充：在指向自我的层面，明确提出了“发展自信和自尊”；在指向他人的层面上，追加了“让幼儿在积极健康的人际关系中获得安全感和信任感”；在指向社会环境的层面上，增加了“形成基本的认同感和归属感”。

（二）幼儿园社会教育活动的年龄阶段目标

《3—6岁儿童学习与发展指南》中将幼儿社会教育分成人际交往和社会适应两个子领域，对人际交往领域提出了四方面的目标，又从不同的年龄阶段分别提出了不同层次的要求；对社会适应领域提出了三方面的目标，同样按不同的年龄阶段分别提出了不同层次的要求，具体如下：

1. 人际交往

（1）目标1：愿意与人交往。（如下表所示）

愿意与人交往的年龄阶段目标

3~4岁	4~5岁	5~6岁
1. 愿意和小朋友一起游戏 2. 愿意与熟悉的长辈一起活动	1. 喜欢和小朋友一起游戏，有经常一起玩的小伙伴 2. 喜欢和长辈交谈，有事愿意告诉长辈	1. 有自己的好朋友，也喜欢结交新朋友 2. 有问题愿意向别人请教 3. 有高兴的或有趣的事愿意与大家分享

（2）目标2：能与同伴友好相处。（如下表所示）

能与同伴友好相处的年龄阶段目标

3~4岁	4~5岁	5~6岁
1. 想加入同伴的游戏时，能友好地提出请求 2. 在成人指导下，不争抢、不独霸玩具 3. 与同伴发生冲突时，能听从成人的劝解	1. 会运用介绍自己、交换玩具等简单技巧加入同伴游戏 2. 对大家都喜欢的东西能轮流、分享 3. 与同伴发生冲突时，能在他人帮助下和平解决 4. 活动时愿意接受同伴的意见和建议 5. 不欺负弱小	1. 能想办法吸引同伴和自己一起游戏 2. 活动时能与同伴分工合作，遇到困难能一起克服 3. 与同伴发生冲突时能自己协商解决 4. 知道别人的想法有时和自己不一样，能倾听和接受别人的意见，不能接受时会说明理由 5. 不欺负别人，也不允许别人欺负自己

（3）目标3：具有自尊、自信、自主的表现。（如下表所示）

具有自尊、自信、自主的表现的年龄阶段目标

3~4岁	4~5岁	5~6岁
1. 能根据自己的兴趣选择游戏或其他活动 2. 为自己的好行为或活动成果感到高兴 3. 自己能做的事情愿意自己做 4. 喜欢承担一些小任务	1. 能按自己的想法进行游戏或其他的活动 2. 知道自己的一些优点和长处，并对此感到满意 3. 自己的事情尽量自己做，不愿意依赖别人 4. 敢于尝试有一定难度的活动和任务	1. 能主动发起活动或在活动中出主意、想办法 2. 做了好事或取得了成功后还想做得更好 3. 自己的事情自己做，不会的愿意学 4. 主动承担任务，遇到困难能够坚持而不轻易求助 5. 与别人的看法不同时，敢于坚持自己的意见并说出理由

（4）目标4：关心尊重他人。（如下表所示）

关心尊重他人的年龄阶段目标

3~4岁	4~5岁	5~6岁
1.长辈讲话时能认真听，并能听从长辈的要求 2.身边的人生病或不开心时表示同情 3.在提醒下能做到不打扰别人	1.会用礼貌的方式向长辈表达自己的要求和想法 2.能注意到别人的情绪，并有关心、体贴的表现 3.知道父母的职业，能体会到父母为养育自己所付出的辛劳	1.能有礼貌地与人交往 2.能关注别人的情绪和需要，并能给予力所能及的帮助 3.尊重为大家提供服务的人，珍惜他们的劳动成果 4.接纳、尊重与自己的生活方式或习惯不同的人

2. 社会适应

（1）目标1：喜欢并适应群体生活。（如下表所示）

喜欢并适应群体生活的年龄阶段目标

3~4岁	4~5岁	5~6岁
1.对群体活动有兴趣 2.对幼儿园的生活好奇，喜欢上幼儿园	1.愿意并主动参加群体活动 2.愿意与家长一起参加社区的一些群体活动	1.在群体活动中积极、快乐 2.对小学生活有好奇和向往

（2）目标2：遵守基本的行为规范。（如下表所示）

遵守基本的行为规范的年龄阶段目标

3~4岁	4~5岁	5~6岁
1.在提醒下，能遵守游戏和公共场所的规则 2.知道不经允许不能拿别人的东西，借别人的东西要归还 3.在成人提醒下，爱护玩具和其他物品	1.感受规则的意义，并能基本遵守规则 2.不私自拿不属于自己的东西 3.知道说谎是不对的 4.知道接受了的任务要努力完成 5.在提醒下，能节约粮食、水电等	1.理解规则的意义，能与同伴协商制定游戏和活动规则 2.爱惜物品，用别人的东西时也知道爱护 3.做了错事敢于承认，不说谎 4.能认真负责地完成自己所接受的任务 5.爱护身边的环境，注意节约资源

（3）目标3：具有初步的归属感。（如下表所示）

具有初步的归属感的年龄阶段目标

3~4岁	4~5岁	5~6岁
1.知道和自己一起生活的家庭成员及与自己的关系，体会到自己是家庭的一员 2.能感受到家庭生活的温暖，爱父母，亲近与信赖长辈 3.能说出自己家所在街道、小区（乡镇、村）的名称 4.认识国旗，知道国歌	1.喜欢自己所在的幼儿园和班级，积极参加集体活动 2.能说出自己家所在地的省、市、县（区）名称，知道当地有代表性的物产或景观 3.知道自己是中国人 4.奏国歌、升国旗时能自动站好	1.愿意为集体做事，为集体的成绩感到高兴 2.能感受到家乡的发展变化并为此感到高兴 3.知道自己的民族，知道中国是一个多民族的大家庭，各民族之间要互相尊重，团结友爱 4.知道国家一些重大成就，爱祖国，为自己是中国人感到自豪

在细化分解目标之外，《3—6岁儿童学习与发展指南》还相应地提供了每个子目标的教育建议，引导教师和家长用正确的方法和适宜的实施途径去帮助幼儿的学习与发展，科学地帮助幼儿达到教育的期望。

《3—6岁儿童学习与发展指南》特别关注了人际交往和社会适应两个方面的社会教育，指出幼儿社会领域的学习与发展是其社会性不断完善并奠定健全人格基础的过程，人际交往和社会适应是幼儿社会学习的主要内容，也是其社会性发展的基本途径，良好的社会性发展对幼儿身心健康和其他各方面的发展都有重要影响。

这里要强调一下的是，不管是《幼儿园教育指导纲要（试行）》还是《3—6岁儿童学习与发展指南》提出的目标，都是根据幼儿的心理发展特点和年龄特点而提出的合理期望，是一个学习与发展的方向，不能够作为绝对的检验标准，用来一一对比是否达到发展目标。幼儿的发展具有阶段性和个体差异性，是一个连续发展的过程，绝对不能用相同的标准来进行“一刀切”的武断评价，切记不匆忙地、主观地下结论、贴标签、做评价，应根据幼儿的最近发展区，创造更为适宜的条件，促进他们向更高水平发展。

（三）幼儿园社会教育的活动目标

活动目标是整个活动的方向标，是整个社会教育活动的起点和归宿，也是本次活动结束后幼儿应获得的学习结果和要达到的水平。活动目标根据布卢姆的教育目标分类理论包含三维目标：认知目标、技能目标、情感目标，与社会领域的目标和要求结合起来就是社会认知、社会行为、社会情感三方面的目标。例如：

社会认知目标：知道春节是中国的传统节日。

社会行为目标：会贴春联和挂“福”字。

社会情感目标：喜欢节日的气氛，感受节日的乐趣。

表述目标时请注意：

(1)统一表述的角度，可以从教师的角度表述，也可以从幼儿的角度表述。建议从幼儿的角度来表述，突出幼儿的主体地位，有利于评价幼儿是否达成目标。例如：

①了解大班哥哥姐姐的生活、学习情况。

②激发幼儿向大班哥哥姐姐学习，争做大班小朋友的愿望。

第一条目标的表述角度是幼儿的角度，第二条目标的表述角度是教师的角度，就出现了表述主体不一致的情况。

(2)目标的表述应做到简洁、明了、难度适中、具体、可操作性强。例如：学会与人交往。这个目标太大，一次活动不容易实现，也不具有可实施和可操作性，在进行活动评价的时候也无法去衡量目标是否达成。所以这个目标应该进行细化调整，根据各年龄阶段幼儿的身心发展水平和幼儿的经验来进行目标的拟定。小班幼儿人际交往的目标是喜欢与小朋友一起活动，不独霸或争抢玩具。中班的目标在小班的基础上提高，不仅是喜欢和小朋友一起游戏，还应该有固定的玩伴，初步懂得与他人合作、分享和谦让。大班的要求是不仅有自己的好朋友，还要学会结交新朋友，学会与他人友好相处，懂得合作、分享和谦让。这三个不同年龄阶段的目标是具有层次和难度差别的，所以在拟定目标的时候要考虑到年龄阶段，同时可参考《3—6岁儿童学习与发展指南》各年龄阶段的目标。

(3)目标的表述符合本领域要求，体现该领域的特征，在整合其他领域的目标和内容时，更应突出该领域的领域目标。例如，在一次社会活动“猜猜我有多爱你”中，目标如果定为:①观察画面，理解故事内容；②完整复述故事情节；③感受小兔子和妈妈的深厚感情。我们会发现这个目标已经偏离该领域了，更多是语言领域的活动目标。在目标表述的时候，我们要把社会领域的目标融进去，体现领域特征，表述为：①理解故事，感受小兔子和兔妈妈之间的深厚感情；②在集体面前大胆讲述自己对妈妈的爱；③愿意表达自己的感情。

(4)目标的拟定要符合幼儿的年龄特点和发展需要，考虑到幼儿的生活经历和兴趣点。

(5)目标中不能包含疑问词和疑问句，用陈述句进行表述。

二、幼儿园社会教育活动的内容

刘晶波依据个体社会性发展的指向性，从指向自我、指向他人、指向社会文化三方面来界定社会性发展的内容。[①]

① 刘晶波，等.《幼儿园社会领域教育精要——关键经验和活动指导》[M].北京：教育科学出版社，2015:3-4，10-11.

（一）指向自我

指向自我方面的社会性发展包括对自我的基本认识与定位、有关自我的情绪和情感、围绕自我而发出的行为等。幼儿对自己的认识，既包括对自己的身体特征、性别、兴趣爱好、年龄、身心需要等的认识，也包括对喜欢自己、肯定自己、接纳自己等与自尊、自信、自控、自主有关的心理品质的认识。对自我情绪的认识既包括认识自己的积极情绪（如高兴、荣耀、希望）和消极情绪（如恐惧、愤怒、悲伤、羞怯、孤独、厌恶），也包括掌控、调节与适度表达自己的情绪，做自己情绪的主人。围绕自我而发出的行为包括照顾自己的身体、管理自己的物品和对自己日常生活的规范，如：会自己穿衣服；脱下的鞋子要摆放好；吃东西前、便后要洗手；打喷嚏或咳嗽时会用手掩住口鼻等。

体现在学科领域的教育内容主要以自我为轴心，具体体现在身体、情绪、物品管理和学习品质四个方面：身体管理包括照顾和控制自己的身体，即具有初步的身体管理能力、保护能力和协调能力；情绪管理主要包括幼儿对自己和他人情绪的辨识与觉察、对情绪的理解和调节、情绪的适宜性表达和控制等；物品管理包括对自己生活、学习、游戏物品的分类、归放和整理等；学习品质主要包括幼儿在学习过程中表现出来的独立性、主动性、专注性、计划性和灵活性等。

（二）指向他人

指向他人的社会性发展的内容包括对他人的基本认识、自我和他人之间人际情感联结和幼儿与他人的人际互动行为与规范。对他人的基本认识包括对他人外表、感受、情绪、想法、群体地位和角色等的认识。自我与他人之间人际情感联结是指幼儿在和他人进行互动时建立起的情感关系，可分为幼儿与成人的情感联结、幼儿与同伴的情感联结，既包括幼儿对成人的依恋、关怀、感恩等情感，也包括对同伴的喜爱、关心、尊重、同情和嫉妒等情感。幼儿与他人的人际互动行为与规范分为与成人的互动和与同伴的互动，无论在哪一种类别的人际互动行为中，幼儿都会习得相应的行为规范与规范的社会行为。指向他人的社会教育内容体现在学科领域包括三方面，即幼儿的人际认知、人际情感和人际交往。人际认知主要包括对生活环境中他人的了解，对自己与他人关系的了解，区分自己与他人的不同等。人际情感包括对他人情绪情感的辨识、觉察与表达，以及了解生活环境中他人情绪产生的原因。人际交往包括对人际交往规则的掌握，能根据他人的需要和行为调整自己的行为。

（三）指向社会文化

指向社会文化的社会性发展主要包括个体对生活环境文化的认识，涉及对各种社会角色与职业角色，所处地域文化的核心经验与知识，以及民俗、节日、习惯等方面的认知与继承。指向社会文化的社会教育内容体现在学科领域主要包括：社会认知、社会情感和社会归属感。社会认知主要集中在对幼儿园规则、公共规则、社会机构与职业角色的基本认识与了解。社会情感主要包括：幼儿在与他人交往、参与社会活动中表现出的兴趣，如喜欢和同伴一起玩，乐于参与游戏与活动，喜欢民族节日等。社会归属感主要包括：幼儿对家庭、幼儿园、民族和国家的归属感与认同感，如认识到自己是家庭的一分子等。

教育活动内容的组织应充分考虑幼儿的学习特点和认知规律，各领域的内容要有机联系，相互渗透，注重综合性、趣味性、活动性，寓教育于生活、游戏之中。

拓展阅读

幼儿社会性发展的相关概念

1. 幼儿自我意识

自我意识是幼儿社会性发展的重要组成部分，也是社会性发展的基础。自我意识的教育活动目标主要是幼儿能正确认识自己、了解自己并接纳自己，客观认识自己的优缺点，能够评价自己，在评价自己的基础上，学会正确评价他人。鼓励幼儿积极尝试自我体验，培养自信心，并能初步调控自己的情绪情感，控制自己的行为，产生积极的愉悦情感，从而更好地适应社会生活。

2. 幼儿人际交往能力

社会交往是人类生存和发展的基本需要，是社会化的必经过程。幼儿的人际交往包括与成人的交往和与同伴的交往，同伴之间平等、互惠、公平、对等的关系更能促进幼儿交往能力的发展。正确引导幼儿进行社会交往，学会与他人相处的技巧，与他人建立良好的人际关系，从而获得交往能力的发展。

3. 亲社会行为

幼儿的亲社会行为是指产生关心、分享、谦让、同情、帮助、友爱、合作、安慰等有利于他人的行为。亲社会行为是和谐社会形成的重要条件，是人与人之间产生和维持良好人际关系的重要基础，是社会鼓励和赞扬的积极行为。

4. 社会认知

社会认知是幼儿对自己生活的社会环境和社会规范的认识与了解。包括对社会公共设施、社会机构、社会职业、人物关系、行为规范、社会公德、公民意识等的认识与了解。

5. 归属感

归属感是幼儿社会性发展中的重要情感，是幼儿在自己成长的过程中不断感知社会生活环境。当被周围的人和集体接纳认可时，知道自己是其中的一员，从而产生一种安全感和亲切、自豪的情感及愉悦的情绪体验。幼儿的归属感往往来自对群体生活的直接感受和体验,在这个过程中形成归属感,幼儿对社会的最初看法和感受主要来自父母和其他亲近的成人,如果成人能够用积极的态度看待社会,为自己是其中一员感到满意,那么幼儿就会形成同样的态度并由此产生对家乡和祖国的归属感。在《3—6岁儿童学习与发展指南》中,幼儿归属感包括以下几方面的内容:对家庭、社区、班级、幼儿园、家乡、国家与民族的认知,以及对这些群体的认同与自豪感。

思考与练习

想一想社会教育目标制定和内容选择的依据是什么。

第三节
幼儿园社会教育的途径与方法

我们采用何种教育方法，选择何种教育内容与我们面对的教育对象是分不开的。了解教育对象的学习特点，更有利于教学的实施。《3—6岁儿童学习与发展指南》指出："幼儿的学习是以直接经验为基础，在游戏和日常生活中进行的。"《3—6岁儿童学习与发展指南》就社会领域的每一个子领域下的子目标都相应地提供了若干教育建议。对这些教育建议进行分析发现，该部分都是根据幼儿的身心发展特点和年龄特征而提出的有针对性的、科学的、合理的，包含了正确的教育观、儿童观、发展观的可实施的针对性建议，它们反映了幼儿社会领域学习的特点和教育应该遵循的基本原则。

例如："成人以身作则，以尊重、关心的态度对待自己的父母、长辈和其他人""成人要遵守社会行为规则，为幼儿树立良好榜样"等，都反映了幼儿善于模仿学习的特点，因此，生活中成人要做好榜样。再例如："创造交往的机会，让幼儿体会交往的乐趣""经常和幼儿一起参加一些群体性的活动，让幼儿体会群体活动的乐趣""结合具体情境，指导幼儿学习交往的基本规则和技能""结合具体情境，引导幼儿换位思考，学习理解别人"等，则反映了幼儿体验学习的特点。正如《幼儿园教育指导纲要（试行）》中所指出的："社会领域的教育具有潜移默化的特点。"

一、幼儿园社会教育的途径

教育途径是指在进行教育活动时，教育者借以传授教育内容，实现教育目的的基本渠道。在进行社会教育活动设计时，我们应该根据教育目标、教育内容、幼儿的身心发展特点和年龄特征，选择适宜的教育途径。

（一）专门的教育活动

教育是一种有目的地培养人的活动，这是教育与其他社会活动的根本区别。专门的学习活动是幼儿园课程实施的基本途径。专门的社会教育是指教师根据社会教育的目的和要求，结合幼儿的身心发展特点和年龄特征，选择适宜的内容和恰当的方式,进行的有目的、有计划、有组织的教育活动。专门的教育活动具有明确的目标性和计划性,具有较强的针对性和系统性。

(二)渗透的教育活动

社会领域的学习具有潜移默化的特点,除了专门的教育活动,还应该渗透在其他领域和幼儿的一日生活当中。日常生活中蕴藏着丰富的社会教育内容,它们具有随意、自然、琐碎、重复的特点。教师若抓住每一个教育契机,充分挖掘适宜的教育资源,进行长期的、随时随地的、各方面的社会教育,就有利于巩固幼儿的良好行为习惯,培养积极的社会情感。这也是显性课程和隐性课程的整合,对于幼儿社会性发展具有整体的、全面的影响。

1.渗透在一日生活中

《幼儿园工作规程》提到:"综合组织健康、语言、社会、科学、艺术各领域的教育内容,渗透于幼儿的一日生活的各项活动中,充分发挥各种教育手段的交互作用。"幼儿的一日生活中,各个环节都蕴含了许多社会教育的因素,例如:入园离园,可渗透礼貌教育,实践待人接物的方法;进餐时也有餐桌礼仪、爱惜粮食、饮食文化等教育;午睡时可以渗透自我服务的教育等社会教育具有潜移默化的特点,应该渗透在一日生活的各个环节,幼儿教师要抓住教育契机,对幼儿进行社会教育,促进幼儿的社会性发展。

2.渗透在其他领域

幼儿园教育的五大领域是相互联系,相互作用,又相互交叉的,不能独立分割,必须相互融合。其他幼儿园教育的领域也包含了丰富的社会教育的内容和教育契机,例如语言领域的阅读活动"猜猜我有多爱你",不仅发展幼儿的阅读能力,也包含了社会情感的教育价值在里面;在健康领域的各类活动中也都包含了人际交往、团结合作、适应集体活动等内容。因此,各领域的活动中,都可以从不同的角度渗透社会教育的因素,从而进行全面的教育。以绘本为例:

绘本阅读是幼儿最喜欢的一种阅读形式,绘本也是最适合孩子阅读的图书形式,不仅在语言领域的早期阅读中运用广泛,还可以更多地体现社会领域的内容。从心理学发展角度,幼儿先认识图,后面才认识字,欣赏绘本不仅让幼儿欣赏到美丽的画面,同时也对绘本传递的知识进行接收,获得眼睛享受、心灵愉悦、精神提升的美妙体验。近年来,优秀的绘本越来越多,不仅有国外的,国内原创的绘本质量和艺术水平也越来越高,融入了很多中国的元素在里面。很多都可以引用到社会领域的活动学习中,例如在绘本《年》中,作者以儿童的观点来叙述故事,他在最前面就开宗明义地说明"年是由孤独慢慢聚积而成的",接着直指孤独是会伤人的,而破除孤独最简单的方法,就是打电话找人聊天,吐露心事。这个故事简洁有力地诠释了一个抽象的名词——孤独，而且也解开了千年之谜——“年”兽的由来。从这个视角来看，它给幼儿传递了人际交往的重要性以及人际交往的方式。同时作者在绘本画面上用大量的红色传达了中国年的特色，让整本绘本喜气洋洋，充满了年味，再加上绘出过年的各种活动，包括放鞭炮、挂年画、提灯笼等，让幼儿体会了过年的热闹气氛，了解了中国的传统文化及文化特色。除了《年》之外，还有很多优秀的绘本，都可以作为社会领域教育活动的素材，例如《团圆》《躲猫猫大王》《那只深蓝色的鸟是我爸爸》《荷花镇的早市》等。

3. 渗透在环境创设中

《幼儿园教育指导纲要（试行）》中指出：“环境是重要的教育资源，应通过环境的创设和利用，有效促进幼儿的发展。”瑞吉欧学前教育工作者认为环境是教育的一个组成部分，应该具有教育内涵，环境是幼儿的第三位老师，学校里没有一处是无用的环境。环境绝不仅是装饰品，也不仅仅是硬件设备的呈现，而是和教育相互依赖、相互包容、相互影响的共同体。社会领域的环境创设更注重与幼儿实际社会生活的结合，贴近幼儿的真实生活。幼儿的同伴集体及教师集体是宝贵的教育资源，应充分发挥这一资源的作用，创建良好的人际交往环境，提供能够进行实践活动的社会活动环境。

（三）区域活动和游戏活动

《幼儿园教育指导纲要（试行）》中指出：在共同的生活和活动中，以多种方式引导幼儿认识、体验并理解基本的社会行为规则，学习自律和尊重他人；幼儿与成人、同伴之间的共同生活、交往、探索、游戏等，是其社会学习的重要途径，应为幼儿提供人际间相互交往和共同活动的机会和条件，并加以指导。区域活动是目前在国内被广大幼教工作者认可且具有重要教育价值的一种活动形式。游戏是幼儿最喜爱的活动，也是幼儿的学习方式，是幼儿园的基本活动形式。珍视游戏的独特价值，创设丰富的游戏环境，最大限度支持和满足幼儿通过直接感知、实际操作和亲身体验获取经验的需要，是基于幼儿学习以直接经验为基础的特点必须遵循的教育要求。

在区域活动中，每一个区域都不同程度体现出社会教育的有关内容。《3—6岁儿童学习与发展指南》中指出：“利用生活机会和角色游戏，帮助幼儿了解与自己关系密切的社会服务机构及其工作，如商场、邮局、医院等，体会这些机构给大家提供的便利和服务，懂得尊重工作人员的劳动，珍惜劳动成果。”这说明生活教育和角色游戏是社会教育的最佳环境。维果茨基认为：游戏是在真实的实践以外，在行动上再造某种生活现象，在这种活动中，幼儿凭借语言，以角色为中介，了解、学习和掌握基本的人与人的社会关系。心理学家艾里康宁认为：角色游戏不是自发出现的，而是出自社会的需要，角色游戏就其起源和本质来说是社会角色游戏的本质特征，是由于儿童想当大人，想参与成人社会生活的社会需要而产生的，而角色游戏的内容是缩小了的成人社会生活内容的概括和再现。

【资料链接】

角色扮演区对幼儿社会性发展的价值

社会性发展最集中体现的是角色扮演区，在扮演区内幼儿进行的角色游戏是幼儿根据自己的意愿扮演角色，借助各种材料，通过模仿和想象，运用语言、动作、表情等创造性地再现周围现实生活的一种游戏。角色游戏是幼儿时期最典型、最有特色的游戏形式。幼儿的社会生活是角色游戏的源泉，在游戏中幼儿创造性地反映出现实生活中人与人的关系，人与物的关系。例如来源于现实生活场所的主题：娃娃家、小超市、理发店、银行、烧烤店、蛋糕店等；来源于生活中的职业：医生、教师、理发师、服务员、警察、司机、父母等角色。在游戏中，他们不断地对社会生活场景和社会角色进行模仿、探索、认识，不仅掌握了人际交往的技巧，适应当下的社会现实生活，而且也为他们未来的生活和社会角色进行积极的准备。游戏活动体现的社会教育价值有：

1. 学习相关的社会知识，丰富生活经验。学会分配角色，明确角色的职责，遵守社会规则，习得合理的行为方式。

2. 与同伴游戏的过程中，倾听别人的意见，尊重他人，同时表达自己的需求，满足共同的交往需要。

3. 获得安全感和满足感，表达积极的情绪，宣泄消极的情绪，有益于身心健康发展。

4. 幼儿在游戏中，会与他人产生冲突，要识别他人的情绪，学会协调关系，协商解决问题，处理纠纷。解决冲突有利于幼儿解决问题能力和人际交往能力的发展。

5. 幼儿在游戏中互相帮助，克服困难，进行合作、分享、谦让等，有利于其良好社会品质的形成。

（四）节日文化活动

节日文化活动是幼儿园生活和教育的重要组成部分，它使幼儿园的活动更丰富多样，多姿多彩，具有更多的趣味性和独特性。节日文化活动包含的内容十分广泛，涉及自然发展、人文历史、民族文化、风土人情、社会发展等。因地、因时、因内容、因材料地开展节日文化活动，可以帮助幼儿了解当地的和各类民族的风俗习惯、社会交往礼仪、社会行为规范、优秀文化等。传统节日活动是弘扬中华民族的传统文化，传承中华民族博大精深的民族精神的重要载体。在节日活动中，增加了幼儿与他人交往的机会，发展了幼儿的人际交往能力，扩展了幼儿的生活和学习空间，增长了幼儿的知识和社会认知，培养了积极健康的社会情感和良好品质，增强其归属感。常见的节日主要有传统节日和社会节日，还有一些外来节日等特色节日。传统节日有元旦、春节、元宵节、清明节、端午节、中秋节等；社会节日有植树节、儿童节、母亲节、教师节、妇女节、国庆节等；外来节日有圣诞节、万圣节、感恩节等。

（五）家—园—社区教育活动

《幼儿园教育指导纲要（试行）》指出："社会学习是一个漫长的积累过程，需要幼儿园、家庭和社会密切合作，协调一致，共同促进幼儿良好社会性品质的形成。"同时指出："家庭是幼儿园重要的合作伙伴，应本着尊重、平等、合作的原则，争取家长的理解、支持和主动参与，并积极支持、帮助家长提高教育能力。"教师应充分利用自然环境和社区的教育资源，扩展幼儿生活和学习的空间。

幼儿社会性的发展，是幼儿园、家庭、社会共同教育的结果。幼儿园是实施幼儿教育的专门机构，具有独特的进行教育的条件，还有专业的保教人员和有目标、有计划、有系统的整体的教育教学活动。家庭是幼儿长期生活、学习的重要场所，父母是幼儿的第一任教师，家庭的血缘关系和亲子关系是幼儿园和幼儿教师不能替代的，具有独特的不可忽视的重要作用。和家人一起的日常生活、外出活动、参观旅游等环节都包含了教育的价值和机会，及时抓住这些机会，有利于提高社会教育的成效，促进幼儿社会性的良好发展。

社区的人文气氛、物质环境、设施设备等，对生活在其中的幼儿会产生多方面的影响。例如社区中的博物馆、图书馆、医院、超市、风景名胜、旅游景点等都是幼儿社会教育的重要资源。合理利用这些资源，组织幼儿参观、访问、参与其中的活动，既贴近幼儿的生活，又具有区别于教室活动的趣味性，能极大地增强幼儿对社会生活的兴趣，满足幼儿参加社会生活的愿望，同时，也促进了幼儿社会性的发展，体现了"教是为了不教"的教育艺术。

消防队指导幼儿园开展逃生演习

幼儿全部安全转移到操场

幼儿园教师指导社区幼儿家长进行早教活动

社区幼儿家长在幼儿园进行亲子活动

二、幼儿园社会教育的方法

教育方法是指在一定的教育思想的指导下形成的实现其教育思想的策略性途径,是教育的客观规律和原则的反映和具体体现。根据幼儿的具体特点,正确运用各种教育方法,对提高教育质量,完成教育任务,取得较好的教育效果具有重要的意义。

(一)讲解法

讲解法是教师运用口头语言,对社会教育的内容采用幼儿易于理解和能够接受的方式进行深入浅出地解释和说明,帮助幼儿正确理解"是什么""为什么""怎么做"的社会教育问题的一种教学方法。这是运用最广泛和普遍的方法,在讲解时要有针对性,做到具体、直观、形象,语言生动简洁,充满趣味和吸引力。

(二)谈话法

谈话法是教师与幼儿通过对话方式,相互提问对答而进行交流的一种教育方法。这种方法不受时间、场地的限制,可以在集体教学活动中面对群体进行,也可在生活游戏环节中和个别幼儿进行。教师通过问答,了解幼儿的真实思想活动,掌握当前教育内容的情况,有利于其进行针对性的指导。要注意的是谈话的内容应贴近幼儿生活,是幼儿熟悉的,感兴趣的。谈话时教师要耐心地倾听,并给予幼儿积极的关注与反馈。

(三)讨论法

讨论法是指教师在进行幼儿社会教育活动的过程中,针对一些具有社会教育价值的问题或者现象,组织幼儿进行讨论,鼓励幼儿发表自己的看法,使其在这个过程中获得新的认识和正确的态度。在与教师、同伴讨论时,幼儿一开始都站在自己的角度思考问题,当幼儿在讨论的过程中,了解到别人有和自己不一样的想法时,会产生认知冲突,促进自身独立思考,对自己的想法进行更新补充,更全面地去看问题和解决问题，同时也提高了口头语言表达能力和思考能力。要注意的是选择幼儿生活中熟悉并且感兴趣的问题，营造宽松的讨论氛围。讨论结束后教师要进行总结，纠正错误的想法，强化正确的方式方法。

（四）榜样示范法

榜样示范法是指在幼儿园社会教育的过程中，利用他人的好思想、好行为，或者他人的英雄事迹去影响和教育幼儿，从而使其形成良好的社会行为和社会品质，产生积极的社会情感。它是建立在幼儿善于模仿的学习特点上的，具体、形象、生动、有趣的典型易感染幼儿，而成为幼儿模仿的对象。幼儿模仿的群体主要有教师本人（向师性的表现）、同伴（与自己年龄、生活相近）、英雄人物（敬畏、崇拜之情）、喜欢的角色（喜爱之情）等。需要注意的是，树立正面的榜样作用，防止负面的影响，一旦出现负面影响要立即纠正，避免给幼儿错误的示范。另外，要和幼儿的生活相结合，选择幼儿易于理解和接受的，能够认可的，避免假、空、大的脱离实际的做法，榜样应尽量从幼儿的同伴中产生，教师应对榜样的行为给予积极的肯定和表扬，以激发幼儿产生相似行为。

（五）移情训练法

移情又叫“感情移入”，是指个体在特定情境下，设身处地地对他人情感进行理解和感受，知觉到他人的情绪体验，进行情感共鸣，产生相应的情绪反应。幼儿的情绪易受感染，例如：小班的幼儿在新学期到来时，因分离焦虑，有的幼儿就会哭闹，其他孩子看到了也会立即哭起来。幼儿的这种特性对于社会性发展具有重要的作用，幼儿看到别人快乐，自己也会快乐，看到别人痛苦，自己也会痛苦。移情训练的方式有很多种，例如：通过重现幼儿的现实生活事件、讲故事、续编故事、情境表演、生活体验、角色体验等，引导幼儿站在别人的位置上考虑问题，使幼儿体验和理解他人的情绪情感，并产生共鸣。需要注意的是，创设的情境应该是幼儿熟悉的社会生活，且对他们而言是能够理解和接受的。

（六）角色扮演法

角色扮演法是指幼儿在实际生活情境中扮演并不属于自身的角色的行为过程，通过角色扮演使其获得该角色的社会生活经验和行为习惯。在社会教育过程中，教师创设现实生活中的某些情境，组织幼儿在其中扮演一定的社会角色，并要求其表现出与该角色一致且符合规范的社会行为。使幼儿通过亲身体验他人的角色，更好地理解他人的感受和处境，体验他人的内心情感和状态，促进幼儿掌握该角色应该遵循的社会行为规范和道德要求。角色扮演的过程也是幼儿社会学习的过程，在这个过程中丰富了幼儿的社会认知，强化了幼儿的社会情感，培养了幼儿良好的社会行为和习惯。

思考与练习

1. 除了以上的途径与方法，你还知道哪些社会教育途径和方法，请举例说明。

2. 优秀的绘本是社会教育的重要资源，如何将绘本应用到社会教育的活动中，请以绘本《团圆》为例，设计一个社会教育活动。

3. 自拟社会教育活动主题，写出该活动设计方案，选用适宜的社会教育方法。

案例分析

过个牛王节(大班)①

◇设计意图

“牛王节”是在我园“挖掘民族教育素材”园本研究的大背景下产生的了解家乡恩施的土家族节日的活动，旨在通过活动使幼儿了解“牛王节”的来历，让幼儿感受到土家人对牛的感激之情，同时对幼儿实施感恩教育。

◇活动目标

1. 知道“牛王节”是土家族的节日，并能体验节日的快乐。
2. 了解牛与人类的关系，懂得感恩。
3. 尝试以自己的方式过“牛王节”，学习合作和分享。

◇活动准备

1. 知识经验：幼儿知道土家族是一个少数民族，欣赏并学跳简单的土家摆手舞；对牛有一定的了解。

2. 物质材料：课件《牛伯伯的话》；土家族过“牛王节”的部分资料；立体牛4头(将剪贴的牛头像贴在大的纸箱上，剪出嘴巴，可以“喂食物”)；红、黄、蓝三色颜料；纱巾和可即时贴剪的花若干；挂饰每人一个；用布做的各种食物。

① 伍香平.幼儿园优秀社会活动设计65例[M].北京：中国轻工业出版社，2013：169-170.

◇活动过程

1. 观看图片，导入活动。

教师穿戴土家族服饰走入教室，播放土家族人过节的图片，帮助幼儿感受土家族的节日特色。

2. 了解“牛王节”的来历，懂得感恩牛等动物。

(1)提问：看了这些图片，知道土家人在过什么节吗？这个节日跟什么动物有关？

(2)讨论：你们喜欢牛吗？为什么？

(3)播放课件《牛伯伯的话》，了解牛对人类的贡献。

(4)玩游戏“牛耕田”，体验牛劳动的辛苦。

(5)概括“牛王节”的由来。

师：“为了感谢牛的耕种之恩，土家人的祖先把每年农历四月初八定为‘牛王节’。每年的这一天，土家人都会为牛举办一个庆祝会，代代相传，‘牛王节’就成了土家人的传统节日，也是土家人的‘感恩节’。”

3. 我们也来过“牛王节”。

(1)导入：(展示制作的立体牛)这儿也有几头牛呢！我们也来过一个“牛王节”好吗？

(2)集体讨论：怎样过这个“牛王节”？节日里要做哪些事情？

(3)幼儿分组为节日做准备。

(4)庆祝“牛王节”。

◇活动延伸

1. 向幼儿介绍具有浓郁土家特色的其他节日，如“女儿会”“摆手节”等。

2. 讨论与交流：你还知道哪些少数民族？它们也有很特别的节日吗？

【考查要点】

幼儿园社会教育活动是幼儿园五大领域活动之一，以发展幼儿的社会性为目的，体现在人际交往和社会适应两大方面，对幼儿的健康发展具有长远的重要意义。本章内容在历年的考试中经常出现，题型多以材料分析题、论述题和活动设计题的形式出现。因此，多关注社会性发展的相关知识，尤其要联系幼儿心理发展的基础知识进行复习，并掌握幼儿园社会教育活动设计的各个方面，包括活动目标、活动内容、教学方法等，尤其在活动过程中要体现以体验的方法为主，特别要掌握设计社会教育活动的基本步骤和方法。

【真题解析】

1.(2018年上半年选择题)在角色游戏中,教师观察幼儿能否主动协商处理玩伴关系,主要考察的是(　)。

A.幼儿的情绪表达能力　　B.幼儿的社会交往能力

C.幼儿的规则意识　　D.幼儿的思维发展水平

【答案解析】B。协商处理玩伴关系是幼儿同伴交往的体现,同伴交往属于社会交往的一种。

2.(2018年上半年选择题)根据埃里克森的心理社会发展理论,1~3岁儿童形成的人格品质是(　)。

A.信任感　　B.主动性　　C.自主性　　D.自我同一性

【答案解析】C。幼儿在1~3岁,慢慢会出现自主对羞愧的情绪体验。幼儿必须学习自主,自己吃饭、穿衣及照顾自己的个人卫生等。幼儿若无法自己独立,可能会使幼儿怀疑自己的能力,并觉得羞耻。

3.(2015年下半年论述题)论述积极师幼关系的意义,并联系实际谈谈教师应如何建立积极的师幼关系。

【答案解析】

4.(2016年上半年简答题)影响在园幼儿同伴交往的因素有哪些?

【答案解析】

5.(2016年上半年材料分析题)3岁的阳阳,从小跟奶奶生活在一起。刚上幼儿园时,奶奶每次送他到幼儿园准备离开时,阳阳总是又哭又闹。当奶奶的身影消失后,阳阳很快就平静下来,并能与小朋友们高兴地玩耍。由于担心阳阳,奶奶每次走后又折返回来,阳阳再次看到奶奶时,又立刻抓住奶奶的手,哭泣起来……针对上述现象,请结合材料进行分析:

(1)阳阳的行为反映了幼儿情绪的哪些特点?

(2)阳阳奶奶的担心是否必要?教师该如何引导?

【答案解析】

6.(2017年上半年论述题)如何在一日生活中实现社会领域的教育目标?

【答案解析】

7.(2017年下半年材料分析题)阅读材料,并回答问题。

材料:开学不久,小班王老师就发现李虎小朋友经常说脏话。虽然老师多次批评,但他还是经常说,甚至影响其他孩子也说脏话。

(1) 请分析李虎及其他幼儿说脏话的可能原因。

(2) 王老师可以采取哪些有效的干预措施?

【答案解析】

【真题模拟】

1. 认真听长辈老师说话,听从长辈的安排,不随便插嘴是对(　)年龄阶段的要求。

A. 托班　　B. 小班　　C. 中班　　D. 大班

2. 进行幼儿园社会教育时,教师采用认知提示、情绪追忆、情感换位、巩固深化、情境表演的程序,使幼儿理解和分享别人的情绪体验,这属于(　)的运用过程。

A. 移情法　　B. 语言法　　C. 角色扮演法　　D. 直观形象法

3. 幼儿的社会性主要是在日常生活和游戏中通过观察和(　)潜移默化地发展起来的。

A. 探索　　B. 交流　　C. 模仿　　D. 操作

4.(　)和社会适应是幼儿社会学习的主要内容,也是其社会性发展的基本途径。

A. 人际交往　　B. 语言表达　　C. 良好情绪　　D. 自信乐观

5. 幼儿园活动区出入区的地面上一般会有几双小脚印的图示,楼梯上也有上下楼梯的小脚印,此种环境创设有利于培养幼儿在活动区的(　)意识。

A. 参与　　B. 主体　　C. 操作　　D. 规则

6. 简述幼儿社会学习的指导要点。

7. 论述题。良好同伴关系建立的影响因素有哪些?你对帮助班级幼儿建立良好同伴关系有何策略?

8. 活动设计题。近年来,幼儿人身伤害事故时有发生,该如何让幼儿具备基本的安全知识，提高自我保护能力呢？设计一个幼儿园大班社会教育活动方案。要求写明活动目标、活动准备、活动过程等。

【思考实训】

思考：

通过本章的学习，我学到了什么？如何利用幼儿园一日生活的各个方面发展幼儿的社会性？为此，教师应提供哪些帮助和支持？我会设计发展幼儿自我意识的社会教育活动吗？我会设计发展幼儿人际交往的社会教育活动吗？还有社会认知的呢？亲社会行为的呢？归属感的呢？这些社会教育活动的类型我都会设计吗？我还有哪些困惑？我还想了解什么？

实训：

（1）观摩学习幼儿园社会教育活动的优质课视频。

（2）观摩及评析当地幼儿园的社会教育活动实例。

（3）设计并试教幼儿园社会教育活动。

【推荐阅读】

[1][美]贝齐·埃文斯.你不能参加我的生日聚会——学前儿童的冲突解决[M].洪秀敏，等，译.北京：教育科学出版社，2012.

[2] 徐则民大班游戏优质公开课视频：《猜猜乐》.优质课视频资料来源：http://www.06abc.com/topic/20111017/85590.html.

[3][美]默娜.B.舒尔，特里萨·弗伊·迪吉若尼莫.如何培养孩子的社会能力[M].张雪兰，译.北京：京华出版社，2009.

[4]刘晶波，等.幼儿园社会领域教育精要——关键经验与活动指导[M].北京：教育科学出版社，2015.

第6章 幼儿园健康教育活动的设计与组织

幼儿园健康教育除了包括心理健康教育外，还包括哪些方面呢？开展健康教育有什么价值？幼儿园健康教育的目标及内容又是什么？如何开展幼儿园健康教育呢？让我们带着这些问题，一起来学习本章的内容。

【学习目标】

知识目标：了解幼儿园健康教育活动的含义及意义，理解并掌握幼儿园健康教育活动的目标、内容和教育方法。

技能目标：能根据幼儿的身心发展特点设计幼儿园健康教育活动，并做出相应的指导。

情感目标：乐意并积极地与幼儿一起参与健康教育活动，具备从事幼儿健康教育教学的基本素质。

【学习重点】

1. 掌握幼儿园健康教育的途径与方法。
2. 学会设计幼儿园健康教育活动，并做相应的指导。

【知识结构图】

- **幼儿园健康教育活动的设计与组织**
  - 幼儿园健康教育概述
    - 幼儿园健康教育的含义
    - 幼儿园健康教育的价值
  - 幼儿园健康教育活动的目标与内容
    - 幼儿园健康教育的总目标
    - 幼儿园健康教育的年龄阶段目标
    - 幼儿园健康教育活动的内容
  - 幼儿园健康教育的途径与方法
    - 幼儿园健康教育活动的途径
    - 幼儿园健康教育活动的方法
    - 幼儿园身心保健教育活动的组织与指导
    - 幼儿园身体锻炼活动的组织与指导

第一节 幼儿园健康教育概述

一、幼儿园健康教育的含义

健康是个体实现生命价值的基本潜能。什么是健康？20世纪90年代，世界卫生组织将“健康”定义为：健康是指一个人在躯体健康、心理健康、社会适应良好和道德健康这四个方面都健全，才是完全健康的人，它不仅仅是没有疾病和衰弱的状态。《3—6岁儿童学习与发展指南》中指出：“健康是指人在身体、心理和社会适应方面的良好状态。幼儿阶段是儿童身体发育和机能发展极为迅速的时期，也是形成安全感和乐观态度的重要阶段。发育良好的身体、愉快的情绪、强健的体质、协调的动作、良好的生活习惯和基本生活能力是幼儿身心健康的重要标志，也是其他领域学习与发展的基础。”由此可见，健康教育在幼儿园教育中有着特殊的地位。这个阶段的幼儿身心发展正处于迅速发育时期，对他们进行保育和教育，不仅有利于现阶段的成长，也有利于日后良好行为习惯的养成，能对他们一生的身心健康产生影响。

幼儿园健康教育是指教师根据幼儿身心发展特点，旨在通过有目的、有计划、有组织的教育活动来提高幼儿的健康认识，改善幼儿对健康的态度，培养幼儿健康的行为习惯。幼儿园健康教育活动是多种多样的，对幼儿实施健康教育不仅包括有目的、有组织的教育活动，也包括在日常生活中随机发生的活动；不仅发生在健康领域，也可能发生在其他领域，与其他领域相融合。

二、幼儿园健康教育的价值

（一）有利于幼儿全面发展

幼儿园健康教育以保护和促进幼儿身体健康为最直接的目的，通过制定一系列科学合理的生活制度，创设合乎卫生要求的教育环境，在把握幼儿生长发育规律的基础上保障幼儿的身体健康，与此同时，也渗透幼儿心理健康教育和道德教育，有效地促进幼儿的全面发展。

（二）有利于幼儿认知的发展

学前期的幼儿对身体充满了好奇，但对自己的身体缺乏了解。健康教育活动的开展，能使他们进一步了解自己的身体构造、身体器官。幼儿园健康教育使幼儿初步感知生命的奥秘，了解如何才能使生命更加健康，知道如何正确地保护自己。例如，通过《刷牙歌》告诉幼儿何时刷牙以及怎样刷牙。

（三）有利于培养幼儿健康的行为和习惯

学前期是人身心发展的关键期，也是行为习惯养成的关键期。学前期健康行为和习惯的养成对幼儿一生的生活和生命质量都特别重要。幼儿在日常生活中会表现出一些不良的行为习惯，例如有些孩子画画时低着头，吃饭时狼吞虎咽、洗手时马马虎虎等。这些不良的行为和习惯需要教师及时提醒和纠正，以确保幼儿健康行为和习惯的养成。

思考与练习

1. 谈谈你对幼儿健康教育价值的认识。
2. 影响幼儿健康的因素主要有哪些？

第二节
幼儿园健康教育活动的目标与内容

一、幼儿园健康教育的总目标

幼儿园健康教育活动的对象是幼儿，其涉足的领域主要是幼儿的健康发展，而幼儿园健康教育的总目标对幼儿的身心保健能起到规范作用，是确定相应年龄阶段目标及具体活动目标的依据。《幼儿园教育指导纲要（试行）》对幼儿健康领域的总目标做了如下的概述：

（1）身体健康，在集体生活中情绪安定、愉快；

（2）生活、卫生习惯良好，有基本的生活自理能力；

（3）知道必要的安全保健常识，学习保护自己；

（4）喜欢参加体育活动，动作协调、灵活。

《幼儿园教育指导纲要（试行）》是指导和推进幼儿园实施素质教育，全面提高幼儿园教育质量的纲领性文件。从中我们可以看出，在对幼儿进行健康教育时，不仅要注意幼儿的身体健康，还要注意促进幼儿的心理健康，更为重要的是教给幼儿自我保护的意识以及自我保护的能力。

二、幼儿园健康教育的年龄阶段目标①

幼儿园健康教育的年龄阶段目标可具体表述如下：

1. 小班

（1）了解盥洗的顺序，初步掌握洗手、刷牙的基本方法；学习保持自身的清洁，能及时排便；学习穿脱、整理衣物；坐、站、行姿势正确；有良好的作息习惯。

（2）了解身体的外形结构，认识并学习保护五官；能配合成人接受疾病的预防和治疗。

（3）进餐时保持愉快的情绪，愿意独立进餐；认识并爱吃几种常见的食物，有时能主动饮水。

---

①李君．学前儿童健康教育（第二版）[M]．北京：科学出版社，2012：22-23.

(4)知道过马路、乘坐交通工具、玩大型运动器械时要注意安全，了解日常生活中的安全常识，愿意接受成人的提示，学习避开生活中遇到的危险因素。

(5)基本适应集体生活，愿意与人交往，初步体会到与教师和小朋友交往的乐趣，对幼儿园产生安全感和信赖感。知道自己和家人的性别。

(6)喜欢并愿意参加体育活动，体验身体活动的愉悦；能姿势正确、自然地走、跑、跳、爬、投掷；能听懂基本的口令和信号并做出相应的动作；学会玩滑梯、攀登架、转椅等大型体育活动器械；初步掌握有关体育活动的粗浅知识，能遵守体育活动时的规则和要求，注意安全；能同小朋友合作收拾部分小型体育器材。

2. 中班

(1)初步学会穿脱衣服、整理衣物；学习整理活动用具，能保持玩具清洁；会正确使用手帕或纸巾；在成人的提醒下按时休息，有初步的生活自理能力。

(2)进一步认识身体主要器官，逐步形成接受疾病预防和治疗的积极态度和行为；在成人的帮助下学习处理常见外伤的简单方法，懂得快乐有益于健康。

(3)进一步认识常见食物；结合品尝经验，了解食物的特点及营养价值，爱吃多种食物；懂得要科学合理地进食，逐步养成良好的饮食习惯。

(4)认识有关安全标志，能够在成人的提醒下遵守交通规则；学习主动躲避危险、应对意外伤害的基本方法，遇到危险时能主动告诉成人，有初步的自我保护意识。

(5)主动与人交往，能与同伴合作，会谦让；愿意参加幼儿园各种集体活动，并能保持积极愉快的情绪。

(6)喜欢并能主动参加体育活动，初步养成参加体育锻炼的习惯；在跳、爬、钻、投掷、攀爬等多种活动中发展动作的平衡性、协调性，动作基本做到轻松协调；掌握有关体育活动的基本知识，自觉遵守体育活动中的规则和要求；能注意活动中的安全与合作，具有一定的集体意识；能够及时收拾和整理小型体育器械。

3. 大班

(1)保持个人卫生，关心周围环境的卫生；进一步提高独立生活能力，初步养成良好的学习习惯。

(2)进一步认识身体的主要器官及重要功能，并懂得简单的保护方法；了解预防龋齿和换牙的有关知识；注意用眼卫生。

(3)进一步养成良好的饮食习惯；初步了解不同的食物有不同的营养，身体需要各种营养；学会使用筷子，进一步提高独立进餐的能力。

(4)认识安全标志，学习主动遵守交通规则；注意防止生活中意外事故的发生，学习沉着处理生活中的紧急情况，具有初步的自我保护能力。

(5)愉快地参加幼儿园的各项活动；能够文明大方地与人交往，较好地控制和调节自己的情绪，学习处理同伴交往问题的技巧。

（6）精力充沛地参加体育活动，进一步感受体育活动的乐趣；动作的协调性、灵活性进一步提高；能较全面地掌握有关体育活动的基本知识，规则意识增强，有较强的集体观念；喜欢创造性地开展活动；能独立或合作收拾各种小型体育器械。

幼儿园健康教育的年龄阶段目标既体现出各年龄阶段之间的不同要求，又体现着不同层次之间有着密切的联系，体现出由简到繁、由易到难、由低级到高级的螺旋式上升趋势。可真正要把这些理论知识运用到实际的教学活动时，往往会遇到许多问题。例如，活动目标不明确，有些目标的表述过于笼统，不能具体体现在活动过程中等。

案例分析

美味的蛋（中班）

一、原定目标

1. 知道常吃禽蛋有利于身体健康。
2. 喜欢吃有营养的禽蛋，愿意同时吃蛋白和蛋黄。

原定目标1中“知道常吃禽蛋有利于身体健康”的表述就过于笼统，对于幼儿来说，他无法理解“我吃禽蛋，我身体就会健康”，健康这个概念对孩子来说是很笼统的。应该使目标具体化，便于幼儿更好地学习与掌握。

二、修改目标

1. 认识各种常见的禽蛋。
2. 喜欢吃各种有营养的蛋及蛋制品。
3. 尝试自己剥蛋壳，学习用蛋壳拼画。

拓展阅读

《3—6岁儿童学习与发展指南》之健康领域

《3—6岁儿童学习与发展指南》将健康领域分为身心状况、动作发展、生活习惯与生活能力这三个方面。

一、身心状况

目标1　具有健康的体态

3~4岁	4~5岁	5~6岁
1. 身高和体重适宜。参考标准： 男孩： 身高：94.9~111.7厘米 体重：12.7~21.2千克 女孩： 身高：94.1~111.3厘米 体重：12.3~21.5千克 2. 在提醒下能自然坐直、站直	1. 身高和体重适宜。参考标准： 男孩： 身高：100.7~119.2厘米 体重：14.1~24.2千克 女孩： 身高：99.9~118.9厘米 体重：13.7~24.9千克 2. 在提醒下能保持正确的站、坐和行走姿势	1. 身高和体重适宜。参考标准： 男孩： 身高：106.1~125.8厘米 体重：15.9~27.1千克 女孩： 身高：104.9~125.4厘米 体重：15.3~27.8千克 2. 经常保持正确的站、坐和行走姿势

注：身高和体重数据来源《2006年世界卫生组织儿童生长标准》4、5、6周岁儿童身高和体重的参考数据。

目标2　情绪安定愉快

3~4岁	4~5岁	5~6岁
1. 情绪比较稳定，很少因一点儿小事哭闹不止 2. 有比较强烈的情绪反应时，能在成人的安抚下逐渐平静下来	1. 经常保持愉快的情绪，不高兴时能较快缓解 2. 有比较强烈情绪反应时，能在成人提醒下逐渐平静下来 3. 愿意把自己的情绪告诉亲近的人，一起分享快乐或求得安慰	1. 经常保持愉快的情绪。知道引起自己某种情绪的原因，并努力缓解 2. 表达情绪的方式比较适度，不乱发脾气 3. 能随着活动的需要转换情绪和注意

目标3　具有一定的适应能力

3~4岁	4~5岁	5~6岁
1. 能在较热或较冷的户外环境中活动 2. 换新环境时情绪能较快稳定，睡眠、饮食基本正常 3. 在帮助下能较快适应集体生活	1. 能在较热或较冷的户外环境中连续活动半小时左右 2. 换新环境时较少出现身体不适 3. 能较快适应人际环境中发生的变化。如换了新老师能较快适应	1. 能在较热或较冷的户外环境中连续活动半小时以上 2. 天气变化时较少感冒，能适应车、船等交通工具造成的轻微颠簸 3. 能较快融入新的人际关系环境。如换了新的幼儿园或班级能较快适应

二、动作发展

目标1 具有一定的平衡能力，动作协调、灵敏

3~4岁	4~5岁	5~6岁
1. 能沿地面直线或在较窄的低矮物体上走一段距离 2. 能双脚灵活交替上下楼梯 3. 能身体平稳地双脚连续向前跳 4. 分散跑时能躲避他人的碰撞 5. 能双手向上抛球	1. 能在较窄的低矮物体上平稳地走一段距离 2. 能以匍匐、膝盖悬空等多种方式钻爬 3. 能助跑跨跳过一定距离，或助跑跨跳过一定高度的物体 4. 能与他人玩追逐、躲闪跑的游戏。 5. 能连续自抛自接球	1. 能在斜坡、荡桥和有一定间隔的物体上较平稳地行走 2. 能以手脚并用的方式安全地爬攀登架、网等 3. 能连续跳绳 4. 能躲避他人滚过来的球或扔过来的沙包 5. 能连续拍球

目标2 具有一定的力量和耐力

3~4岁	4~5岁	5~6岁
1. 能双手抓杠悬空吊起10秒左右 2. 能单手将沙包向前投掷2米左右 3. 能单脚连续向前跳2米左右 4. 能快跑15米左右 5. 能行走1千米左右（途中可适当停歇）	1. 能双手抓杠悬空吊起15秒左右 2. 能单手将沙包向前投掷4米左右 3. 能单脚连续向前跳5米左右 4. 能快跑20米左右 5. 能连续行走1.5千米左右（途中可适当停歇）	1. 能双手抓杠悬空吊起20秒左右 2. 能单手将沙包向前投掷5米左右 3. 能单脚连续向前跳8米左右 4. 能快跑25米左右 5. 能连续行走1.5千米以上（途中可适当停歇）

目标3 手的动作灵活协调

3~4岁	4~5岁	5~6岁
1. 能用笔涂涂画画 2. 能熟练地用勺子吃饭 3. 能用剪刀沿直线剪，边线基本吻合	1. 能沿边线较直地画出简单图形，或能边线基本对齐地折纸 2. 会用筷子吃饭 3. 能沿轮廓线剪出由直线构成的简单图形，边线吻合	1. 能根据需要画出图形，线条基本平滑 2. 能熟练使用筷子 3. 能沿轮廓线剪出由曲线构成的简单图形，边线吻合且平滑 4. 能使用简单的劳动工具或用具

健康领域中的“生活习惯与生活能力”将在第十一章中表述，在此不赘述。

三、幼儿园健康教育活动的内容

幼儿园健康教育的内容关乎教师教什么以及幼儿学什么的问题，故在对健康教

育内容进行选择时，要选择真正能促进幼儿健康教育发展的内容。幼儿园的健康教育涉及生活的方方面面，《幼儿园教育指导纲要（试行）》中对幼儿园健康领域的内容与要求做了如下的界定：

（1）建立良好的师生、同伴关系，让幼儿在集体生活中感到温暖，心情愉快，形成安全感、信赖感。

（2）与家长配合，根据幼儿的需要建立科学的生活常规。培养幼儿良好的饮食、睡眠、盥洗、排泄等生活习惯和生活自理能力。

（3）教育幼儿爱清洁、讲卫生，注意保持个人和生活场所的整洁和卫生。

（4）密切结合幼儿的生活进行安全、营养和保健教育，提高幼儿的自我保护意识和能力。

（5）开展丰富多彩的户外游戏和体育活动，培养幼儿参加体育活动的兴趣和习惯，增强体质，提高对环境的适应能力。

（6）用幼儿感兴趣的方式发展基本动作，提高动作的协调性、灵活性。

（7）在体育活动中，培养幼儿坚强、勇敢、不怕困难的意志品质和主动、乐观、合作的态度。

《幼儿园教育指导纲要（试行）》和《3—6岁儿童学习与发展指南》都对健康领域进行了系统的概述，根据健康领域的特点，我们把健康领域教育的内容主要分为以下三个方面：

（一）幼儿园身体保健教育的内容

《幼儿园教育指导纲要（试行）》中强调："幼儿园必须把保护幼儿的生命和促进幼儿的健康放在工作的首位。"由此可见，身体保健对幼儿的发展有着举足轻重的作用。我们将身体保健教育的内容进行了整合，具体可分为以下四个方面：

1. 身体生长发育教育

身体生长发育教育是指帮助幼儿正确地认识身体结构，丰富幼儿对身体生长发育变化的认识；形成正确的性别意识；学习人体主要器官的名称、主要功能以及基本的保护方法；初步认识疾病对身体及其发育的消极影响，培养幼儿接受疾病的预防和治疗的积极态度和行为；掌握初步的身体保健技能和方法。

2. 生活常规教育

生活常规教育简而言之就是培养幼儿生活自理能力，帮助幼儿养成良好的生活习惯，形成健康的生活方式。主要包括培养良好的进餐习惯，进餐时要细嚼慢咽，餐后要擦嘴并及时漱口；能自己盥洗，知道饭前便后要洗手，掌握正确的洗手、擦手方法等；培养幼儿良好的睡觉习惯，能按时并安静入睡；培养环境保护意识，让幼儿懂得环境保护的基本知识和技能等。

3. 饮食与营养教育

饮食与营养教育主要是帮助幼儿学习粗浅的食品营养与卫生知识，掌握饮食的方法和技能，培养良好的饮食习惯，保护和增进幼儿的身体健康。在教育过程中，教师应及时发现并纠正幼儿不良的饮食习惯，及时发现和矫正幼儿营养不良的状况。

4. 安全生活教育

安全生活教育是指根据幼儿的身心发展水平以及认知发展特点，有针对性地对幼儿进行的安全教育。帮助幼儿认识有关安全标志，如紧急出口、小心触电、禁止玩火、禁止下河游泳等，使其懂得红绿灯的作用，能遵守交通规则；提高幼儿对危险的预见性和保护自身的能力，使其掌握一些求救和逃生技能。比如说，遇到火灾或其他紧急情况时，知道要拨打119、110、120等求救电话。

均衡饮食

（二）幼儿园心理健康教育的内容

幼儿心理健康教育是根据幼儿的心理发展特点，有目的、有计划、有组织地开展的以改善和提高幼儿的心理健康认识，培养幼儿的健康行为，维护和促进幼儿心理健康为核心目标的一系列教育活动。通过一系列的教育活动帮助幼儿学会表达自己的情感，学会调节自己的情绪；了解一些简单的社会交往的技能，知道如何与伙伴沟通交流，学会合作与分享；逐步建立自信、乐观、积极向上的生活、学习态度等。

【资料链接】

当孩子遇到不痛快时要学会宽容[①]

经常有这样的情况，幼儿玩耍或走路时，不小心磕碰到什么东西，碰痛了，哇哇地哭。家长为了安慰孩子，就会一边哄孩子，一边故意举手打那个“肇事者”，“责怪”

①本文节选自金羊网：羊城晚报，发布者：希望.

它为什么碰痛了孩子，做出给孩子“报仇”的样子。然后安慰孩子说，咱们打它了，它再不敢碰你了。孩子可能在这时会感到些许安慰，破涕为笑，家长也会感到很满意。

但这是一种不好的方法，是一种“复仇行为”。它教给孩子遇到不痛快就去责怪别人，教给他不宽容和报复，不利于儿童的心理健康。

大人可能会想，桌子碰了孩子，我不过是打打桌子，桌子又不懂得痛，这有什么，我没教孩子打人啊。其实，在孩子看来，外物同物，对一棵草说话与对一个人说话一样，对一张桌子的态度与对一个人的态度一样。有时候，一个小女孩对心爱的布娃娃的感情绝不逊色于她对同胞姐姐的感情。单纯如同一张白纸的孩子，任何事情于他（她）来说都是全新的，任何经历在他（她）这里都是体验和学习。

我们要教给幼儿善待“对手”，假如小板凳碰痛他（她）了，就安慰他（她）“马上就不痛了，宝宝不哭了”。安慰得稍好一些时，再像对待他一样，带着他（她）给小板凳揉揉痛，告诉小板凳“马上就不痛了”。

这样做，不但没有让“小板凳”站到他（她）的对立面，成为“加害”孩子的坏蛋，彼此还能为朋友分担痛苦，并让孩子意识到“碰撞”是双方的事，要互相体谅。幼儿去给“小板凳”揉痛时，也就忘了自己的痛，情绪很快就会好起来。

（三）幼儿园身体锻炼活动的内容

身体锻炼活动是指为锻炼身体、增强体质、增进健康所采取的各种动作过程。幼儿身体锻炼的基本动作主要包括身体的基本动作（走、跑、跳、投掷、钻爬、攀登、平衡等）、体操活动（徒手体操、轻器械体操）、器械类活动。器械类活动包括用大、中型固定性运动器械，如滑梯、秋千、攀网、跷跷板等；中、小型可移动运动器械，如平衡木、拱形门、滑板车等；手持的小型运动器械，如各种大小球类（气球、篮球、乒乓球、足球等）、沙包、铁环、棍棒等进行的锻炼活动。[①]除此之外，有条件的幼儿园还可以发展幼儿园民间体育游戏。通过这一系列形式多样的身体锻炼活动，增进幼儿参与体育活动的兴趣，锻炼幼儿的小肌肉，发展幼儿动作的协调性和灵活性，促进幼儿身体素质的发展。

思考与练习

1. 以“我爱蔬菜”为活动主题，拟定中班健康教育活动目标。

2. 结合学过的内容，谈谈幼儿园身体保健教育的内容包括哪些，对幼儿教师提出了哪些要求。

① 高庆春，梁周全．学前儿童健康教育（第二版）[M]．北京：高等教育出版社，2014：128－129.

第三节 幼儿园健康教育的途径与方法

一、幼儿园健康教育活动的途径

（一）渗透在幼儿园日常生活中

1. 结合日常生活活动进行

《幼儿园工作规程》中明确规定："幼儿园日常生活组织，应当从实际出发，建立必要、合理的常规，坚持一贯性和灵活性相结合，培养幼儿的良好习惯和初步的生活自理能力。"幼儿在园内的一日生活主要包括：入园、饮水、进餐、盥洗、睡眠、运动、教育活动、游戏、离园等环节，这些都渗透着健康教育的内容。比如，幼儿在上课时学习了如何正确地刷牙，知道刷牙的好处，但他们只是了解了一些理论知识，还没有真正体验到底该如何刷牙，好好刷牙对自己到底有什么好处。这时就需要幼儿在生活中进行实践，早晚刷牙时要注意正确的刷牙方式，通过反复的练习，逐步培养良好的行为习惯。

2. 将健康教育的内容渗透到环境创设中

渗透在日常生活中的健康教育应注意与幼儿园的环境创设相联系。《幼儿园教育指导纲要（试行）》中指出："环境是重要的教育资源，应通过环境的创设和利用，有效地促进幼儿的发展。"幼儿园的环境创设主要包括物质环境创设和精神环境创设。

（1）物质环境创设。

物质环境主要包括幼儿园的建筑、场地、设备卫生、采光、通风、取暖等，这些都与幼儿健康息息相关。此外幼儿园还可以利用园内的一些环境创设对幼儿进行潜移默化的影响与教育。

（2）心理环境创设。

幼儿园应该为幼儿构建起健康的心理氛围，给孩子营造一个轻松愉快的心理环境。《幼儿园教育指导纲要（试行）》中指出："教师的态度和管理方式应有助于形成安全、温馨的心理环境；言行举止应成为幼儿学习的良好榜样。"在和幼儿共同生活中，教师应该倡导理解、和谐的班级氛围，建立和谐的班级人际关系，并要关注幼儿的情绪及行为的变化，及时做出调整，不断地改善心理氛围。

（二）与其他领域相整合

幼儿园健康、语言、科学、艺术、社会这五大领域是相互渗透、相互联系的。健康教育活动的开展可以与其他领域的教育活动相整合。通过语言教育活动可以发展幼儿的人际交往能力，还可以促进幼儿健康情绪的培养。例如：绘本《我好害怕》，围绕它可能开展语言教育活动，锻炼幼儿的表达能力，也可以开展心理健康活动，鼓励幼儿大胆地表达自己的想法，培养幼儿勇敢、活泼开朗的性格。"好吃的豆芽"就是一个整合活动方案，方案中既涉及科学领域也涉及健康领域。孩子们亲自参与了豆芽的培育，观察到豆宝宝是怎样一点一点变成豆芽的。这一过程引起了幼儿对"豆芽好吃"的感悟，并自觉地吃起了豆芽。像艺术领域的舞蹈、律动活动等，本身就是幼儿身体锻炼的良好途径；幼儿通过绘画可以抒发自己内心的情感，其实这就是一种宣泄情绪的途径，有利于健全人格的养成。

（三）家园合作共育

家园合作，主要是教师和家长对幼儿生活方式、自理能力等方面进行一致性的要求，以互相配合共同完成某些健康教育内容。[①]家庭和幼儿园如果能达成共识，互相配合，这对孩子的教育会产生更好的影响。现在在教育领域，一直有一种说法，就是"不要让5加2等于0"。"5加2等于0"好像已经成为一个很普遍的现象，幼儿周一到周五在幼儿园学习了讲秩序、懂礼貌、自己的事情自己做，可是周末两天过后，幼儿又把这些还给老师了。由此可见，教育的效果不是单方面地取决于幼儿园或者是家庭，它主要取决于幼儿园与家庭教育的一致性。幼儿健康的生活方式的养成需要家庭与幼儿园共同努力。可以通过多种活动让家长转变一些不适宜的观念，明确幼儿园健康教育的目标，创设良好的家庭教育环境，促使幼儿形成健康的生活方式，对幼儿实施有效的教育。如学习整理物品，幼儿在幼儿园学习了如何整理自己的物品，收拾自己的书包。那么，作为家长应该配合幼儿园的工作，多给孩子自己动手整理的机会，做到与幼儿园协调一致。这样的家园合作有利于孩子良好行为习惯的养成。

二、幼儿园健康教育活动的方法

（一）身心保健教育活动

1.讲解演示法

讲解演示法是指教师边讲解边结合动作演示，以实物或模型演示，具体形象地向

① 单敏月.学前儿童健康教育与活动指导[M].上海：华东师范大学出版社，2014:34.

幼儿传授有关健康的知识和技能，提高幼儿对健康的认识水平。例如：认识牙齿，教师可以通过牙齿的模型边讲解、边演示，激发幼儿学习的兴趣，加深幼儿对牙齿的认识。

2. 观察体验法

观察体验法是指幼儿通过感官来获得知识的方法。学前阶段的幼儿，丰富的感知经验有助于其思维的发展。例如：让幼儿认识各种食物，向幼儿介绍简单的营养知识时，可以让幼儿亲眼看一看、亲手摸一摸、亲自闻一闻、亲口尝一尝，一来可以激发幼儿参与活动的兴趣，二来可以促进幼儿对这些食物的了解。让幼儿在观察、比较中学习，这种方式有助于培养幼儿敏锐的观察能力，提高幼儿探讨问题的兴趣。

饮水区环创

水果品尝会

3. 情境表演法

情境表演是幼儿喜爱的一种游戏方式。教师可利用真实或布置类似的情境，唤起幼儿表现、表演的兴趣，并试着让幼儿观察和分析情境中所涉及的健康问题。例如：对火灾现场逃生技能的训练，教师可以设计几种相关的场景，结合讲解演示与情境表演，告诉幼儿在遇到火灾时该怎么做。活动实施时，讲解并示范正确的行为给幼儿看。接着，进行情境演练，让幼儿亲自实践遇到火灾时正确的逃生技能。教师在这一过程中，可以发动其他幼儿一起对活动中的幼儿进行评价及指导。

地震演习

小小消防员

4. 讨论评议法

讨论评议法是指在幼儿参与健康教育活动的过程中，让他们提出问题，发表自己的意见和看法，最后得出结论，达成共识的教育方法。讨论和评议有助于激发幼儿思维，引发幼儿的好奇心和探索的欲望。例如：在讲《没有牙齿的大老虎》这一故事时，教师可以提出一些问题，如“这只老虎为什么没有牙齿呢”，引发幼儿的讨论。我们也可以在活动结束部分开展讨论、评议，帮助幼儿对整个活动进行一次归纳与回顾。通过讨论和评议，幼儿可以大胆地表达自己的想法，有助于提高他们对健康认识的水平。

5. 榜样示范

树立榜样，让幼儿通过模仿从无意到有意，从被动到自觉学习榜样的行为和习惯。这个榜样可以是具有良好行为的同龄幼儿，也可以是幼儿喜欢的具有良好言行的人物形象。例如：在饮食方面，有些幼儿有挑食的行为，不爱吃青菜。这时，教师就可以通过夸赞不挑食的幼儿，来为其树立榜样。不过在运用榜样示范法时，需要注意的是：①教师与家长要以身作则，为幼儿树立模仿学习的典范；②在选择榜样时，要注意榜样的典型性、权威性和情感性，使榜样和范例能真正对幼儿的行为产生积极的影响。

【资料链接】

生活自理教育中的各种提示类型及其方法

提示类型	提示方法
口头提示	请幼儿注意看，告诉幼儿如何做，然后让幼儿照着口头提示做一遍
示范提示	如果口头提示说不清楚，教师就要用示范提示，并缓慢地示范给幼儿看，也可以增加示范动作呈现的时间，让幼儿仔细观察该技能，最后让幼儿试试看
手势提示	当示范仍无法让幼儿学习，就需要用手势提示让幼儿了解，应用各种协助方式达成模仿的目的
少量或者部分身体帮助	当幼儿面对手势提示还无法做出正确动作时，教育者必须动手协助，例如扶着儿童的手，转开牙膏盖
大量身体帮助	当上述方法都无效时，教师必须拉着幼儿的手做出正确动作，例如拉着幼儿的手转开牙膏盖，当幼儿的动作正确时应该给予鼓励

（二）身体锻炼活动

1. 讲解示范法

讲解指教师用语言组织幼儿的活动，指导他们理解和掌握活动的名称及练习内容，领会活动的要求、动作要领和具体做法等。示范是指教师以个体（教师或幼儿）的动作为范例，使幼儿看到所要练习和掌握的动作或技能的具体形象、结构和完成的先后顺序等。在具体的教育活动中，要将讲解与示范合理结合，并能根据幼儿的身心发展特点来开展身体锻炼活动。此外，对小班幼儿来说，一般示范要多于讲解，对中、大班幼儿可逐步加强讲解的作用。

2. 练习法

练习法指通过讲解示范后，在幼儿初步建立起与动作有关的表象和概念的基础上，让其在教师的指导下进行各种身体练习，以实现活动目标的一种方法。它是身体锻炼活动中最基本，也是最重要的方法。常见的练习法包括重复练习法、条件练习法、完整法、分解练习法、循环练习法等。运用多种练习法，有助于帮助幼儿正确地掌握练习的内容和动作技能，增强幼儿的体质，激发幼儿锻炼的兴趣。

3. 游戏法

游戏法指以游戏的形式组织幼儿进行身体锻炼的方法。这种方法能将幼儿难以理解或枯燥的动作练习和身体素质练习等，变成有趣的模仿活动或具体游戏情节，提高他们练习的兴趣，使幼儿在轻松、愉快的氛围中开展活动并达到锻炼和增强体质的目的。用游戏的口吻，或利用一些头饰、玩具或新颖的活动器材来吸引幼儿，激发幼儿参加身体锻炼活动的兴趣。例如：在活动的开始或结束部分，可让幼儿练习各种模仿性动作，如小兔跳、大象走、小鸟飞、马儿跑、小乌龟爬、火车开等。这些活动内容及活动形式能满足幼儿爱模仿的天性，从而更有效地激发幼儿参加身体锻炼的兴趣，同时也能实现做好活动准备和放松、整理活动的目的。

攀爬练习

小青蛙跳荷叶游戏

4. 语言提示法和具体帮助法

语言提示法是指在幼儿进行身体锻炼活动时，教师用简短、明确的语言，提示或指导幼儿正确完成动作或进行活动的方法，例如：在幼儿排队走步时，教师要提醒幼儿“抬头、挺胸、迈大步”，做操时提醒幼儿“手臂要伸直、用力”等，这些都是采用了语言提示法。

具体帮助法是指教师直接而具体地帮助幼儿改正错误，掌握正确的练习要求和方法。例如：幼儿在学习早操动作的过程中，动作出错了，教师应及时纠正。

这两种方法往往结合使用，多用于重复练习时，教师帮助幼儿防止和纠正错误。

三、幼儿园身心保健教育活动的组织与指导

（一）幼儿园身心保健教育活动的组织

幼儿园身心保健教育活动的组织，一般来说主要由选择活动内容、确定活动目标、做好活动准备、策划活动过程、设计活动延伸和活动评价这几个部分构成。

1. 选择活动内容

幼儿园身心保健教育活动选择的内容首先是要符合幼儿的身心发展特点及幼儿的年龄特点。例如：在对幼儿进行生活自理能力的教育时，我们应该结合幼儿的动作发展水平及幼儿的年龄特点来选择相应的教育内容。对小班幼儿来说，他们需要在帮助下穿脱衣服或鞋袜，选定的教育内容就应该是“练习穿脱衣服和鞋袜”；中班幼儿相比小班幼儿有进一步的要求，穿脱衣服应该基本掌握了，“要练习扣纽扣”；大班幼儿的手指发展得更为灵巧，可以“练习自己系鞋带”。

教育应该来自生活，才能更好地服务于生活。因此，身心保健教育活动内容的选择还应与幼儿的生活相联系。在幼儿已有经验的基础上建构新知识，方便幼儿理解与接受。

2. 确定活动目标

幼儿园身心保健教育活动目标的确定，首先要根据所选择的活动内容来设计；其次，要依据《幼儿园教育指导纲要（试行）》中的总目标，并结合《3—6岁儿童学习与发展指南》中各年龄阶段目标及要求来确定；再次，要结合本班幼儿的身心发展特点、已有的经验、学习的需要来制定相应的活动目标。

3. 做好活动准备

活动准备主要包括物质材料的准备和知识经验的准备。直观、形象、生动的活动形式，便于幼儿学习和理解。所以在准备物质材料时，要考虑到幼儿的学习特点和幼儿已有的学习经验。活动中的物质材料可以是成品也可以是半成品，教师在准

备这些材料时,还要考虑到材料的安全性、功能性、差异性和方便性。

4.策划活动过程

活动过程是身心保健教育活动中的主体环节,它主要包括导入部分、基本部分和结束部分。

导入部分:导入是活动开始时,教师有目的地引导幼儿进入活动过程的组织方式。在这一环节,我们可以通过音乐、视频、故事、谜语、问题等引出活动主题,激发幼儿参与活动的兴趣,集中幼儿的注意力和调动幼儿学习的主动性。例如:教师组织小班幼儿了解勤洗澡的益处,促使幼儿养成卫生好习惯。教师在这一活动的一开始,结合图片讲故事《懒惰的小兔》:"小兔不爱洗澡,浑身又脏又臭,没有小动物愿意和他交朋友……",引起幼儿的注意和兴趣。通过对故事提问:"小动物为什么不愿意和小兔交朋友?"继而引导小朋友积极思考以及对自己的日常行为进行分析和讨论。

基本部分:这是活动的展开环节,也是活动目标实现的部分。这一部分,应以幼儿的认知发展规律为基础,由易到难、由简到繁、由浅入深地开展。需要注意的是,活动过程中不仅要思考如何引导幼儿到预设的问题情境中,还需要注意课程的生成性。活动中的每一个环节,要紧紧相扣,使幼儿与同伴、幼儿与教师间产生互动,帮助幼儿进行新内容的学习和技能的巩固练习。

例如:教师组织大班幼儿了解尖利的物品如果使用不当会伤害身体。教师将准备好的各种工具一一出示,同时提出:"在我们的生活中会有各种形状的物品,这些物品的形状都是根据我们的需要设计出来的。今天老师带来了我们经常要用的一些尖利的物品,请你们介绍一下它的名称、形状和用途。"当幼儿述说完毕后,教师接着提问:"你们有没有被尖利的物品划伤、割破过?为什么会被弄伤?"当幼儿结合自己的亲身体验,讲述完事情发生的过程之后,教师继续提问:"既然这些尖利的物品有时会伤着身体,那还要不要用呢?怎样使用才安全呢?"

这一环节,教师通过不断地对幼儿进行提问,由浅入深,大大地激发了幼儿的好奇心和兴趣。在这一过程中,也锻炼了幼儿的思维能力,符合幼儿的认知发展规律。

结束部分:结束部分是教师完成一定的活动后,对活动中的知识技能进行归纳总结并转化升华的部分。结束部分要注意与活动的开始部分相呼应,紧扣活动目标,对本次活动内容进行归纳总结,促进幼儿的知识迁移。例如:教师组织小班幼儿了解勤洗澡的益处,促使幼儿养成卫生好习惯(前案例)。教师结合图片、故事,引起幼儿关注知识点,继而对自己的日常行为进行分析讨论。而在活动的结束部分,教师选用了一首朗朗上口的儿歌来结束:

沐浴露、香香皂,毛巾衣服准备好。
冲冲水、搓搓头,全身都要淋湿了。

脖子后、胳肢窝，屁屁也要洗一洗。

爱干净、讲卫生，做个人见人爱的好宝宝！

这样有效地将先前学习的内容进行了归纳和巩固，加深了幼儿对此次活动的印象与理解。

5.设计活动延伸

幼儿良好行为习惯的养成不是通过一次两次活动就可以培养完成的，它需要与幼儿的日常生活联系起来，与家庭教育相结合。因此，活动延伸这一环节是不可或缺的。延伸的方式是多种多样的，它可以融入一日生活的各个环节，也可以延伸到其他领域，与区域的活动相结合，还可以利用家庭、社区等帮助幼儿巩固已有的经验和学习新的知识。

6.活动评价

活动评价多在活动结束后开展，主要是指教师的教学反思。

（二）幼儿身心保健教育活动的指导

根据《幼儿园教育指导纲要（试行）》和《3—6岁儿童学习与发展指南》的要求，以及幼儿园的实践体验，幼儿园身心保健教育包括幼儿的身体生长发育教育、生活常规教育、饮食与营养教育、安全生活教育以及心理健康教育。它们每一个内容在活动实施方面，都有其特殊性，需要有针对性的指导建议，下面分别阐述。

1.身体生长发育教育

幼儿期是生长发育的关键期，不同年龄阶段的幼儿生理特征不同。身体生长发育教育主要是帮助幼儿正确地认识自己的身体，能正确地看待自己的成长变化；了解自己的器官及其功能，有保护自己器官的意识。在这一教育活动过程中，有以下几点指导建议：

（1）确保教育活动实施过程中知识的科学性、准确性，能及时纠正幼儿的错误认知。

（2）有效利用日常生活中的教育素材，结合幼儿的亲身经历开展相应的活动，注重活动的生成性。充分利用现代媒体，如电脑、投影仪等进行教育活动。

（3）眼保健教育活动中要注意的方面：

其一，引导幼儿养成正确的阅读姿势与习惯，合理控制幼儿看电视、玩电脑的时间。要幼儿以纸质阅读为主，减少电子产品的使用。

其二，为幼儿提供符合卫生标准的桌椅和照明。

其三，成人要以身作则，为幼儿树立好的榜样。

（4）牙保健教育活动应着重引导幼儿认识自己的牙齿，知道龋齿的危害及形成的原因，使其养成早晚刷牙的好习惯。

(5)皮肤保健活动值得注意的是,使幼儿在做好皮肤清洁的同时,要加强触觉训练,增强皮肤抵抗外界刺激的压力。

(6)经常创造条件,让幼儿体验生活环境的变化,提高幼儿适应环境变化的能力。教师要注意观察幼儿在新环境中的饮食、睡眠、身体等方面的情况,及时采取措施帮助幼儿适应新环境。

眼保健操

自己整理书包

2. 生活常规教育

生活常规教育主要是使幼儿养成良好的行为习惯,实施过程中应做到以下几点:

(1)选取内容时,要注重幼儿的年龄及个体差异。一般而言小班的内容为最基本的生活要求,中、大班的内容则要求在小班的基础上逐渐增多,难度逐渐加大。同一年龄阶段的幼儿发育水平有所差异,教师要能根据发育水平的差异性给予幼儿不同的指导。

(2)幼儿园生活常规教育应将保育与教育相结合,通过保育的辅助手段更好地实现教育的目的。

(3)注意教育的一致性,这主要体现在教师之间的一致性、教师与保育员之间的一致性以及家园之间的一致性等方面。统一的要求不仅避免了儿童的无所适从,也增加了多次练习的机会。

(4)为幼儿提供锻炼生活自理能力的条件,如提供一些小盒子,便于幼儿收拾和存放自己的玩具、图书或生活用品等。幼儿的衣服、鞋子要简单实用,方便幼儿自己穿戴。

(5)学前期的幼儿好模仿,因此,应注意榜样的作用。

3. 饮食与营养教育

饮食与营养教育主要是帮助幼儿形成有关饮食与营养的正确观念,培养幼儿良好的饮食习惯。在实施过程中要注意以下几点:

（1）为幼儿营造一个整洁、优雅的进餐环境及温馨、宽松的进餐氛围，有助于幼儿餐前做好生理和心理准备。

（2）进餐过程中，教师应关注每一个幼儿的饮食变化，发现异常时，及时与幼儿沟通交流，寻找原因，进而改善幼儿的行为。

（3）家园保持一致。家长要为孩子树立不挑食、健康饮食的好榜样，帮助幼儿建立良好的饮食行为习惯。如饭前洗手、饭后漱口、安静用餐等。

（4）可以结合各种节日，让幼儿品尝我国民间传统节庆食物，并通过故事了解中华民族多元的饮食文化和风俗习惯，培养他们对祖国饮食文化的热爱之情，同时扩大他们的视野。①

4.安全生活教育

《幼儿园工作规程》第十二条指出："幼儿园应当严格执行国家和地方幼儿园安全管理的相关规定，建立健全门卫、房屋、设备、消防、交通、食品、药物、幼儿接送交接、活动组织和幼儿就寝值守等安全防护和检查制度，建立安全责任制和应急预案。"在实施安全生活教育时，要注意以下几点：

（1）幼儿园的玩具及游戏设备应定期检查，以便及时发现问题，及时处理。对儿童用药及相关消毒用品应妥善保管，以防幼儿误食。

（2）幼儿园可设置安全标志、开辟安全教育宣传栏、创设安全教育小画廊等，利用环境资源对幼儿渗透安全教育，使其在潜移默化中提高安全意识，懂得生活中常见的安全防护措施。

（3）安全生活教育要渗透到一日生活的各个环节和各项活动中，让幼儿知道哪些行为是安全的，哪些行为是危险的。幼儿有很强的好奇心、探索欲，教师要抓住生活中一些偶发事件，及时地对幼儿进行安全教育。

（4）教师可以多采用讲故事、教诗歌、角色表演、观看电视节目等途径进行安全教育。例如：角色表演，可以让幼儿置身于危险的情境中，真实体验危险，从而唤起幼儿本能的安全自救意识，在这一过程中，提高幼儿预见和排除危险的能力，并掌握一些简单的自护方法。

（5）对幼儿安全自护能力的培养，应先考虑到幼儿的接受能力，合理安排教育的密度和强度，避免造成幼儿过度防范的心理。

5.心理健康教育

《3—6岁儿童学习与发展指南》中指出："营造温暖、轻松的心理环境，让幼儿形成安全感和依赖感。帮助幼儿学会恰当表达和调控情绪。"在实施心理健康教育时，要注意以下几点：

---

① 庞建萍，柳倩.学前儿童健康教育与活动指导（第二版）[M].上海：华东师范大学出版社，2014：112-123.

(1)教师应提高自身的心理素质，保持乐观、积极向上的心态，给幼儿以积极正面的影响。不要把自己的负面情绪带给幼儿，学会合理地宣泄自己的情绪。

(2)在对幼儿进行心理健康教育的过程中，既要关注到全体幼儿，也要注意个别幼儿，使所有幼儿都能得到发展。遇到有心理疾病的幼儿，要尊重并保护幼儿的隐私，与其家长一起帮助幼儿治疗，以促进其健康发展。

(3)把心理健康教育渗透在幼儿的一日生活中。比如说，在语言教育活动中，鼓励幼儿大胆地表达自己的想法；在日常活动中，鼓励幼儿与同伴之间的交流，促进其人际交往能力的发展。

(4)幼儿心理健康教育需要与家庭、社会有效整合，共同促进幼儿心理健康发展。学前期的幼儿认知发展不成熟，缺乏辨别是非的能力，很容易受到外界的影响，所以幼儿园、家庭、社会要保持一致，形成合力。如果各方面的意见不一，容易产生冲突，不利于幼儿健康心理的培养。

案例分析

《没牙的老虎》(中班身体保健活动)

◇活动目标

1.知道保护牙齿的重要性。

2.学习正确的刷牙方法，能自己刷牙。

3.养成每天早晚刷牙的好习惯。

◇活动准备

1.老虎头饰一个，并请一位教师扮演老虎。

2.牙齿模型一副，人手一把牙刷、一支牙膏、一个杯子。

3.歌曲《刷牙歌》。

◇活动过程

一、教师情境设置

1.教师："小朋友们，你们听过《没牙的老虎》的故事吗？今天，老师就给你们请来了那只没牙的老虎。"(老虎出场)

2.老虎："小朋友们，你们好。今天，我要和你们说一说我的牙齿是怎么没有的。"

3.讲述故事《没牙的老虎》。

二、了解知识，操作练习

1. 引导幼儿讨论不注意保护牙齿的危害。

教师："老虎因为不注意保护牙齿，牙齿被拔掉了。你们能告诉我不注意保护牙齿还有哪些危害吗？"（教师引导幼儿根据自己已有的生活经验自由讨论）

小结：牙齿如果生病了，会影响我们吃东西。牙疼得不能睡觉，不能吃饭，影响了我们的身体健康。牙齿拔光后，说话也不清楚，而且也不好看。

老虎："我现在知道要保护自己的牙齿了。不乱吃零食，每天早上和睡觉前坚持刷牙，牙齿就会很健康。可是我不会刷牙怎么办呢？"

2. 学习正确的刷牙方法。

教师："小朋友们会刷牙吗？你们来教教老虎怎么刷牙吧！"（老虎到小朋友中间去。）

请幼儿结合自己的经验谈谈，教师与幼儿共同讨论正确的刷牙方法。（根据幼儿的回答，教师适时补充）

教师结合牙齿模型示范并讲解正确的刷牙方法："刷牙，首先要在牙刷上挤上牙膏，在杯子里盛满温水。然后用水漱口，接着开始刷牙。上面的牙齿从上往下刷，下面的牙齿从下往上刷。两边的大牙齿要由里往外来回刷。"

3. 幼儿操作练习。

幼儿跟随教师示范徒手练习。

幼儿小结刷牙方法。

音乐伴奏，幼儿集体练习刷牙。

三、总结并发放家园联系表

1. 教师："小朋友们的牙齿都刷得很干净。老虎，你有没有学会刷牙的方法呢？"

老虎："学会了。"

2. 教师："那你给小朋友们讲一讲吧！"

老虎："刷牙，首先要在牙刷上挤上牙膏，在杯子里盛满温水。然后用水漱口，接着开始刷牙。上面的牙齿从上往下刷，下面的牙齿从下往上刷，两边的大牙齿要由里往外来回刷。对了，小朋友们一定要坚持早晚刷牙。饭后要记得漱口。"

3. 发放家园联系表，提醒幼儿带回家，认真记录自己早晚刷牙的情况。

◇活动延伸

"娃娃家"活动时，巩固刷牙的方法。

◇活动点评

《没牙的老虎》充分考虑了中班幼儿的年龄特点，运用幼儿熟悉的故事，以"老虎"这一角色贯穿活动,引起幼儿浓烈的兴趣。在讲解示范的过程中,教师的示范能清晰地展示在幼儿眼前,易于幼儿模仿接受。让幼儿准备杯子、牙刷、牙膏,在课堂上利用实物去实践,对其掌握正确的刷牙方法有很大的帮助。整个活动过程以幼儿为主体,让幼儿主动学习,幼儿的学习兴趣得以提高,学习效果会更好。

四、幼儿园身体锻炼活动的组织与指导

幼儿园的身体锻炼活动可以通过多种形式来开展。这里主要阐述早操活动、体育教学活动以及户外体育活动。除此之外,幼儿园身体锻炼活动还可以通过室内体育活动、幼儿运动会、亲子运动会、远足、短途旅游等来开展。

(一)幼儿早操活动的组织与指导

早操活动是幼儿早晨入园后在教师的组织指导下进行的专门性的身体锻炼活动,是幼儿园作息制度中不可缺失的一部分。早操的活动时间一般是半个小时左右,且要求每天都进行。活动的形式不固定,可以进行集体活动(如集体做早操),也可以进行自选活动(幼儿自主选择一些小型运动器械开展活动)。坚持每天做早操,一方面锻炼幼儿的身体,增强幼儿的抵抗力;另一方面,培养幼儿持之以恒的意志品质。早操活动实践有以下三个部分:

(1)开始部分:排队、变换队形,通过慢跑或走跑交替热身,为做操和其他身体锻炼活动的开展做好准备。

(2)中间部分:这一部分的形式比较多样,包括有节奏的律动、各类基本体操、小型器械练习和多样的体育游戏。教师可以根据本班幼儿的喜好、身体状况以及天气来选择。

(3)结束部分:在音乐的伴奏下,便步走或组织一些安静的身体活动来使幼儿身体得到放松;简单小结,收拾和整理器材。

指导建议:

①活动时间要根据幼儿的年龄特点及季节气候等因素适当做出调整,如延长或缩短。

②教师在选择早操活动内容时,要注意早操内容的广泛性,尽量满足各年龄阶段幼儿的活动需要。

③幼儿活动量应由小到中等再到小,不宜过大。

④早操活动中的音乐伴奏,要符合幼儿活动的要求及其年龄特点。好的音乐伴奏有助于幼儿审美能力的发展。

(二)幼儿园体育教学活动的组织与指导

幼儿体育教学活动是指教师根据幼儿的年龄特点、身心发展水平,有目的、有计

划地设计教学方案并付诸实施的一种预设性活动。这种教学活动旨在锻炼幼儿的身体，促进幼儿身体素质的全面发展。活动的基本结构主要分为三个部分。

（1）开始部分：主要是组织幼儿集合、排队，进行热身运动，像慢跑、伸展运动或做手持轻器械的体操，以及一些动作简单、运动负荷量不大的活动；也可以根据基本部分的内容，相应地设计一些活动，为基本部分的开展做准备。

活动时间：一般占总时间的10%~20%。

（2）基本部分：这一部分是教学活动的主要环节，旨在让幼儿学习新的内容，复习旧内容或一些有难度的内容，以丰富幼儿已有的经验，使其掌握一些基本的体育知识和锻炼身体的方法，促进幼儿动作技能、身体素质的发展。活动的形式、内容灵活多样，可以根据幼儿的兴趣、天气、场地这些适时做出调整。

活动时间：一般占总时间的70%~80%。

（3）结束部分：有组织地结束活动，使幼儿的身体和情绪从运动状态过渡到相对比较平静的状态。组织一些有助于降低幼儿运动的负荷量的活动，像慢走、徒手放松肢体等。接着针对此次活动进行活动小结和活动评价，并组织幼儿收拾和整理器材。

活动时间：一般占总时间的10%。

指导建议：

①活动内容的选择要符合幼儿的生长发育规律，活动形式要多样。

②活动过程中，多关注幼儿的表现、兴趣、安全等。注重活动的生成性，能根据幼儿的表现及需要适时做出改变。

③运动的负荷量不能过大，要注意循序渐进。开始先进行负荷量较小的活动热身，之后可逐渐增加运动的负荷量，再慢慢减少，以帮助幼儿恢复平静。

早操器械活动

踩高跷

（三）幼儿户外体育活动的组织与指导

《幼儿园工作规程》中规定："在正常情况下，幼儿户外活动时间（包括户外体育活动时间）每天不得少于2小时。"户外体育活动的开展，一方面有利于幼儿呼吸新鲜空气、沐浴阳光；另一方面又能促进幼儿的骨骼、肌肉的发育，有利于提高幼儿身体锻炼的效果。幼儿户外体育活动的实施途径如下：

1. 利用户外体育活动区开展活动

幼儿园可以有效利用园内环境，创设多个体育游戏活动区域，并根据幼儿的兴趣及其发展水平，在该区域投放相应的器材。每个幼儿园都可以结合自身的环境来创设不同的活动区，如攀爬区、平衡区、跳跃区等。

2. 各种大、中、小型的器械活动

幼儿园的户外体育活动形式是多样的，教师可以结合各种器械的使用开展，如利用各种球、沙包、轮胎、滚筒、平衡木、跳板等，也可以与幼儿一起自制一些小型的器械来开展活动。

幼儿户外体育活动的指导建议：

(1)保证幼儿足够的户外活动时间。活动的时间根据天气条件适当做出调整。

(2)活动过程中，要注意观察和了解每个幼儿的具体情况，有针对性地、灵活地给予指导。

(3)投放丰富多样的器材，并给幼儿提供充分的自由活动机会。观察幼儿对器材的使用情况，活动器材要及时更新。

(4)注重活动的安全性。教师要随时注意安全检察，减少和避免危险的发生。

思考与练习

1. 以“食物”为主题，设计一个中班健康教育活动方案，要求写出活动目标、活动准备、活动重难点、活动过程及活动延伸等。分小组试讲该活动，全班观摩研讨。

2. 目前，许多家长很少与自己孩子一起运动，同时家长也不知道该和孩子玩什么。针对这一问题，请设计一份亲子运动会方案，让家长体会到和孩子一起游戏的快乐。

要求：写出设计意图和运动项目(名称、准备、玩法、规则)，以及家长参与要点与注意事项。

案例分析

有趣的小椅子(中班身体锻炼活动)

◇活动目标

1. 能运用各种器材与小椅子组合进行创造性的体育游戏活动。

2. 训练幼儿跑、跳、钻、爬、平衡等基本动作,使其身体协调、灵敏。

3. 喜欢参加游戏活动,并能与同伴合作、友好地游戏。

◇活动准备

小椅子每人一把、垫子四块、泡沫积木、圆木块、《健康歌》音频、呼啦圈、游戏棒。

布置场地如下:

(小猫家)(小狗家)

◇活动过程

1. 放《健康歌》。

老师:“今天天气真好,小朋友们快出来活动活动吧!”教师与幼儿一起做准备活动。(伸臂、弯腰、跳跃等动作)

2. 老师:“咱们一起去树林里玩游戏吧!”

幼儿用小椅子摆成树林,注意椅子间距。幼儿围着树林做障碍跑和跳跃的动作。

3. 老师:“听说小猫和小狗要盖新房子,可是没有木料,小朋友们帮帮它们好吗? 小猫和小狗的家在河对岸,我们怎么过去?”

启发幼儿用椅子搭成一座小桥,保持平衡地走,把泡沫积木块运过去。

(1)幼儿分成两组:分别为“小猫”家和“小狗”家盖房子。

(2)提问:为什么“小狗”家的房子搭得又快又好?(合作)

(3)幼儿与客人、教师说说自己是如何盖房子的。

4. 放录音:打雷、下雨音效。

教师:“快下雨了,小朋友们,快快搭个‘洞’躲躲雨吧!”

(1)幼儿分成两组,交叉搭成山洞(如下图),在垫子上练习钻、爬等动作。

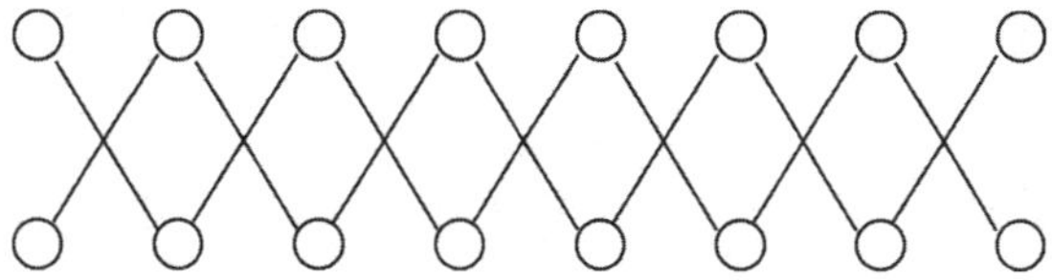

(2)除了这些玩法,小椅子还可以怎么玩呢?

(3)小椅子真是我们的好朋友,大家玩累了,回去休息吧!

◇活动评析

教师在活动过程中,鼓励幼儿想出玩椅子的不同方法,从而提高了幼儿的活动兴趣。如:用椅子摆树林;用椅子搭山洞;抢椅子游戏等。幼儿在教师的引导下,大胆表达自己的想法,体验游戏的快乐,与同伴合作的意识有了提高。

【考查要点】

幼儿园健康教育活动是幼儿园五大领域活动之一,是通过有目的、有计划、有组织的教育活动来提高幼儿的健康认识,改善幼儿对健康的态度,培养幼儿健康行为习惯的教育活动。本章的内容在历年考试中经常出现,题型以简答题、材料分析题、活动设计题为多,因此多关注幼儿园健康教育活动的细节,包括活动目标的拟定、活动过程的设计、教学方法等,并将教学方法、教学内容与实际教学相结合,理论与实践并用。

【真题解析】

1.(2015年下半年选择题)评价幼儿生长发育最重要的指标是(　)。

A.体重和头围　　B.头围和胸围

C.身高和胸围　　D.身高和体重

【答案解析】D。生长发育的形态指标是指身体及其各部分在形态上可测出的各种量度,如身高、体重、坐高、肩宽、头围等,其中身高和体重是最重要和常用的形态指标。

2.(2015年下半年选择题)幼儿在户外活动中扭伤,出现充血、肿胀和疼痛,教师应对幼儿采取的措施是(　)。

A.停止活动,冷敷扭伤处　　B.停止活动,热敷扭伤处

C.按摩扭伤处,继续活动　　D.清洁扭伤处,继续活动

【答案解析】A。扭伤多为关节处软组织受伤,患处疼痛,运动时疼痛加剧,可出现肿胀或青紫色淤血。处理时,可用冷水敷于患处,一天后再改用热敷。

3.(2014年上半年简答题)教师在户外体育活动中应如何保障幼儿的安全?

【答案解析】(1)结合生活实际对幼儿进行安全教育,教给幼儿简单的自救和求救的方法。(2)在户外活动开展前,创设安全的活动环境,提供必要的保护措施。(3)在户外活动开展过程中,时刻注意引导幼儿注意安全。(4)注意强化幼儿户外体育活动的规则意识,把幼儿遵守规则的情况放在活动后的小结中,让幼儿知道遵守规则的重要性。(5)在幼儿园教学活动中,有意识地结合活动内容对幼儿进行安全教育,注重在活动中培养幼儿的自我保护能力。

4.(2014年下半年材料分析题)材料:星期一,小班的松松午睡时一直在哭泣,嘴里还不停地念叨:"我要打电话叫爸爸来接我""我要回家"等,教师多次安慰,他还一直哭。教师生气地说:"你再哭,爸爸就不来接你了。"松松听后情绪更加激动,哭得更加厉害了。

请简述上述教师的行为,并提出三种帮助幼儿控制情绪的有效方法。

【答案解析】

5.(2015年下半年活动设计题)在大一班自由活动时间,个别幼儿用泡沫拼板(30厘米×30厘米)当滑板玩,许多幼儿也想玩,但有的幼儿滑不起来,有的只能滑一点点。

请根据幼儿利用泡沫拼板滑行的兴趣,为该班幼儿设计一次体育活动。要求写出活动名称、活动目标、活动准备、活动过程和活动延伸。

【参考设计】

6.(2016年上半年材料分析题)3岁的阳阳,从小跟奶奶生活在一起。刚上幼儿园时,奶奶每次送他到幼儿园准备离开时,阳阳总是又哭又闹。当奶奶的身影消失后,阳阳很快就平静下来,并能与小朋友们高兴地玩。由于担心,奶奶每次走后又折返回来,阳阳再次看到奶奶时,又立刻抓住奶奶的手,哭泣起来……

针对上述现象,请结合材料进行分析:

(1)阳阳的行为反映了幼儿情绪的哪些特点?

(2)阳阳奶奶的担心是否必要?教师该如何引导?

【答案解析】

【真题模拟】

1. 健康是指生理、心理及( )三个方面全部良好的一种状况,而不仅仅是指没有生病或体质健壮。

A. 身体　　B. 四肢　　C. 社会适应　　D. 精神

2. 学前儿童体育活动运动负荷的特点是( )。

A. 强度较小,密度较小,时间较长　　B. 强度较大,密度较大,时间较短

C. 强度较小,密度较大,时间较短　　D. 强度较小,密度较大,时间较长

3. 学前儿童体育活动的主要内容和方式是( )。

A. 体育课　　B. 体育游戏　　C. 早操活动　　D. 基本动作

4. 体育教学活动的基本部分活动的时间一般约占总时间的( )。

A.50%~60%　　B.60%~70%　　C.70%~80%　　D.80%~90%

5. 科学安排幼儿运动量应遵循的原则是( )。

A. 以大运动量为主　　B. 适量性　　C. 从大到小　　D. 高难度

6. 合理的膳食有哪些卫生要求?

7. 材料分析题:苗苗上幼儿园1个月了,这几天去幼儿园之前总是哭,并且哭得很厉害,好像特别害怕幼儿园。老师说,苗苗在幼儿园还可以,可以和小朋友一起玩,早上在幼儿园哭一会儿就好了。可是苗苗回家之后稍有不顺心就会哭个没完,脾气也变得越来越坏。苗苗的妈妈问老师,苗苗这样实在让人伤脑筋,她是不是在幼儿园受了什么委屈,或者心理有了阴影?

根据上述材料,如果你是苗苗的老师,你该怎么和家长沟通?

【思考实训】

思考:

通过本章学习,我学到了什么?我还有哪些疑惑?在进行健康教育时,如何更好地组织教学活动?

实训:

一、观摩活动课并评析

实践目标:

(1)培养学生的观察能力及分析能力。

(2)培养学生对所学知识的综合运用能力。

内容与要求:

到幼儿园或利用多媒体、录像资料，观摩幼儿园身体保健教育活动课、心理健康教育活动课，以及以幼儿基本动作练习为内容的体育教学活动课。要求学生对活动目标的达成、活动材料及环境创设、幼儿参与活动程度、教学环节设计等几个方面做出评析。

二、基本教学活动课的设计

实践目标：

(1)培养学生运用理论知识指导实践的能力。

(2)培养、训练学生的思维能力和创新意识。

(3)掌握幼儿园健康教育活动的组织形式和各环节的衔接。

内容与要求：

(1)按照下列要求设计一次幼儿园健康教育活动。

①请按给定主题设计一次健康教育活动。

②设计任务完成后，分小组相互学习、评价教案。

(2)试教幼儿园健康教育活动。

①学习任务。

试讲同学——自选并优化健康教育活动方案，认真备课，写出详案，做好活动教具和课件准备等。

辅教同学——用心揣摩方案所定试教对象的年龄特点，全力配合试讲同学完成教学活动。

听课同学——认真记录每位讲与教同学的活动名称、活动目标、活动组织步骤、教学方法、教学手段、教学基本功等；对每位试讲同学的教学活动做出评价，包括打分和文字评价。

②试讲过程中，每位同学按照学习任务执行。试讲完毕后，执教同学做自我评价，每个小组推选代表汇总评价意见与建议，并当场讲述，汇总的书面评价交给试讲同学做参考，教师做评价与总结。

【推荐阅读】

[1] 王慧玲.幼儿园健康教育活动设计与指导[M].北京：北京师范大学出版社，2016.

[2] 顾荣芳，薛菁华.幼儿园健康教育[M].北京：人民教育出版社，2004.

第 7 章

幼儿园音乐教育活动的设计与组织

音乐活动不但深受幼儿喜爱，其本身蕴藏着巨大的教育价值，是帮助幼儿成长的有益工具。那么，教师要如何开展幼儿园音乐教育活动呢？幼儿园音乐教育活动的目标和内容是什么？幼儿园音乐教育活动的途径和方法有哪些？在此章节中，我们将了解幼儿园音乐教育活动的主要内容，学习如何组织幼儿园音乐教育活动。

【学习目标】

知识目标：了解幼儿园音乐教育活动的含义；理解并掌握幼儿园音乐教育活动的目标、内容和教育方法。

技能目标：能设计幼儿园音乐教育活动，并会做相应的指导。

情感目标：发现音乐教育活动的乐趣，乐意与幼儿一起参与音乐教育活动。

【学习重点】

1. 掌握幼儿园音乐教育的方法。
2. 学会设计幼儿园音乐教育活动，并做相应的指导。

【知识结构图】

幼儿园音乐教育活动的设计与组织

- 幼儿园音乐教育活动概述
  - 幼儿园音乐教育活动的含义
  - 幼儿园音乐教育活动的作用
- 幼儿园音乐教育活动的目标与内容
  - 幼儿园音乐教育活动的目标
  - 幼儿园音乐教育活动的内容
- 幼儿园音乐教育的途径与方法
  - 幼儿园音乐教育的途径
  - 幼儿园音乐教育活动的设计与组织

第一节 幼儿园音乐教育活动概述

一、幼儿园音乐教育活动的含义

幼儿园中的音乐教育活动，是指以丰富多样、符合幼儿身心发展规律的音乐为素材，通过歌曲演唱、舞蹈韵律、乐器演奏、音乐欣赏等多种形式开展的教育活动，其目标是培养幼儿基本音乐素养，发展幼儿的艺术审美感受力，帮助幼儿获得身心的全面发展。

二、幼儿园音乐教育活动的作用

幼儿在音乐教育活动中的收获主要有以下几个方面：

（1）培养基本音乐素养。通过幼儿园的音乐教育活动，幼儿的旋律感、节奏感、音乐表现能力得到了开发，学会了音符、节拍等基本音乐知识，掌握了一定的歌唱、舞蹈、演奏技能，为今后的音乐欣赏、表演、创造奠定了基础。

（2）发展艺术审美感受力。艺术是一个社会精神的记录，一个人可以通过读书去了解文化，但只有他真正地思考文化中的艺术和倾听文化中的音乐，他才可能真正体验到文化的精髓。艺术教育的重要作用就是促进个体文化及社会文化的发展与完善。[①]幼儿在音乐教育活动中，能学会积极理解和感受音乐作品所表达的内容、情感及其表现的手段和形式，并在此基础上学会有感情地表现音乐作品，用音乐进行表达与创造，通过开发音乐审美能力来提高文化的感知和理解能力。

（3）获得身心的全面发展。在情感方面，幼儿在音乐活动中体验到了积极正面的快乐情绪，感受到了自我表达与创造的乐趣，增强了自信心，培养了积极参与集体活动、与人合作的精神。在身体方面，幼儿通过唱歌、跳舞、奏乐、欣赏，眼、耳、口、手的协调能力得到发展，身体动作的协调平衡能力得到提升，对血液循环、呼吸系统等，都起到保健作用。在智力方面，幼儿参与音乐活动对想象力、感知力、记忆力均有促进效果，有利于幼儿的大脑神经敏感度提升，右脑潜能得到开发。

① 尹爱青，曹理，缪力.外国儿童音乐教育（新版）[M].上海：上海教育出版社，2011:40.

拓展阅读

世界著名儿童音乐教育流派

近现代，不断有优秀的音乐家、教育家投入儿童音乐教育事业中，其中对当代影响较大的儿童音乐教育流派有以下三种：

1. 奥尔夫音乐教学法。卡尔·奥尔夫(1895—1982年)是德国著名作曲家、音乐教育家，他开创的音乐教育体系成为20世纪全球范围内流传最广、影响最大的音乐教育体系，对中国的儿童音乐教育领域也有着巨大的影响。奥尔夫在其音乐教育实践中提出了“原本的音乐”理念，将语言、动作、音乐融为一体，把音乐教学的重点“从片面的和声转移到节奏上来”。节奏训练是奥尔夫教学法的教学内容和方式的基础，是奥尔夫教学法中所有音乐要素中的力量和整合的因素。奥尔夫创造了整套节奏乐曲和与之配套的打击乐，重视在音乐教学中培养儿童的即兴创作能力，儿童在老师的引导下，亲自参与或自行设计即兴的音乐表现，这种表现源于儿童的内心本能需要，对培养儿童的主动性和创造性大有帮助。

2. 达尔克罗兹音乐教学法。瑞士著名作曲家、音乐教育家爱弥儿·雅克·达尔克罗兹(1865—1950年)出生在音乐之都维也纳，提出要通过音乐与身体结合的节奏运动进行音乐教育，唤起人的音乐本能，培养学生的音乐感受力，促进身心的和谐发展。达尔克罗兹的教学体系由体态律动、视唱练耳、即兴的音乐活动三部分内容组成。“音乐律动操”(eurhythmics)是达尔克罗兹音乐教育方法的核心，指的是在听音乐的过程中用身体律动来体验音乐，发展对音响节奏和身体节奏的通感。达尔克罗兹的教学方法强调学生对音乐的体验，教学往往以音乐迅速反应游戏开始，学生在音乐体验中发展出“造型性动作”，自发创造出与音乐互动的舞蹈小品，音乐教学成为一种创造性的、灵活的、互动的模式。

3. 柯达伊音乐教学法。柯达伊·佐尔坦(1882—1967年)是20世纪著名的匈牙利作曲家、民族音乐理论家、音乐教育家。民间音乐在柯达伊的教学体系中有着重要的地位。柯达伊非常重视传统音乐的价值，强调没有任何一个杰作能代替传统音乐的作用，认为学校的音乐教育必须牢固地建立在民间音乐的基础上。演唱民间歌曲是每节音乐课的必备内容，不仅是为了练习演唱，也是为了保持传统的延续。歌唱是柯达伊音乐教育的主要手段，五声音阶这一匈牙利民族音乐的突出特点贯穿在柯达伊音乐教学体系的歌唱、音乐读写、五线谱知识、民间音乐结构分析、听觉训练等各项教学内容中。柯达伊音乐教学法的一个显著特点是使用首调唱名法进行教学，学生能够直观感受音阶中各音之间的相互关系和顺序，确立调试感和感知调试中各音级关系，有助于学生建立音乐思维的基础。

思考与练习

1. 通过学习本节内容，以及平日的经验和观察，说说幼儿学习音乐有什么作用？

2. 通过学习本节内容，以及对课外资料的阅读，说说你对以上三位儿童音乐教育家的音乐教学法（奥尔夫音乐教学法、达尔克罗兹音乐教学法、柯达伊音乐教学法）印象最深刻的教育思想或方法的理解，并用三个左右关键词进行总结。

第二节
幼儿园音乐教育活动的目标与内容

一、幼儿园音乐教育活动的目标

（一）幼儿园音乐教育活动的总目标

根据《幼儿园教育指导纲要（试行）》，幼儿艺术领域的目标为：①能初步感受并喜爱环境、生活和艺术中的美。②喜欢参加艺术活动，并能大胆地表现自己的情感和体验。③能用自己喜欢的方式进行艺术表现活动。[①]这就要求幼儿教育工作者要充分创造良好的音乐环境，充分提供幼儿接触和体验音乐的机会，通过设计有趣的歌唱活动、韵律活动、乐器演奏活动、音乐欣赏活动等多种形式，让幼儿参与其中，通过感受和表现音乐，体验音乐活动的乐趣，丰富幼儿的想象力与创造力，初步培养幼儿发现美、感受美、表现美、创造美的情趣和能力，并从音乐活动中发展自我表达与沟通合作的能力，培养自信、乐观、友善等优秀品质，促进幼儿人格的全面和谐发展。幼儿园音乐教育活动的总目标，是幼儿园音乐教育的总任务和总要求。

【资料链接】

3~6岁的幼儿需要发展的音乐能力

（1）培养对音乐的兴趣。（总体兴趣层面）

（2）学习优美和谐地唱歌。（歌唱活动层面）

（3）学习通过以创造性的动作配合音乐。（韵律活动层面）

（4）学习演奏那些不需要肌肉间细微协调的、简单的乐器。（奏乐活动层面）

（5）学会用视觉、运动觉、语言知觉等多种感官参与到聆听音乐中。（欣赏活动层面）[②]

---

① 教育部基础教育司. 幼儿园教育指导纲要（试行）解读[M]. 南京：江苏教育出版社. 2002:30-35.

② 尹爱青，曹理，缪力等. 外国儿童音乐教育（新版）[M]. 上海：上海教育出版社. 2011: 40.

（二）幼儿园音乐教育活动的三维目标

在幼儿园课程的认知、技能、情感三维目标的基础上，可以针对音乐教育活动的特性，以及幼儿学习音乐的具体情况和切实需要，对三维目标进行针对性的强调。如：认知目标侧重于音乐知识的学习与乐感的培养，技能目标侧重于音乐表达与创造，情感目标侧重于音乐熏陶和审美体验。

（1）乐感学习与培养（认知目标）：喜欢倾听、能分辨自然界及音乐中各种好听的声音；能感知、辨认声音的高低、长短、强弱的变化；能感知、再认音乐的旋律、节奏、和声、曲式；认识常见乐器，并对幼儿园常见乐器的功能和特性有一定了解。

（2）音乐表达与创造（技能目标）：能再现所学的旋律、节奏等音乐要素；能有感情地歌唱、演奏、表演所学的内容；能在音乐活动中大方地表演，以及与他人合作；能发挥主动性，进行创造性的即兴表达。

（3）音乐熏陶与审美（情感目标）：能感受到音乐的美，能感知音乐所传递的情绪，并在倾听音乐时产生相应的联想；能专心观看、欣赏音乐、舞蹈、戏剧等各种艺术形式，并有模仿和参与的愿望；能在欣赏艺术作品时萌发积极正面的情感。

（三）幼儿园音乐教育活动的年龄阶段目标

幼儿的音乐能力在3~6岁之间有着迅速的发展，幼儿的音乐意识开始觉醒，对音乐有了积极的反应，他们开始专注地倾听悦耳的声音，喜欢发自本能地模仿或唱出一些旋律性的音调，喜欢探索和实验各种节奏律动，喜欢尝试操作乐器等各种物体，对其发出的声音表现出极大的兴趣。在此阶段，幼儿不断地从外界环境吸收越来越多元、越来越复杂的音乐材料，对音乐的反应程度也不断地深化和增长，对音乐的表达能力和创造能力也不断提升。因此，需要将幼儿园音乐教育的活动目标按照年龄划分层次，依照循序渐进的系统化原则，对不同年龄阶段幼儿的音乐教育活动目标分别进行表述。

根据《3—6岁儿童学习与发展指南》，幼儿艺术领域学习的关键在于充分创造条件和机会，在大自然和社会文化生活中使幼儿萌发对美的感受和体验，丰富其想象力和创造力，引导幼儿学会用心灵去感受和发现美，用自己的方式去表现和创造美。关于音乐学习的目标如下：

1. 感受与欣赏

（1）目标1：喜欢自然界与生活中美的事物（如下表所示）。

喜欢自然界与生活中美的事物的年龄阶段目标

3~4岁	4~5岁	5~6岁
容易被自然界中的鸟鸣、风声、雨声等好听的声音吸引	喜欢倾听各种好听的声音,感知声音的高低、长短、强弱等变化	乐于模仿自然界和环境中有特点的声音,并产生相应的联想

(2)目标2:喜欢欣赏多种多样的艺术形式和作品(如下表所示)。

喜欢欣赏多种多样的艺术形式和作品的年龄阶段目标

3~4岁	4~5岁	5~6岁
喜欢听音乐或观看舞蹈、戏剧等表演	1.能够专心地观看自己喜欢的文艺演出或艺术品,有模仿和参与的愿望 2.欣赏艺术作品时会产生相应的联想和情绪反应	1.艺术欣赏时常常用表情、动作、语言等方式表达自己的理解 2.愿意和别人分享、交流自己喜爱的艺术作品和美感体验

2. 表现与创造

(1)目标1:喜欢进行艺术活动并大胆表现(如下表所示)。

喜欢进行艺术活动并大胆表现的年龄阶段目标

3~4岁	4~5岁	5~6岁
经常自哼自唱,或模仿有趣的动作、表情和声调	经常唱唱跳跳,愿意参加歌唱、律动、舞蹈、表演等活动	1.积极参加艺术活动,有自己比较喜欢的活动形式 2.艺术活动中能与他人相互配合,也能独立表现

(2)目标2:具有初步的艺术表现和创造能力(如下表所示)。

具有初步的艺术表现和创造能力的年龄阶段目标

3~4岁	4~5岁	5~6岁
1.能模仿学唱短小歌曲 2.能跟随熟悉的音乐做身体动作 3.能用声音、动作、姿态模拟自然界的事物和生活情景	1.能用自然的、音量适中的声音基本准确地唱歌 2.能通过即兴哼唱、即兴表演或给熟悉的歌曲编词来表达自己的心情 3.能用拍手、踏脚等身体动作或可敲击的物品敲打节拍和基本节奏	1.能用基本准确的节奏和音调唱歌 2.能用律动或简单的舞蹈动作表现自己的情绪或自然界的情景 3.能自编自演故事,并为表演选择和搭配简单的服饰、道具或布景

(四)幼儿园音乐教育活动目标制订的要求

(1)目标需以幼儿作为行为发出的主体。幼儿园音乐教育活动是以幼儿为主体的,活动服务于幼儿,满足幼儿的需要,能帮助幼儿的成长。以幼儿作为行为发出主体的目标描述，更能够让教师明确幼儿需要学习的内容，以及幼儿在活动中可能得到的收获，也更容易检验幼儿是否掌握了所要学习的知识与技能，教学目标是否达到。因此，以教师作为行为发出主体的“教给幼儿……启发幼儿……培养幼儿……”的表述应改为“理解……熟悉……学会唱……尝试……能进行……体验……”等以幼儿作为行为发出主体的表述句式。

思考与练习

将下列目标以幼儿作为行为发出主体的形式进行改写：

1. 教给幼儿运用轻柔连贯的声音学唱歌曲。

2. 指导幼儿创编第二段歌词。

3. 启发幼儿热爱大自然、关爱小动物。

（2）目标需具体、可检验，目标的表述应为行为描述。为了使目标更好地服务于幼儿的学习，不要采用笼统、模糊、概括性的描述。例如：“学会歌曲中的音乐知识，训练幼儿动作的灵活性、协调性”这样的表述，就过于抽象，没有明确幼儿需要学会哪几个音乐知识点，幼儿需要掌握哪几个动作，如何通过特定动作训练幼儿动作的灵活性、协调性等。教师在撰写活动目标时，应认真仔细分析音乐材料所蕴含的知识、技能点，将适合本班幼儿学习的知识、技能点提炼出来，结合本次活动的需要，从“幼儿具体要学会什么”的思考出发，进行详细具体的行为描述，这样的目标应该是可以被检验的，能够在活动结束后评估幼儿是否已经达成目标。

案例分析

如何撰写具体、可检测、描述行为的幼儿音乐目标？

例1：“理解歌词内容，学唱歌曲前半段，能唱出歌曲中的弱起拍。”

解析：此条目标准确地列出了幼儿需要学习和掌握什么内容，尤其是点出了需要掌握的难点“弱起拍”。

例2：“学会创编第二段歌词，用象声词表现小动物们的叫声。”

解析：此条目标明确点出了幼儿具体的创编任务，使教师在需要幼儿创编的活动环节更有目的性和针对性。

例3：“在教师的引导下，学会用摆动手臂动作来表现小鸟飞，结合旋律节奏进行动作；两个小朋友为一组，面对面地、轻柔地表演两只小鸟一起飞翔玩耍的情景。”

解析：在音乐技能学习目标的表述中，需尽量详细地描述幼儿需要学习的技能动作要点,使技能训练具有针对性,也能防止纪律混乱。

例4:“感受和表现小雪花关心爱护他人的情感。”

解析:在情感目标中,要根据音乐作品的内容以及幼儿德育要求,明确本次活动幼儿需要体验的具体情感。

(3)目标需系统化,符合幼儿的学习需要与能力发展水平。在制定目标时,需要将学习时间和学习内容纳入考虑范围,也就是认真思考幼儿如何在某一时间段通过一系列的音乐活动能够循序渐进地掌握某种音乐知识和技能。例如:幼儿在开始的一系列活动中,需先充分感知音乐的节拍,并能辨认强拍、弱拍,然后在下一系列活动中,学会倾听进行曲节奏,并随着节奏做身体律动,最后阶段的活动目标,是使幼儿学会随着进行曲节奏一边行走一边做打鼓的动作,编排出简单的打击乐队,等等。因此,教师在制订音乐活动目标时,眼光不应局限在单次活动中,而要关注幼儿音乐能力的持续增长与深化。

(4)目标需注重音乐综合能力的发展。在传统音乐教学活动中,往往过分注重幼儿的记忆、模仿等机械再现音乐作品的能力,在活动中主要关注幼儿是否“会唱”某支歌曲,“会表演”某种动作或“会演奏”某种乐器,而教学活动也往往以教师示范、幼儿模仿来完成。这样的音乐活动单一片面,不符合幼儿全面发展的需求,还可能因为要求高、形式枯燥而让幼儿产生畏惧心理。这就要求教师在制订活动目标时,不但要考虑到音乐知识与技能的传递,更要给幼儿充分的机会自由表达,发挥想象力进行自主创编,还要兼顾幼儿的情感体验,让幼儿在活动中充分体验到快乐,理解音乐作品所表达的各种审美情感,另外,自我表达、自我管理、社会交往、社会合作等个性发展和社会性发展也要在目标中体现。

二、幼儿园音乐教育活动的内容

在实践中,根据出发点和侧重点的不同,幼儿园音乐教育活动往往分为歌唱活动、韵律活动、奏乐活动、音乐欣赏活动四个内容进行,具体如下。

1. 幼儿园歌唱活动的内容

唱歌教学是最传统、最为普遍运用的音乐活动内容,在幼儿园音乐教育中居重要地位。从幼儿角度来说,声带是每个幼儿都有的天然乐器,是幼儿用来表达自我的主要渠道,幼儿天然乐意歌唱。从教学角度来说,歌唱活动可以随时随地组织,很少受客观条件限制。歌唱活动也被教育实践者认为是比较容易进行的,然而,幼儿的声带发育尚未完好,在音准、音域方面都受到限制,另外,新时代背景对传统的“老师示范,幼儿模仿”的单一教学模式提出了新的挑战,活动的创意性、趣味性受到了重视。是否给幼儿体验和创造的空间,能否促进幼儿的全面发展,教学方法是否具有科学性、适宜性,均值得认真思考。

【资料链接】

幼儿园歌唱活动的创新性建议：

(1)鼓励幼儿自主创编新歌词。大量研究观察发现，幼儿会自发地“发明创造”新歌词，将自己的想象或身边的小事编成歌词，即兴地加入已经学会的歌曲中，这种幼儿自发创编的歌曲，往往能激起幼儿及同伴的兴趣，迅速在小伙伴中流传开来。教师可以在歌唱活动中，将歌曲中某些特点突出印象深刻的部分，留给幼儿创编歌词的机会，不但可以调动幼儿参与活动的兴趣，还能开发幼儿的创造性。

(2)鼓励幼儿自主创编表演动作。为了帮助幼儿更好地理解和体验歌曲，也为了满足幼儿好动的特性，教师可以在歌唱活动中留给幼儿自主创编表演动作的机会，将一些具有情节性、重复性的片段拿出来，让幼儿发挥想象力，一边歌唱，一边用身体动作表现歌曲所描述的内容。

(3)充分抓住生成性教育机会，引导幼儿体验歌曲中的情感及教育意义。这就要求要给幼儿足够的空间进行思考、感受所学的歌曲，在幼儿充分感受歌曲所传达的内容和意义后，所提出的生成性问题，可以成为教师对幼儿进行情感和社会性教育的良机。

2. 幼儿园韵律活动的内容

韵律活动是将身体动作与音乐相结合的活动，包括律动操、集体舞、韵律游戏、动作造型等多种形式。在韵律活动中，幼儿在音乐的伴随下做动作，要求幼儿的动作符合音乐的情绪、节奏、力度的变化，使音乐变得更加直观，有助于幼儿深入理解音乐的内容、表情、曲式、风格，锻炼幼儿的身体协调能力，开发幼儿多重感官体验和表现音乐的能力。

各年龄阶段幼儿的动作能力发展。①3~4 岁的幼儿：此年龄阶段的幼儿能感知节拍，并随着节拍做简单的动作，能在动作中感受音乐的速度，并通过动作体现出来。教师可以设计简单的律动操，或一些短小的音乐游戏和舞蹈。②4~5 岁的幼儿：此年龄阶段的幼儿的动作能力有了较大发展，有了一定韵律活动经验，能够较好地与音乐合拍，动作更加轻松、灵活。③5~6 岁的幼儿：此年龄阶段幼儿的动作已能完全和音乐一致，可以随节拍的快慢改变动作的速度，能在动作中体现节拍重音。

3. 幼儿园奏乐活动的内容

幼儿园所组织的奏乐活动一般为打击乐演奏活动。幼儿对演奏乐器表现出极大的热情，乐器为幼儿提供了视觉、触觉和听觉的体验，对于幼儿来说，乐器是一些能够发出悦耳声音的玩具，幼儿乐于用乐器去探索各种音色和节奏，乐器成为幼儿想象力的一个出口。教师应该在幼儿的表达欲望与乐器之间找到一个桥梁，鼓励幼儿用乐器去自由表达他们的想象世界。幼儿在奏乐活动中，能提高对音色的辨别力，也能更深刻地感受音乐的节奏、节拍、重音等要素。另外，研究表明，幼儿从五岁开始是小肌肉迅速发展的时期，而声带还十分娇嫩，没有发展到完好地被大脑控制的水平，因此，器乐教育是进行幼儿音乐教学的良好手段。

【资料链接】

如何通过奏乐活动培养幼儿的想象力与创造力？由于乐器拥有丰富的音响效果，可以帮助幼儿去理解一个故事，甚至能帮助幼儿创编自己的故事。教师在教学中，应该创造启发幼儿想象力的机会。例：雨滴落在屋顶是什么声音？青蛙跳进池塘是什么声音？我们应该用什么速度去演奏？大象走路是什么声音？小老鼠偷油吃是什么声音？声音分别有多响？让幼儿自行挑选合适的乐器去模仿演奏。开发幼儿想象力、创造力、动手能力的另一个手段是引导和鼓励幼儿自制乐器并演奏。在科尔曼的儿童创造性音乐实验中，就有大量的制作乐器活动。幼儿学会用椰壳、调料盒等做鼓，在葫芦中放上石子制作沙锤，用装着不同水量的杯子做水杯琴，用龟壳做里拉琴，幼儿在用不同的物体材质制作乐器的实验中，也对音质有了更多的体验。

4. 幼儿园音乐欣赏活动的内容

古今中外有一些优秀的音乐作品，具有生动的艺术形象和极高的审美价值，教师可以挖掘出这些作品的潜在教育价值，促进幼儿的发展。例如：圣·桑的《天鹅》、柴可夫斯基的《四小天鹅舞曲》，就是对幼儿喜爱的天鹅形象的端庄娴静、轻盈灵巧的两种不同气质进行了描绘。这样的音乐作品结构复杂、技术难度大，不适合幼儿亲自去演唱、演奏，但非常适合组织音乐欣赏活动。幼儿能从中体会到音乐描绘的各种意境，初步感知各种乐器的音色，初步领略古典音乐的美好。音乐欣赏活动能为幼儿打开更为广阔的音乐世界，可供幼儿欣赏的音乐作品具有更加多样的风格，更加广泛深刻的题材内容，可以更好地丰富幼儿的音乐体验，提高幼儿的艺术感受力、理解力和审美能力。

如何把幼儿园的音乐欣赏活动设计得精彩纷呈？有一个对音乐欣赏活动的误区，就是将音乐欣赏简单地视为幼儿听音乐的录音，教师讲解音乐的知识。这种模式显然是远远不能引起幼儿兴趣，满足幼儿需要的。对幼儿来说，将音乐欣赏变为可视化、可参与的音乐活动，更容易唤起儿童对音乐的兴趣。因此，教师可以设计讲故事、启发幼儿自由联想、绘画、音乐游戏等多个环节，为音乐欣赏活动增加趣味性。音乐欣赏活动最重要的是帮助幼儿全方位地理解音乐，沉浸在音乐之中。

5. 幼儿需要学习的音乐要素

在幼儿园音乐教育活动中，要求幼儿能够感知各种音乐要素，以及它们在音乐中的作用，这样才能培养幼儿敏锐的音乐审美能力。音乐要素包括节奏、旋律、和声、曲式结构、音色、力度、速度、风格等，为更有效地达成幼儿园音乐活动中的音乐认知目标，往往需要教师列出本次活动需要学习的具体音乐要素。以下从幼儿应当学习和掌握的音乐要素进行阐述：

（1）节奏。节奏感的发展对幼儿日后的音乐敏感力发展非常重要。节奏是有一定模式的声音的动与静的组合，是构成音乐的骨架。节奏是音乐中最容易被人们感知的要素，幼儿在听到节奏感强烈的音乐时，会自然地随着音乐的拍子摆动身体，当幼儿在被教唱歌曲时，也是最容易被节奏吸引注意力的。学习有节奏地运动，是促进幼儿认知发展的重要手段。幼儿的节奏学习，主要是拍子、重音、节拍、时值。可以从幼儿熟悉的音乐入手，先让幼儿对节奏有了听觉体验之后，再教相应的节奏符号。在幼儿园音乐教育实践中，教师可以设计韵律操，让幼儿随着拍子和音乐进行拍手等律动，或者进行语言节奏练习，用不同的拍子来朗诵儿歌、童谣，都能让幼儿对节奏有直观的体验。

（2）旋律。旋律是被完整感知的一组音，人们能感知到一首优美歌曲中音的高低起伏，所以对旋律认知在于对音的高和低的理解。幼儿学习旋律的层面包括感知音的高低、感知旋律线、感知旋律的调性。幼儿对旋律的认识可以从感知音高开始。例如在幼儿的探索中，会发现大的物体发出的声音低，小的物体发出的声音高，这时教师可以通过画一只飞到天上的小鸟来表示高音，一只躺在地上的大狗熊表示低音。理解音的高低概念后，幼儿可以学习感知音高和旋律的轮廓——旋律线。它由一组不同音高的音构成。幼儿可以感知到旋律线的上行（音高逐渐变高）和下行（音高逐渐变低），教师可让幼儿通过身体动作（如向上或向下挥手）感知旋律线，或者画出旋律进行的线条。柯尔文手势或简化的两线谱也是帮助幼儿直观认识旋律的方法。在幼儿对音高和旋律线有一定感知后，教师可以帮助幼儿学习首调唱名法，让幼儿理解并有调性地唱旋律，建立调性的概念。

（3）和声。幼儿对和声的理解要比其他音乐要素晚些，多旋律、多个音同时响起，对幼儿来说比较复杂，但教师仍然可以通过多种方式让幼儿初步感知到和声。如运用节奏性或旋律性的固定音型进行演唱或演奏。

（4）结构。每首乐曲都有自己的内在结构，通常表现为乐曲的重复和变化。幼儿园音乐教学活动中，可以让幼儿从乐句的重复开始，感知乐曲的结构。许多儿童歌曲，都有明显的乐段组成，常见的有乐段“A+B”组成的二段式，也有乐段“A+B+A”组成的三段式。教师可以通过图画和不同动作表示乐曲的乐段，帮助幼儿认知乐句和音乐结构。

（5）音色。感受音色是儿童早期乐感发展中的一个重要兴趣点，相同的一个旋律可以用不同的音色来表达，产生不同的效果。儿童早期已经开始敲击并聆听各种物品、让玩具发出各种声音，自主地探索各种不同的音色了。教师可以在幼儿园音乐教育活动中引导幼儿探索各种乐器，甚至自然界各种声音的音色。还可以用不同音色的乐器为小故事伴奏，一起探讨音乐中不同音色带来的效果。

案例分析

《小雨沙沙》二重唱（中班音乐活动）

小雨沙沙

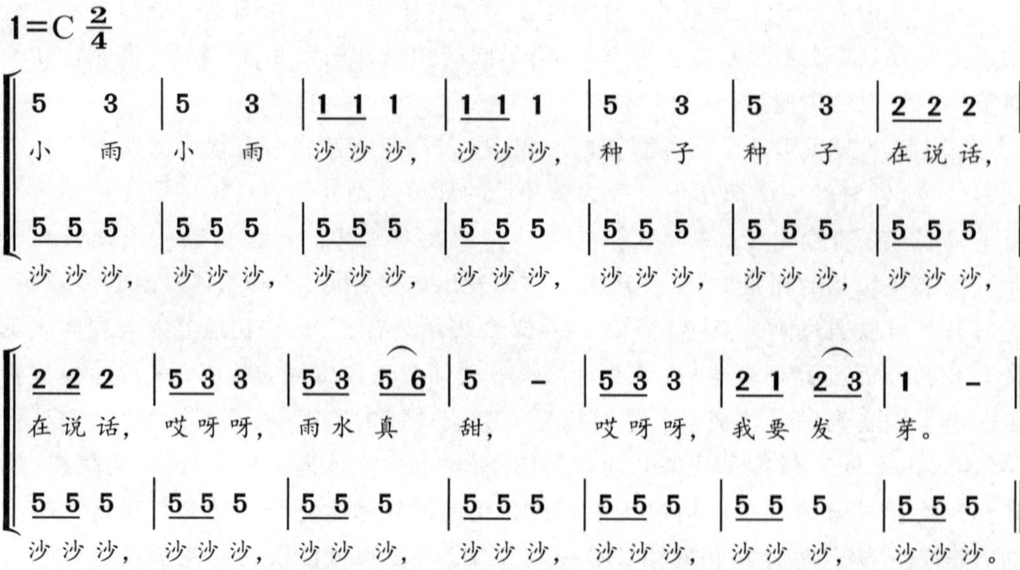

活动设计指导：在这首《小雨沙沙》中，教师可以先教唱全曲，等幼儿学会唱好全曲后，将副歌“沙沙沙，沙沙沙”部分提取出来，让幼儿充分感受这一部分固定音型的旋律和节奏。可以先让全体幼儿轻声唱“沙沙沙——，沙沙沙——”部分，教师唱全部歌曲，幼儿作为教师的伴奏。当幼儿充分理解了两条旋律线同时进行后，可以让一部分幼儿唱歌曲，一部分幼儿轻声唱固定伴奏音型。这样的练习能帮助幼儿感知声部的独立性和提高听觉能力，为今后的和弦学习、多声部歌曲演唱、复调乐曲的学习打下基础。

6. 幼儿园音乐教育活动中的音乐素材选取

在幼儿园音乐教育活动中，幼儿是活动的主体，音乐是活动的载体，音乐必须服务于幼儿，帮助幼儿成长。因此，幼儿教师在选取幼儿园音乐教育活动的音乐素材时，要从幼儿的生活环境和成长需要出发。幼儿园音乐教育活动中使用的音乐素材一般来说有两种来源：

(1)幼儿非常喜爱的音乐。一切幼儿喜爱的音乐均有被开发成一堂精彩的音乐活动的潜能。一般来说，幼儿喜欢节奏鲜明、旋律简洁优美、富有童趣的音乐，这类音乐往往具有生动的故事情节、描述幼儿喜爱的形象，具有一定教育意义。这类音乐的内容多样，主要有幼儿歌谣、民间音乐、古典音乐等。在幼儿园音乐教育活动的设计中，老师不该局限在某一特定范围的少数几首儿歌中。除了《数鸭子》《粉刷匠》《一只哈巴狗》等耳熟能详的经典儿歌外，还有经典民谣《拔根芦柴花》《月光下的凤尾竹》、新创作民谣《蜗牛与黄鹂鸟》等，都可以用来服务于幼儿园音乐教育活动设计。古典音乐也是幼儿音乐活动的巨大资源宝库，柴可夫斯基的《胡桃匣子》、穆索尔斯基的《图画展览会》、圣·桑的《动物狂欢节》等，都是想象力丰富、音乐形象生动有趣的优秀作品，非常适合作为幼儿园音乐教育活动的素材。只要教师充分发挥想象力与创造力，当代流行歌曲、动画片主题曲等，亦可以作为优秀的幼儿园音乐教育素材。在许卓娅教授的精品课《学前儿童音乐教育》中，用通俗歌曲《牛仔很忙》也设计出了一堂精彩的幼儿音乐韵律活动。因此，幼儿教师必须在音乐领域涉猎广泛，平日多多积累音乐素材，凭借丰富的专业知识和实践经验，敏锐地挖掘适合幼儿音乐活动的素材，将这些素材进行改编、创造，设计出幼儿喜爱、寓教于乐的音乐活动。

(2)幼儿自发创造的音乐。除了上述现成的音乐外，幼儿在平日生活玩耍或参与音乐活动时自己创造出来的音乐，也可以作为幼儿园音乐活动的良好素材。幼儿在自由玩耍、游戏的时候，会本能地创造出一些原始的音乐片段。研究观察发现，幼儿对音乐的创造性探索在婴儿时期就开始了，音乐是幼儿的自我表达方式之一，幼儿往往会探索和创造各种声音、节奏来表现自己的情绪、叙述一段小事，或者进行游戏、自我娱乐。在现今幼儿音乐教育理念中，培养幼儿的创造力备受重视。在幼儿园音乐活动设计中，往往会设计幼儿参与音乐创编的环节，这些由幼儿在活动中创造的新音乐，以及幼儿在平日玩耍时自发创造的音乐片段，幼儿园教师可以有意识地记录、选摘、改编、加工，作为今后音乐活动的素材。使用幼儿自发创造的音乐作为活动素材，不仅尊重了幼儿的自我表达，提高了幼儿的参与度、积极性，还能充分让幼儿感受到创造和表达的乐趣。

注意，并不是所有的音乐都能够作为幼儿园音乐教育活动的素材，现在市面上流行的音乐不乏粗制滥造、趣味低级的作品。教师在使用流行音乐作为活动素材的创新尝试时，应该排除过分嘈杂尖利、损坏幼儿听觉和音乐感的歌曲，以及充满负面情绪、描述幼儿不能理解的成人世界的靡靡之音。总而言之，教师选取的音乐，应该是具有较高审美趣味、能够帮助幼儿精神成长的音乐。

第三节
幼儿园音乐教育的途径与方法

一、幼儿园音乐教育的途径

1. 专门性的音乐教育活动

专门性的音乐教育活动，指的是教师按照幼儿园音乐教育的目标，有计划地选择音乐的主题和材料，安排专门的时间和场地，专门设计和组织的幼儿音乐活动。根据活动内容的侧重点不同，可以将专门性的音乐教育活动分为唱歌活动、韵律活动、奏乐活动、音乐欣赏活动。

2. 渗透性的音乐教育活动

渗透性的音乐教育活动，指的是那些没有以专门设计的音乐活动的形式出现，整合或贯穿于幼儿园一日生活、主题活动中的音乐教育活动。

（1）幼儿园一日生活中的音乐教育活动。在幼儿一日生活的各个环节，如吃饭、睡觉、运动、游戏、阅读的时候，教师可以播放优美音乐，用音乐律动来作为组织纪律的口令、玩音乐小游戏等，将音乐教育活动灵活地渗透到幼儿一日生活中。

（2）幼儿园主题活动中的音乐教育活动。幼儿音乐活动也可以整合在其他领域的主题活动、综合主题活动中，如音乐诗朗诵、数数歌、英语儿歌、儿童剧表演等。

二、幼儿园音乐教育活动的设计与组织

（一）幼儿园歌唱活动的设计与组织

1. 幼儿歌曲的选择

（1）歌词方面。给幼儿选择歌曲，首先要求歌词足够简单，符合该年龄阶段幼儿的理解水平。其次，歌词最好有重复，有着大量重复、对仗工整的歌词，便于幼儿记忆，也留给幼儿自主创编新歌词的空间。在歌词的内容上，描述幼儿日常生活、大自然、动植物的题材会让幼儿感到亲切熟悉，富有童话性、幻想性的歌词，塑造生动的

形象，描述有趣的情节，也是很受幼儿欢迎的。这样的歌词能够让幼儿更加投入感情地去体会、学习和歌唱，让歌唱成为幼儿发自内心的自然表达。

（2）歌曲方面。幼儿声带处于发育期，比较娇嫩，音色较清脆，一般能唱小字一组 c^1~a^1 之间的音，加上幼儿音准控制能力较差，因此，应该为幼儿选择在他们能够舒适自然发音的音域内，旋律简单的歌曲，相邻音符的音程最好在三度以内，尽量不要出现音程跨度过大的旋律。另外，幼儿肺活量小，呼吸短促，吐字不清晰，为幼儿选择的歌曲节奏不宜过快，音符时值不宜过长。对于较小年龄的幼儿，尽量不要选择有十六分音符、附点音符、切分音的歌曲，这些相对复杂的知识点和技巧应在幼儿掌握基本音准和节拍后逐渐加入幼儿的学习中。

2. 幼儿歌唱活动的设计方法

（1）从情境开始。幼儿歌曲的情境，可以是一幅美丽的画面，或者是某种生动的形象，或者是一个有情节的故事。如有一些经典的儿歌的歌词描绘了一幅生动的画面，教师可以为这些画面编一个小故事，或者向幼儿提问，用幼儿的回答揭示完整的歌词。这样的设计，可以让幼儿对歌曲有一个感性的认识和直观的感知，幼儿先被故事和画面吸引，充分了解了歌词所呈现的内容，教师再从语言角度教幼儿相应的歌词。

（2）从朗诵开始。在展示歌曲情景之后，教师可以带领幼儿将歌词有节奏地朗诵。或者是一些具有“无意义”音节的歌词，难以用情节和画面来展示的歌词，教师可以直接用童谣的方式教幼儿有节奏地朗诵歌词。在幼儿学会有节奏地朗诵歌词后，教师加上旋律，完整地教幼儿把歌曲唱出来。

（3）用画面辅助。画面辅助可以在歌曲情境导入时使用，帮助幼儿理解歌曲，也可以在幼儿学会唱全曲后，作为幼儿对歌词记忆的辅助。幼儿对文字的阅读能力有限，具有提示情节发展和场景变换的连环画、多联画等，可以很好地帮助幼儿记忆歌曲的发展和段落。

（4）用动作辅助。有些儿歌描述的是一些很明显的动作，可以先让幼儿学会这些动作，再组织幼儿有节奏地表演动作。在幼儿表演动作的过程中，教师可以把歌词配合着动作有节奏地唱诵出来，最后加上旋律，教会幼儿演唱全曲。

（5）用游戏辅助。一些儿歌本身就是为幼儿游戏而写成的歌曲，如《丢手绢》和《找朋友》，儿歌游戏可以在活动开始的环节使用，教师先教会幼儿游戏的动作和规则，让幼儿把游戏玩起来，在幼儿玩游戏的过程中，教师教唱歌曲。游戏也可以在幼儿学会唱歌曲后进行，作为对新学歌曲的巩固。

（6）用歌词创编延伸。在幼儿充分掌握新学的歌曲后，教师可以邀请幼儿为歌词做创编，调动幼儿对歌唱活动的积极性，增加幼儿对所学歌曲的兴趣，加深幼儿对新学歌曲的印象。一般来说，有着可重复的歌词是创编的较好素材。

3. 幼儿歌唱活动的组织要求

（1）示范准确。教师首先要保证自己示范唱歌时的音准和节奏是正确的，这是保护和培养幼儿乐感的基本要求，不然会给幼儿的音准和听力带来极大破坏。

（2）伴奏合理。教师需要掌握基本的伴奏技巧。首先要确定歌曲的主旋律和风格，选择好和弦和适合歌曲风格的伴奏音型。幼儿歌曲所使用的和弦较为简单，一般用Ⅰ级、Ⅳ级、Ⅴ级和弦就可以满足大部分伴奏需要。幼儿歌曲的风格大致分为抒情曲、舞曲、进行曲三种，教师在把握歌曲的整体风格后，选择相应的节奏音型。教师可以创编歌曲前奏帮助幼儿齐唱，前奏有提示歌曲的情绪、速度、音高的功能，但教师不能随意变换前奏，应该让幼儿充分熟悉前奏，听懂前奏和呼拍的指令。教师的伴奏要突出主旋律，音量不能盖过歌声。

（3）情感处理得当。教师在教学过程中，要考虑歌曲的主题思想和情绪表达，思考用什么样的速度、力度、音色来表现，使歌曲更有表现力，幼儿能更好地把握歌曲的情感。

【资料链接】

幼儿教师如何科学地教幼儿歌唱

1. 歌曲音域最好在小字一组的c^1和a^1之间。有关研究表明，幼儿最自然的发音区域是小字一组的c^1和a^1之间，在此音域内的歌曲，幼儿学习起来轻松自然，容易掌握。

2. 教会幼儿轻声、清楚、自然、有控制地发声。在幼儿园歌唱活动中存在的普遍问题是幼儿不懂得正确控制嗓音，唱歌变成了“大声喊叫”，教师应该从教会幼儿轻声自然地使用声音入手，这不但有利于保护幼儿的嗓子，还能帮助幼儿准确辨别音准，学会有控制地进行情感表达。

3. 应从下行小三度音程开始，多练习“sol mi”音型。研究表明，在对3岁幼儿进行发音教学时，应从婴幼儿最早获得的音区小字一组的a^1（每秒钟振动440次的标准音）开始，逐渐向下唱。在歌唱教学活动的初期，应尽量选用符合此规律的歌曲。

（二）幼儿园韵律活动的设计和组织

1. 幼儿园韵律活动的素材选取

（1）音乐的选择。比较适合作为幼儿园韵律活动的音乐素材类型有两种。第一种是节奏性强的中外民间舞曲、舞蹈音乐、轻音乐。这类音乐节奏明显，风格活泼轻快，可以根据幼儿音乐教育活动的需要进行节选和改编，同时，这类音乐有着明显的节拍点，让幼儿听了就想跟着音乐动起来。第二种适合幼儿园韵律活动的音乐是有故事情节、有情景画面的音乐，根据故事和情景的不同，可以是欢快的，也可以是舒缓的，这类音乐带有特定的情感色彩，能给幼儿表演的空间，以及发挥想象力和创编动作的空间。

（2）动作的选择。幼儿园韵律活动的动作一般分为“一般生活动作”“律动模仿动作”和“舞蹈动作”。

“一般生活动作”指的是走、跑、跳、点头、摇摆手臂等日常生活中经常出现的动作。在一些节奏明快的音乐中，教师可以设计或让幼儿创编与音乐表达相吻合的动作，让幼儿通过这些简单易学的动作随着音乐进行律动，以充分感知音乐的旋律传达的信息。在奥尔夫音乐教学法中，通过身体动作发出声响的跺脚、拍腿、拍手、捻指也就得到广泛使用。

“律动模仿动作”指的是对外界进行象征性模仿的动作，如挥舞手臂表现小鸟飞翔，手指举到头顶蹦跳模仿小兔子，模仿刷牙、洗手帕、拔萝卜、摘果子的动作等。在一些描述日常生活情节或生动形象的音乐中，教师可以创编或鼓励幼儿自主创编能反映音乐所展现的情景或形象的动作，加深幼儿对音乐的理解，提高幼儿对活动的兴趣。

“舞蹈动作”指的是根据幼儿需要和发展水平，改编中外舞蹈艺术的艺术动作。“一般生活动作”和“律动模仿动作”可以由教师给予幼儿机会充分自主模仿探索，而“舞蹈动作”难度稍高，应由教师根据实际需要，逐步在中班、大班阶段加入。

2. 幼儿园韵律活动的设计方法

（1）集体舞的设计方法。幼儿园韵律活动中的集体舞指的是多个幼儿组成一个整体进行舞蹈律动，这种形式的韵律活动有助于培养幼儿的整体感和集体感，是幼儿发展空间概念和人际交往能力的重要渠道。集体舞可以采取集体动作模式和舞伴模式。在集体动作模式下，队形的设计很重要，一般可以采取圆圈队形，可以是单圆圈，幼儿可以面向圆圈方向顺时针或逆时针移动，也可以面向圆圈前进或后退移动。还可以组成双圆圈队形，一般是大圆圈在外小圆圈在内，在此基础上做面向圆圈上或面向圆心同向或反向移动。舞伴模式可以是在队形状态下，也可以是在自由空间状态下。在舞伴模式下，两个以上的幼儿共舞，有固定舞伴模式和更换舞伴模式。固定舞伴的模式下，无论在队形状态下还是在自由空间状态下，幼儿都只需要跟特定的一个或数个舞伴共舞。更换舞伴模式下，教师可以设计简单易操作的舞伴更换规则，如双圆圈连续更换舞伴模式。

（2）律动操的设计方法。组织幼儿进行律动操的过程一般有三个阶段：第一个阶段是音乐感知。让幼儿充分熟悉音乐，了解音乐的节拍和结构，感知音乐所表达的情感和所描绘的画面。第二个阶段是动作观察与模仿。幼儿在此阶段中观察和模仿教师的示范动作、其他幼儿的示范动作，或者音像制品里的示范，还可以观察和模仿生活中或大自然中各种事物提供的造型形象和运动方式。第三个阶段是动作探索与创编。在幼儿掌握了基本的律动动作后，教师可以引导幼儿根据音乐的特点向幼儿提问，探索尝试更丰富的动作，或者给幼儿完全的自由创编空间，让幼儿根据音乐的特点，发挥想象力，自主创编新动作加入律动操中。

(3)音乐故事表演的设计方法。此类韵律活动包含了一个有情节的故事，首先要让幼儿聆听音乐，给幼儿讲述音乐中表现的故事，让幼儿充分熟知故事情节、角色形象、情感表达。然后让幼儿依据故事的发展和角色的特点来创编动作。最后让幼儿一边听音乐一边大胆地表演动作。在活动过程中，可以让幼儿分组表演，扮演不同角色。在音乐故事表演的韵律活动中，教师要给幼儿足够的审美想象空间，也要给幼儿足够的支撑，如用表示故事发展顺序的连环画、背景图来作为动作变换的提示。

(4)韵律游戏的设计方法。韵律活动可以设计成丰富的音乐游戏，例如：控制游戏、身体接触游戏、猜谜游戏、领袖模仿、追逐游戏、快速反应游戏等。音乐游戏的设计步骤：第一阶段是让幼儿充分地感知音乐，尤其是对音乐的节奏以及段落结构的感知；第二阶段是讲解游戏的规则和玩法，并邀请幼儿上来示范练习；第三个阶段是教师创设情境，引起幼儿对游戏的兴趣，正式进入游戏环节。在此阶段，教师应该让幼儿自愿选择所担任的角色，并有意识地让更多的幼儿担任主要角色。

3. 幼儿园韵律活动的组织要求

(1)口头讲解与身体示范相结合，手把手纠正动作。对较复杂的动作，教师应该进行动作分解示范，并用明确的语言进行讲解。教师可以把口令指示和音乐节拍结合起来，比如“左、二、三，右、二、三”。在动作纠正上，教师应该手把手地教幼儿正确动作，让幼儿获得相应的肌肉感觉记忆。

(2)情绪调整与纪律控制相结合，培养幼儿学习素质。幼儿处于个人神经系统发展兴奋强于抑制的阶段，韵律活动是不稳定因素大于稳定因素的活动。为了将幼儿群体的情绪始终保持在舒适的、适度兴奋的水平之内，教师应该学会巧妙地设计和控制活动，动静结合，避免幼儿产生涣散感、茫然感、焦虑感等消极情绪，同时也要注意幼儿出现推搡、打闹等兴奋扩散状态，帮助幼儿学会在集体活动中拥有正确的人际交往态度和行为。

(三)幼儿园奏乐活动的设计和组织

1. 幼儿园奏乐活动的素材选取

(1)音乐的选择。幼儿园奏乐活动往往让幼儿以简单乐器(主要是无固定音高的打击乐器)对原始音乐作品进行伴奏的形式进行。对原始音乐作品的选择，要以结构工整、旋律清晰优美、节奏鲜明富有特点为标准，一般为进行曲、舞曲、节奏鲜明旋律优美的民间乐曲，还有幼儿熟悉与喜爱的儿童歌曲等。

（2）乐器的选择。幼儿园中常见的乐器种类，包括有固定音高的乐器和无固定音高的打击乐器。

有固定音高的乐器。在奥尔夫音乐教学体系中，有大量针对幼儿特点进行改良的钟琴、木琴、钢片琴、竖笛、低音提琴、吉他等。这些乐器经过改良后简单易用，幼儿无须经过冗长枯燥的技术练习即可操作，幼儿可用来奏出带有旋律的乐曲，探索和感知不同的音色、音高。

无固定音高的打击乐器。打击乐器是幼儿园教学实践中最常见的乐器，许多打击乐器都不需要肌肉细微调节做精密运动，容易被幼儿掌握，包括铃鼓、手鼓、木鱼、三角铁、沙锤等。由于打击乐活动经常以伴奏、集体演奏的方式进行，对幼儿节奏感、合作意识、集体观念的培养都有很大帮助。

在国内幼儿园奏乐活动实践中，往往以打击乐器演奏活动较为常见。活动中，音乐的主旋律是由教师演奏或者由录音带播放，幼儿无须负责音准和节奏，仅需用打击乐器进行伴奏，参与到音乐作品中来，让音乐作品更加丰富。选择打击乐器要与幼儿使用乐器的能力相匹配，以大肌肉（手臂）动作为主、手眼协调要求较低的动作为主，乐器的使用最好是简单的和多重复的，不宜过多复杂变化。

2. 幼儿园奏乐活动的设计方法

（1）充分倾听音乐。对原始音乐作品的充分倾听是奏乐活动教学的第一步。从教师教学的角度来说，教师设计幼儿奏乐活动前，首先要将原始音乐作品吃透，把大结构划分出来，仔细吟唱体会各个段落、乐句，把结构中各部分的具有突出特点的节奏型和音色提取出来，考虑所选用的乐器，以及齐奏、合奏、轮奏等形式。从幼儿学习音乐的角度来说，活动的第一步也应该是让幼儿对音乐作品的旋律、节奏、情绪、风格从整体上进行感知、把握。

（2）巧妙设计总谱。组织一个多声部的乐队，有必要使用总谱，然而我们常用的简谱、五线谱形式的总谱，对幼儿来说难度较高，为了减轻幼儿在学习中的认知负担，幼儿教师通常会使用以动作、图形来表示的动作总谱或图形总谱。例如：教师用简笔画画出生动俏皮且特征明显的沙锤、铃鼓、木鱼、军鼓等，设计出幼儿能够轻易辨认和读懂的简单“总谱”，让幼儿一眼就看明白乐曲进行到何处应该使用什么样的乐器。

3. 幼儿园奏乐活动的组织要求

（1）活动开始环节。教师要训练幼儿，使其在听到音乐的相关信号后整齐地将乐器从座椅下面取出。乐器拿出来后，不演奏的时候要将乐器放在大腿上，不发出声音。幼儿需学会看指挥者手势，在指挥下整齐拿起乐器，做好演奏的准备姿势。

指挥者应知道如何通过动作表示“准备”“开始”“结束”,如何用指挥动作表示节奏和音色的变化,如何在声部转换前示意下一个将要演奏的声部。

(2)活动进行环节。教师要训练幼儿学会眼睛注视指挥者,注意倾听音乐和他人的演奏,努力与音乐旋律节奏及他人的演奏相协调。演奏的时候注意力集中,不演奏的时候保持安静,不要做与演奏无关的事情。在拿起、放下、交换乐器时,要做到安静迅速,不发出桌椅和乐器碰撞的声音。

(3)活动结束环节。教师要训练幼儿按照指挥者的手势将乐器放回大腿上,在教师指导下把乐器放回原来的位置。

(四)幼儿园音乐欣赏活动的设计和组织

1. 幼儿园音乐欣赏活动的素材选取

(1)符合幼儿的兴趣要求。教师应选取形式多样、具有鲜明生动的音乐形象的音乐作品,并且具有较高的审美水平。

(2)符合幼儿的接受水平。教师选取的音乐作品应当考虑幼儿对音乐的可感性、可接纳性,充分考虑音乐的形式是否突出、长度是否适宜、结构是否工整等,所选用的音乐应该符合幼儿的生活经验以及已有的音乐知识。

2. 幼儿园音乐欣赏活动的设计方法

(1)运动觉参与法。对于年龄较小的幼儿,可以通过随着音乐歌唱、做动作、进行简单的打击乐伴奏、情境表演的方法,来感知和表现音乐。比如在欣赏贝多芬的《欢乐颂》时,由于此曲音域较窄,节奏简单,幼儿可以参与到音乐的唱诵中。而对于莫扎特的《土耳其进行曲》,因其节奏感强,结构工整,老师可以设计简单的律动动作或打击乐伴奏,让幼儿通过身体动作更好地感知音乐节奏和结构的特点。

(2)视觉参与法。通过美术欣赏和美术创作来感知和表现音乐。对于有故事性、结构清晰的音乐作品,教师可以让幼儿欣赏其展示的音乐各结构内容的图画帮助幼儿理解音乐。对于一些画面感强的音乐作品,教师可以让幼儿针对某一个具体音乐形象,尝试用绘画的方式表现出来。比如贺绿汀的《牧童短笛》,教师可以用一幅表现牧童在牧牛的清新淡雅的水墨画帮助幼儿欣赏音乐的意境。在对柴可夫斯基《糖果仙子》的欣赏中,可以让幼儿亲自画出心目中轻盈灵动的糖果仙子形象。

(3)语言知觉参与法。通过创编儿歌和故事,让幼儿感知和表现音乐,参与到音乐作品中来。比如舒曼的《梦幻曲》,平静舒缓的节奏不适合律动和奏乐;音域宽、变化细腻的旋律也不适合歌唱;意境悠远、音乐表现缺乏具体形象,又不适合幼儿的绘画表现水平。这时教师可以考虑采用配乐诗歌或故事,来让幼儿充分感知此曲的优美意境。

3. 幼儿园音乐欣赏活动的组织要求

（1）音乐欣赏活动的准备环节。在这一环节中，幼儿教师可以通过图画、故事等作为引导，先给幼儿描绘一幅生动的画卷，引起幼儿的无限遐想与兴趣。教师应结合幼儿之前的学习经验，用巧妙设计的导入环节，循序渐进地给幼儿介绍新的音乐作品，注意不要一下子让幼儿接触完全陌生的体裁和风格。

（2）音乐欣赏活动的进行环节。在这一环节，教师要注意对幼儿音乐感知力的培养，激发幼儿的音乐审美情感。教师应重视对音乐本身内涵的理解和挖掘，帮助幼儿了解音乐的表现手段，音乐作品的内容、形象、结构等基本知识。教师可以设计游戏活动，把体态律动、乐器伴奏、小情景剧目、听音乐讲故事等融合进音乐欣赏活动中，让幼儿打开多种感官通道，全身心地参与音乐欣赏活动中，更好地感受优秀音乐作品的内涵，感受音乐欣赏带来的快乐。

（3）音乐欣赏活动的结束环节。对优秀音乐作品的欣赏与喜爱，能够陶冶幼儿情操，塑造幼儿人格气质，是幼儿一辈子的宝贵财富。在音乐欣赏活动后，教师要注意发展和巩固幼儿的审美记忆，在今后的音乐欣赏活动中，或者幼儿园其他领域的活动、各种节日主题活动，甚至幼儿一日生活中，尽量创造机会让幼儿多多接触他们学习欣赏过的优秀音乐作品，不断地加深幼儿对这些优秀音乐作品的印象，让这些优秀音乐作品成为幼儿生活的一部分。

案例分析

《一只小小老鼠》（小班歌唱活动）[①]

一只小小老鼠

1=C $\frac{4}{4}$

p 1 2 1 2 3 1 | *mp* 2 3 2 3 4 2 | *mf* 3 4 3 4 5 3 | *f* 5 4 3 2 1 - ‖

一只 小小 老 鼠，出来 偷吃 白 米，一只 老猫 看 见，一把 抓住 它。

◇活动目标

1. 感受和表现音乐中力度的变化——渐强和重音。感受和表现音乐中的节奏。

2. 探索用表演动作的方式来表现渐强和重音。

① 许卓娅. 幼儿园音乐教育活动[M]. 北京：人民音乐出版社，1995：10-12.

3. 学习自由结伴表演，享受表情交流和有分寸的身体接触带来的快乐。

◇活动过程

1. 学会唱这首歌，在理解歌词内容形象的基础上学会按音乐规定的音量变化要求演唱。

2. 学习用拍手或拍腿(双手同时拍)的方法来表现音乐的节奏和力度变化。

3. 创编歌表演动作，学习用动作的由低渐高来表现渐强，用突发性动作表现重音。

4. 两人一组面对面进行歌表演。学习如何较快地找到同伴；学习在“一把抓住它”处突然抱住对方，而双方都能对拥抱对方所用的力度感到满意。

◇指导建议

1. 在学习用手拍节奏时，教师要自己边唱边做示范，而且示范要较慢并较夸张，以便于幼儿观察和学习。

2. 在创编歌表演时，可按小节变化动作。动作节奏以与音乐自然配合为好，不必要求一拍一拍或一个音一个音地去做，但强弱要做出来。

3. 在学习结伴时，教师应特别注意指导反应慢的儿童就近结伴或在活动准备时就想好将要与何人结伴；指导拒绝同伴的幼儿和被同伴拒绝的幼儿应如何调整自己的行为。

4. 在指导幼儿注意接触分寸时，一般应事先提醒：不要太用劲儿，不要把同伴弄疼了；另外教师也可以示范和请做得好的幼儿来做示范。

5. 在结伴活动中，教师应经常提醒幼儿注意体会：他们和朋友一起表演是十分开心的。

◇评价要点

1. 能按要求表现和创造出渐强和重音。

2. 结伴活动中，会用眼睛和体态，尽量少用或不用语言来邀请同伴。

3. 能较好地注意和理解同伴的眼神和体态。

4. 能较有分寸地与同伴进行身体接触。

【考查要点】

幼儿园音乐教育活动是幼儿园五大领域中艺术领域的一部分，在幼儿园教师资格考试中常有涉及。本章内容在历年考试中多在面试环节出现，往往是给出一首幼儿歌曲，让考生弹唱歌曲并设计音乐教育活动。因此，在学习本章节过程中，应多关注幼儿园音乐教育活动的目标设计、内容设计、教学方法设计等，特别是要掌握幼儿园音乐教育活动的基本步骤和方法。教师资格考试中的音乐领域面试题对考生的音乐技能具有一定要求，因此，考生在熟悉音乐活动设计方法之外，应注重乐理、视唱、音乐相关知识的复习，平时打好唱歌、弹琴、舞蹈的基本功。另外，对音乐教育活动理论与知识的实践掌握，离不开牢固的儿童发展心理学基础，相关题型亦会在笔试部分出现。

【真题解析】

1.(2018年上半年选择题)教师在组织中班幼儿歌唱活动时，合理的做法是(　)。

A.要求幼儿用胸腹式联合呼吸法唱歌

B.鼓励幼儿用最响亮的声音唱歌

C.鼓励幼儿唱八度以上音域的歌曲

D.要求幼儿用自然声音唱歌

【答案解析】D。中班幼儿能用自然、音量适中的声音基本准确地唱歌。

2.(2014年下半年选择题)下列哪种方法不利于缓解或调控幼儿激动的情绪？(　)

A.安抚　　B.转移注意　　C.冷处理　　D.斥责

【答案解析】D。安抚、转移注意、冷处理均有利于缓解或调控幼儿激动的情绪。

3.(2014年下半年选择题)有的幼儿擅长绘画，有的善于动手制作，还有的很会讲故事，这体现的是幼儿(　)。

A.能力发展速度的差异　　B.能力水平的差异

C.能力发展早晚的差异　　D.能力类型的差异

【答案解析】D。题中差异属于能力类型的差异。

4.(2014年下半年选择题)适合幼儿发展的内涵是指(　)。

A.追随幼儿的兴趣　　B.适合幼儿发展的规律与特点

C.任其自由发展　　D.跟随幼儿的发展

【答案解析】B。适合幼儿发展的内涵是指适合幼儿发展的规律与特点。

5.(2014年下半年材料分析题)小虎精力旺盛爱打抱不平，做事急躁马虎，爱指挥人，稍有不如意，大发脾气，甚至动手打人，事后虽也后悔，但难克制。

(1)你认为小虎的气质属于什么类型？为什么？

(2)如果你是小虎的老师，你准备如何根据气质类型的特征实施教育？

【答案解析】

(1)小虎的气质类型属于胆汁质。因为胆汁质的幼儿气质特点是热情主动,精力旺盛,但情绪容易兴奋冲动,脾气多暴躁,行为易改变,缺乏耐性。

(2)对于像小虎这种胆汁质类型的幼儿,可以采取直截了当的方式,但不宜轻易激怒他,对他进行批评时要讲明道理并具有说服力,进行耐心的说服,尤其注意态度不能简单粗暴,避免矛盾激化。要培养小虎的自制力、坚持到底的精神和豪放、勇于进取的个性品质。严格要求其纪律性,不能随意发脾气,更不能动手打人。在给予他参加多种活动机会的同时,要培养其稳定的情绪;在赞扬其朝气蓬勃、满腔热情的同时,要针对他做事急躁马虎、粗心大意、虎头蛇尾进行教育。

【真题模拟】

1. 以下关于幼儿情绪的描述不正确的是(　)。

A. 情绪和认知有着密切的联系

B. 婴儿期的幼儿,情绪的自我调节能力差

C. 婴儿最初的笑是没有社会意义的

D. 新生儿听见他人哭泣而哇哇大哭,是移情的表现

2. 关于学前幼儿注意的发展,正确的说法是(　)。

A. 定向性注意随年龄的增长而占据越来越大的地位

B. 有意注意的发展先于无意注意的发展

C. 定向性注意的发生先于选择性注意的发生

D. 随着年龄的增长,选择性注意的范围逐渐扩大,定向性注意的范围逐渐缩小

3. 在幼儿思维发展过程中,动作和语言对思维活动的作用变化规律表现为(　)。

A. 动作在其中的作用是由大到小,语言是由小到大

B. 动作在其中的作用是由小到大,语言是由大到小

C. 动作在其中的作用是由大到小,语言也是由大到小

D. 动作在其中的作用是由小到大,语言也是由小到大

4. 活动性原则要求学前教育以活动为主,并以活动贯穿整个教育过程,这里的"活动"是指(　)。

A. 教师设计和指导的活动　　B. 幼儿主动积极的活动

C. 幼儿的自选活动　　D. 幼儿的游戏活动

5. 教师组织幼儿观察天空中的云朵时问道:"你看到的云朵像什么呀?"这样的提问有助于引发幼儿的(　)。

A. 有意想象　　B. 无意想象　　C. 幻想　　D. 再造想象

6.（简答题）简述加德纳的多元智能理论的主要观点，智能种类及教育启示。

【思考实训】

思考：

通过学习幼儿园音乐教育活动的设计与组织，在今后的实践中，该如何设计符合幼儿身心发展规律的音乐活动？如何提高幼儿在音乐活动中的自主能力？如何让幼儿在音乐活动中得到身心愉悦？我接下来的进一步研习计划是什么？

实训：

第一步：在网络上搜索许卓娅教授的公开课“学前儿童音乐教育”进行观摩学习，认真记录公开课中讲解的活动设计知识以及示范的案例。

第二步：找当地一家音乐方面教育实力雄厚或在音乐活动上有创意的幼儿园，进园进行一段时间的观摩，记录音乐教育活动过程，包括活动目标、方法、教具准备、教学环节、提问技巧、师幼互动等，记录需详细具体，活动结构层次清晰，语言表述恰当，活动步骤标题要求使用概括性语言，评价内容涵盖优点和缺点。学习小组进行讨论，分享记录成果，包括自己观察到的亮点和发现的不足。

第三步：选定一个主题，设计一次幼儿园音乐教育活动，设计完成后，在学习小组中分享讨论，互相评价教案。教案成熟后，每位同学认真备课，写出详案，准备好活动教具和课件，进行试讲。

【推荐阅读】

[1] 李妲娜，修海林，尹爱青．奥尔夫音乐教育思想与实践（新版）[M]．上海：上海教育出版社，2011.

[3] 德赖维尔．达尔克罗斯体态律动学入门[M]．高建进，译．合肥：安徽文艺出版社，1987.

[4] 许卓娅．幼儿园音乐教育活动[M]．北京：人民音乐出版社，1995.

[5] 尹爱青，曹理，缪力．外国儿童音乐教育（新版）[M]．上海：上海教育出版社，2011.

[6] 第七届全国幼儿园音乐教育观摩研讨会．湖南长沙，视频链接 http://www.iqiyi.com/w_19rs8wea7x.html.

[7] 幼教网音乐公开课．视频链接 http://www.youjiao5.com/gongkaike/yinyue/.

第 8 章

幼儿园美术教育活动的设计与组织

幼儿在生活中会发现各种各样的美，对生活中的美好事物产生浓厚的兴趣，教师要利用幼儿对美的兴趣，对幼儿进行美术教育。那么，教师要如何开展幼儿园美术教育活动呢？幼儿园美术教育活动的目标和内容是什么？幼儿园美术教育活动的途径和方法有哪些？带着这些问题，我们来开启接下来的学习。

【学习目标】

知识目标：了解幼儿园美术教育活动的含义，理解并掌握幼儿园美术教育活动的目标、内容和教育方法。

技能目标：能设计幼儿园美术教育活动，并会做相应的指导。

情感目标：发现美术教育活动的乐趣，乐意与幼儿一起参与美术教育活动。

【学习重点】

1. 掌握幼儿园美术教育的方法。
2. 学会设计幼儿园美术教育活动，并做相应的指导。

【知识结构图】

幼儿园美术教育活动的设计与组织
- 幼儿园美术教育活动概述
  - 幼儿园美术教育活动的含义
  - 幼儿园美术教育活动的作用
- 幼儿园美术教育活动的目标与内容
  - 幼儿园美术教育活动的目标
  - 幼儿园美术教育活动的内容
- 幼儿园美术教育的途径与方法
  - 幼儿园美术教育的途径
  - 幼儿园美术教育活动的设计与组织

第一节
幼儿园美术教育活动概述

一、幼儿园美术教育活动的含义

幼儿园中的美术教育活动，是指根据幼儿教育的总体要求以及幼儿身心发展的规律，以培养幼儿的美术审美能力与美术创作能力为目的而开展的美术欣赏活动和美术创作活动，它有助于幼儿人格成长与身心全面发展。

二、幼儿园美术教育活动的作用

（一）满足幼儿的审美情感需要

幼儿对于美有一种天然的需要，幼儿通过欣赏和创造两种途径来表达自身的审美需要。幼儿不但对大自然及优秀的艺术作品表现出天然的敏感和好奇心，也会通过涂涂画画、捏彩泥、折纸等创造美的方式来抒发内心的情感。幼儿园美术教育活动给了幼儿充分感受世界美好以及将外在的大自然、艺术品的美转化为内心发展需要的机会，使幼儿的人格在美的滋养下得到健康发展。

（二）培养幼儿的审美创造能力

幼儿在创造上有着浓厚的兴趣和巨大的潜力。通过观察发现，幼儿具有非常独到的创造力，往往表现出打破成人在美术创作上固化的条条框框的独创能力，通过夸张的造型、出其不意的色彩、随意又浑然天成的构图、不合逻辑的构思等超常规的创作手法，充分表现出他们大胆的想象力。在幼儿园美术教育活动中，教师要注意保护幼儿的这种独创能力，鼓励幼儿进行大胆的探索和天马行空的想象，切勿用成人的逻辑和条条框框来否定幼儿的自我创作。

（三）促进幼儿眼、手、脑协调发展

幼儿在参与美术教育活动时包含了心理操作与实际操作两个层面。心理操作指的是幼儿的头脑对外在美术形象的感知、选取、组合，将外在的美术素材转化为自

己能够理解、重构、表达的视觉形式。实际操作指的是幼儿通过眼、手的协调，将自己大脑内部的理解和设计表达出来。幼儿通过美术教育活动中的心理操作和实际操作，完成了感知、设计、表达美的过程，充分促进眼、手、脑各种感官的综合协调发展。

(四)促进幼儿多领域综合发展

幼儿园美术教育活动是与其他领域活动紧密结合的，幼儿在美术教育活动中不但发展了审美感受能力与审美创造能力，同时也获得了其他领域所需要的知识和技能，让幼儿通过美术教育获得全面发展。这就要求教师在设计和组织幼儿园美术教育活动时，要充分整合音乐、语言、科学、社会等其他领域的知识和能力，但同时也要求教师在美术教育活动中要以培养幼儿的审美情趣为主要目的，不可将审美教育沦为德育、智育的辅助手段。

第二节
幼儿园美术教育活动的目标与内容

一、幼儿园美术教育活动的目标

（一）幼儿园美术教育活动的总目标

根据2001年教育部颁布的《幼儿园教育指导纲要（试行）》，幼儿艺术领域的目标为：①能初步感受并喜爱环境、生活和艺术中的美；②喜欢参加艺术活动，并能大胆地表现自己的情感和体验；③能用自己喜欢的方式进行艺术表现活动。这就要求幼儿教育工作者在美术教育活动中，要积极引导幼儿接触生活环境、大自然、艺术作品等美好事物，丰富幼儿的审美经验，激起幼儿的审美情绪，鼓励、支持幼儿积极参加各种美术欣赏和创作活动，给幼儿提供自由地用各种艺术手段进行表现的机会，鼓励幼儿大胆地表达自己的想象，尊重幼儿的创造。

【资料链接】

根据《幼儿园教育指导纲要（试行）》，3~6岁的幼儿需要发展的美术能力有：

（1）美术审美能力：能感知线条、形体、色彩、空间构成等美术要素传达出来的美感，感受周围环境、大自然、艺术作品中的美，对美具有敏感性。

（2）美术创造能力：能掌握基本的绘画、手工等美术创造技能，在美术教育活动中通过各种美术形式自由创造，自由表达自己的感受。

（3）美术探索能力：能尝试用各种美术工具和美术材料进行操作，探索各种新颖的表现方式。

（二）幼儿园美术教育活动的三维目标

在认知、技能、情感三维目标的基础上，结合美术教育活动的特性以及幼儿学习美术的具体情况和切实需要，对三维目标进行针对性的强调：认知目标侧重于美术要素的认知与学习，技能目标侧重于美术技能的掌握与操作，情感目标侧重于美术审美的体验与表达。

(1)美术要素的认知与学习。此类目标包括幼儿需要掌握的一些基础美术知识。其中包括对一些美术的专业术语的理解，比如什么是三原色(红、黄、蓝)，三原色两两相配而得出的三间色，冷色和暖色，图案的三要素(点、线、面)，各种直线、曲线、线条、形状等，画面中的近景、中景、远景，光的强度和方向，透视的基本知识等，还有对写实主义、表现主义等艺术流派，著名艺术家，各种绘画、手工的工具和材料的认识与掌握。

(2)美术技能的掌握与操作。此类目标包括幼儿需要掌握的一些基础美术技能。比如铅笔、水彩笔、油画棒、毛笔、水彩颜料、国画颜料及其用法与表现力，如何调出特定的简单色彩，各种不同表现力的涂色方法，剪刀、刻刀等工具的使用方法，如何使用珠子等材料进行串联、镶嵌、粘接，如何使用毛线等材料进行编织、盘绕，各种纸的撕、揉、折叠、卷曲、剪、刻、粘贴，彩泥和黏土的捏、搓、团、压等。

(3)美术审美的体验与表达。此类目标主要是培养幼儿敏锐丰富的审美感知能力，丰富审美体验，并让其用自己的语言或美术创造来对审美情感进行表达。包括欣赏和体会美术作品中的平衡感、对称感、节奏感、和谐感，欣赏艺术作品中的象征性、夸张性，体验美术作品中表达的内容和传递的意蕴，欣赏各种风格流派的美术作品等。

(三)幼儿园美术教育活动的年龄目标

林琳、朱家雄在论述学前儿童美术教育活动时，将其分为绘画活动、手工活动、美术欣赏活动三个模块活动①，每个模块都按照小班、中班、大班三个年龄层次，对认知目标、情感目标、技能目标、创造目标进行了详述：

(1)各年龄阶段绘画活动目标。

	认知目标	情感目标	技能目标	创造目标
小班	1. 初步认识绘画的工具和材料 2. 学会辨别红、黄、蓝、绿、橙等几种基本的颜色，并能说出名称 3. 学会辨别和感受直线、曲线、折线及各种线条的变化	培养对绘画的兴趣，能愉快大胆地作画	1. 学会使用蜡笔、水彩笔、棉签等工具进行涂染 2. 能画出直线、曲线、折线，并能表现线条的方向、粗细、疏密 3. 学会用圆形、正方形、长方形、三角形等简单图形表现物体的轮廓特征	1. 在教师的引导下，幼儿能在涂抹过程中把画面画满 2. 初步学会用图形和线条组合创造各种图式

① 林琳，朱家雄．学前儿童美术教育(修订版)[M]．上海：华东师范大学出版社．2006：105-109.

续表

	认知目标	情感目标	技能目标	创造目标
中班	1. 能较准确地把握形状的基本结构，理解形状符号的象征意义 2. 认识常见的固有色，说出它们的名称	1. 喜欢用自己独特的绘画语言表达自己的想法和感觉 2. 能大胆地按意愿作画	1. 学会运用图形组合方法，表现物体的基本部分和主要特征 2. 会选择与物体相似的颜色，初步有目的地设色、配色 3. 在教师的引导下能围绕主题安排画面，能表现出物体的上下、左右位置	能大胆地按意愿作画
大班	1. 认识物体的整体结构和各种空间关系 2. 增强配色意识，提高对颜色变化的辨析能力 3. 知道运用不同的绘画工具和材料表现不同效果的作品	在安排画面的过程中逐步体会均衡、对称、变化等形式美	1. 能较灵活地表现各种人物、动物的动态 2. 能运用对比色、类似色、同等色等多种配色方法，注意色彩的整体感和内容的联系 3. 能有目的地安排画面，表现一定的情节，并变化多种安排画面的方法	1. 能将图形融合，尝试用轮廓线创造多种图画，形成自己的图式 2. 综合运用多种绘画工具和材料进行绘画创作

（2）各年龄阶段手工活动目标。

	认知目标	情感目标	技能目标	创造目标
小班	1. 初步熟悉泥工、纸工等的工具、材料 2. 了解泥的可塑性质 3. 了解纸的性质	通过玩泥、撕纸等活动，体验手工活动的快乐	1. 掌握泥工中团圆、搓长、压扁等基本技能 2. 学习撕纸、粘贴，初步撕出简单形状并粘贴成画 3. 初步学会用自然材料（石子、豆子、树叶等）拼贴造型 4. 学会用印章、纸团、木块等材料，蘸上颜色在纸上压印	能大胆地运用印章、纸团、木块等材料在纸上按意愿压印
中班	进一步熟悉泥工、纸工及自制玩具的工具和材料	通过泥工、纸工及自制玩具的活动来积极投入手工作品的创作，并培养对手工活动的兴趣	1. 能正确使用剪刀剪出方形、圆形、三角形及组合形体，并拼贴成画 2. 掌握折纸的基本技能，折出简单的玩具 3. 学习用泥塑造出物体的基本部分和主要特征 4. 掌握撕纸的基本技能，撕出简单的物体轮廓	1. 能大胆地运用泥按意愿塑造 2. 能大胆地用纸按意愿撕、剪出各种物体轮廓

续表

	认知目标	情感目标	技能目标	创造目标
大班	1.了解各种纸张的不同性质，知道不同性质的纸张具有不同的表现效果 2.对自制玩具的材料加以分类，以获得选择、收集这些材料的经验	1.体验综合运用不同手工材料制作作品的快乐 2.喜欢用手工来表达自己的想法和情感	1.用泥塑造人物、动物等较复杂结构的形体，能表现出物体的主要特征和细节 2.能集体分工合作塑造群像，表现某一主题或场面 3.能用各种纸张制作立体玩具 4.能使用无毒、安全的废旧材料制作玩具并加以装饰	能综合运用剪、折、撕、粘、连接等技能，独立设计制作玩具

(3)各年龄阶段美术欣赏活动目标。

	认知目标	情感目标	技能目标	创造目标
小班	知道从自然景物、艺术作品中能享受到视觉艺术的美	1.喜欢观看、欣赏艺术作品，对美术作品、图书中的各种形象感兴趣 2.初步体验作品中具有不同"性格"的线条 3.通过欣赏教师及同伴的作品培养欣赏的兴趣	初步学会运用线条表现力度感、节奏感	初步运用动作、表情等表达自己欣赏后的感受
中班	通过欣赏作品，了解作品的主题和基本内容	1.能体验作品中的线条、形状、色彩、质地等 2.通过欣赏产生与作品相一致的感受	1.感受作品的色彩变化及相互关系 2.感受作品中形象的鲜明性和象征性，并体验其情感 3.感受作品的构成，体验作品的对称、均衡、节奏	通过欣赏，说出自己喜爱或不喜爱作品的理由，并对作品做简单评价
大班	1.通过欣赏，了解作品的形状、色彩、结构等美术要素 2.了解作品的表现手法、艺术风格和创作意图	喜欢各种不同风格的美术作品	1.能感受作品的色调、色彩之间关系的变化 2.能感受作品中形象的象征性、寓意性 3.能感受作品中的形式美	在欣赏和评价他人的作品时，能讲述自己独特的观点

【资料链接】

根据《3—6岁儿童学习与发展指南》，幼儿艺术领域学习的目标被分成"感受与欣赏""表现与创造"两个领域，其中"感受与欣赏"下设目标1：喜欢自然界与生活中美的事物；目标2：喜欢欣赏多种多样的艺术形式和作品。"表现与创造"下设目标1：喜欢进行艺术活动并大胆表现；目标2：具有初步的艺术表现与创造能力。在每个子目标下，根据三个幼儿年龄阶段进行详细说明如下：

1. 感受与欣赏

目标1　喜欢自然界与生活中美的事物

3~4岁	4~5岁	5~6岁
喜欢观看花草树木、日月星空等大自然中美的事物	在欣赏自然界和生活环境中美的事物时，关注其色彩、形态等特征	乐于收集美的物品或向别人介绍所发现的美的事物

目标2　喜欢欣赏多种多样的艺术形式和作品

3~4岁	4~5岁	5~6岁
乐于观看绘画、泥塑或其他艺术形式的作品	1. 能够专心地观看自己喜欢的艺术作品，有模仿和参与的愿望 2. 欣赏艺术作品时会产生相应的联想和情绪反应	1. 艺术欣赏时常常用表情、动作、语言等方式表达自己的理解 2. 愿意和别人分享、交流自己喜爱的艺术作品和美感体验

2. 表现与创造

目标1　喜欢进行艺术活动并大胆表现

3~4岁	4~5岁	5~6岁
经常涂涂画画、粘粘贴贴并乐在其中	经常用绘画、捏泥、手工制作等多种方式表现自己的所见所想	1. 能用多种工具、材料或不同的表现手法表达自己的感受和想象 2. 艺术活动中能与他人相互配合，也能独立表现

目标2　具有初步的艺术表现与创造能力

3~4岁	4~5岁	5~6岁
能用简单的线条和色彩大体画出自己想画的人或事物	能运用绘画、手工制作等表现自己观察到或想象到的事物	能用自己制作的美术作品布置环境、美化生活

上述《3—6岁儿童学习与发展指南》对幼儿各个年龄阶段在美术领域的能力发展作了概括性的指导，每位教师在制定具体的幼儿园美术活动的目标时，应以此为参考，并针对活动的具体内容和特点，制定具体的活动目标。

（四）幼儿园美术教育活动目标制定的要求

（1）明确并详细表述幼儿的学习行为。在制定具体活动目标时，教师需以幼儿作为行为发出的主体，并且目标的表述需具体、可检验。其中包括三个方面：首先要明确指出幼儿在美术活动中所发出的行为，如“画出”“捏出”等。其次要写明教师对幼儿行为的指导，是鼓励幼儿独立完成，还是有条件地启发幼儿进行创造，或是指导幼儿一步步完成。最后要写明幼儿行为所指向的具体内容,如"用彩泥塑造出一辆小汽车""画出装着苹果、西瓜、香蕉的水果篮"等。

(2)注重幼儿学习的过程。幼儿美术教育应将幼儿的审美情感需要贯穿其中,不应仅仅关注幼儿的美术操作技能的培养和学习行为的完成。教师还要重视在美术活动中幼儿感受和体验美的经验,注重在活动中陶冶幼儿情操、提高幼儿的艺术修养。如"通过对大自然中各种树叶的欣赏和临摹,提升对大自然中各种美好事物的敏感度"。

(3)注重幼儿学习结果的开放性。在幼儿园美术教育活动中,教师应鼓励幼儿进行个性化、创造性的表达,应尊重幼儿的独创性表达,不应过多地事先规定幼儿表达创作的结果。例如,"学习设计服装,注意款式、色彩、装饰纹样的变化美"。

二、幼儿园美术教育活动的内容

幼儿园的美术教育活动一般可分为绘画、手工、美术欣赏三大板块。

(一)幼儿园绘画教育活动的内容

幼儿园绘画教育活动,指的是幼儿在教师的引导下使用纸、笔、颜料等各种绘画工具和材料,运用线条、形状、色彩、构图等绘画形式语言,来表达其所观察到的事物及他们的理解与情感的美术教育活动。幼儿园的绘画教育活动主要包括以下三个层面:

(1)绘画工具和材料的性质和使用方法。幼儿经常使用的绘画工具和材料有蜡笔、油画棒、水粉颜料、水彩颜料、毛笔、宣纸、卡纸、水彩纸等,每一种不同的工具和材料有不同性质特点和使用方法。幼儿可以学习的有蜡笔画、彩笔画、水彩画、水粉画、水墨画、印画、喷洒画、吹画等。

(2)绘画的形式语言。幼儿园美术活动中,幼儿学习的绘画语言形式主要有线条、形状、色彩和构图。如:线条的形态和变化;自然形体、基本几何形状、各种形状的组合;色彩的色相、明度,色彩的情感表现,主体色和背景色关系的处理;如何在画面中安排人、物及各个形象的关系和位置,以画面构图表达作品的主题思想和美感效果等。

(3)绘画的题材。适合幼儿园绘画活动的题材,往往来源于幼儿熟知的生活和感兴趣的事物。例如:大自然的景物、生活用品、家庭和幼儿园的人物、常见的植物和动物、日常的水果和食物、各种交通工具和建筑物、日常生活场景、童话中的经典场景和人物、幼儿想象中的物体和事件、简单的装饰画等。

(二)幼儿园手工教育活动的内容

幼儿园手工教育活动指的是幼儿在教师的引导下,使用各种手工工具和材料,用剪、贴、撕、折、塑等各种手工制作技法，制作平面或立体的手工形象，培养幼儿的动手能力、协调能力和实际操作能力的美术教育活动。幼儿园的手工教育活动主要包括以下三个层面：

(1)手工工具和材料的性质和使用方法。幼儿经常使用的手工工具和材料比较简单易操作，主要有剪刀、刀、糨糊、胶水，各种小珠子、纽扣、果核等点状材料，毛线、棉绳、橡皮筋、麦秸等线状材料，纸、布、树叶等面状材料，彩泥、面团、纸盒、萝卜等块状材料等。

(2)手工的基本创作技法。可供幼儿学习的基本手工技法包括剪、撕、折、粘贴、染、盘绕、编织、串联、搓长、团圆、压扁、捏、挖、插接等。

(3)手工的题材。在幼儿园美术教育活动中，幼儿可以尝试制作折纸玩具、泥塑玩具，拉花、窗花、彩旗等节日装饰物，节日贺卡，游戏的道具和头饰，幼儿园环境布置和装饰用品等。

(三)幼儿园美术欣赏教育活动的内容

幼儿园美术欣赏教育活动，指的是幼儿在教师的引导下，欣赏和感受大自然、身边环境和美术作品中的美好事物，感受这些美好事物的内容美和形式美，丰富幼儿的审美经验，培养幼儿的审美情感和审美评价能力的美术教育活动。幼儿园的美术欣赏教育活动主要包括以下两个层面：

(1)美术欣赏的对象。可作为幼儿美术欣赏的对象包括绘画作品、雕塑作品、儿童美术作品、工艺美术作品、建筑艺术、园林艺术、自然环境等。在选取幼儿的美术欣赏对象时，要注意选择内容与幼儿生活经验接近、表现手法清晰、简单、能为幼儿理解的作品，例如童话题材、动物题材、儿童生活题材等。

(2)美术欣赏知识与技能。幼儿需要学习的美术欣赏知识有对冷色、暖色的感受和理解，对色彩、构图、造型的感受和理解，对作品主题的理解，对艺术家意图的理解，对作品的联想，对作品的背景知识、艺术家生平知识的了解，用口头语言、形体语言、美术语言表达对欣赏对象的感知等。

思考与练习

儿童节快到了，小星星幼儿园准备组织大班小朋友进行以儿童节为主题的美术活动，活动内容是儿童节贺卡制作，让小朋友们亲自设计和制作贺卡互相赠送，增添节日气氛。如果你是小星星幼儿园的教师，你打算如何设计这次美术活动呢？请运用所学的知识，写出符合要求的儿童节贺卡制作活动目标。

第三节 幼儿园美术教育的途径与方法

一、幼儿园美术教育的途径

(一)专门性的美术教育活动

专门性的美术教育活动,指的是教师按照幼儿园美术教育的目标,安排专门的时间和场地,通过专门的美术学科领域或美术主题活动进行的美术教育活动。在专门美术学科领域中进行的美术教育活动,可以根据活动内容的侧重点不同,分为绘画活动、手工活动、美术欣赏活动。在美术主题背景下实施的美术教育活动往往是绘画活动、手工活动、美术欣赏活动的综合形式,提供一种开放式的美术学习环境,强调幼儿在规定的主题下进行探究尝试、动手创造,要求幼儿超越单一的学习,进行综合性的实践和创造。

(二)渗透性的美术教育活动

渗透性的美术教育活动,指的是那些没有在专门性的美术学科领域活动或美术主题活动中进行,而是以幼儿园环境布置、幼儿在美术区角中的游戏和活动、教师因地制宜随机指导而进行的美术教育活动。

(1)幼儿园环境布置活动。教师可以提供各种机会,让幼儿参与到幼儿园环境布置中来,有计划地组织幼儿设计、准备和收集材料、动手制作和布置、管理等环境创设活动,发挥幼儿的主动性。

(2)幼儿在美术区角中的游戏和活动。教师可以在美术角中投放各种材料,并根据各年龄阶段和本书教育活动的阶段性目标和内容而定期更新,以满足幼儿的需要,将材料分门别类地摆放,方便幼儿拿取。

(3)教师因地制宜随机指导的美术教育活动。在幼儿园的其他场景,如幼儿园一日生活、自由活动时间、其他领域的活动时间,教师可以随时抓住教育机会,对幼儿进行美术教育。例如:在午后散步中,教师带领幼儿欣赏大自然变幻的美,欣赏园林建筑的美,欣赏衣饰图案的设计美,欣赏日常生活用品的造型美等。

二、幼儿园美术教育活动的设计与组织

(一)幼儿园绘画教育活动的设计与组织

1. 各年龄阶段幼儿绘画活动的特征

(1)第一阶段:涂鸦期。这是学龄前幼儿在绘画上表现出来的第一个特征时期,可分为无意识涂鸦、控制涂鸦、命名涂鸦三个阶段。从一岁半到三岁半期间,幼儿开始用手进行自由的探索,用笔、颜料等一切可以着色的物品在纸上、墙上涂涂画画,这个时期的幼儿并不知道纸和笔的用途,有时候会用嘴去咬笔,或者用笔在桌子上敲打,这些行为都是幼儿用身体各个部位去感知和探索客观事物的表现。这些涂鸦没有特定的造型、构图和色彩的讲究,与其说是绘画,不如说是此年龄阶段的幼儿开始通过手臂动作进行运动的探索,体验有节奏的手臂运动带来的快感,以及对客体施加视觉影响的一种感足感。随着年龄的增长,幼儿的肌肉得到发育,手眼协调能力也逐渐发展,幼儿有意识地重复地画直线和圆圈,涂鸦的风格也渐渐从粗放凌乱向细腻规则的方向发展。到了三岁至三岁半之间,幼儿的涂鸦虽然仍未出现具体明确的形象,但幼儿已经有了表达的意图,能为自己画出来的简单线条和图形进行命名。这些命名并不完全以图画中的图形作为命名依据,而是根据幼儿自身主观的感受结合图形的启发,有时幼儿还会随性地重新命名他的旧作。这些涂鸦是幼儿进行绘画活动的前驱阶段,是该年龄阶段下儿童对绘画的积极探索。[①]

(2)第二阶段:象征期。在三岁半至五岁阶段,幼儿已经能够有意识地操控手腕和手指,进行有目的、有意识的绘画活动了。在造型上,幼儿开始画出能够反映客观物体的图像,这些图像往往是高度概括性、抽象性的,是一种象征的图式。例如:这个时期的幼儿所画的人物,往往是用一个大圆圈表示头部,大圆圈内画两个小圆圈或黑点表示眼睛,头顶上画几根线条表示头发,人物的身体用竖直的线或圆柱体表示,人物的四肢即用四根单线条来表示。在色彩上,此阶段的幼儿对色彩的兴趣和辨认能力大大提高,幼儿通常喜欢鲜艳明快的高纯度颜色,用自己喜爱的颜色来涂画自己喜爱的人物或物体,会用固定的色彩来表现固定的绘画对象,如天空画成蓝色的,太阳画成红色的,树叶画成绿色的,树干画成棕色的,花朵画成红色的。在构图上,此阶段幼儿倾向于把画面中的人物和物体画成互相之间没有空间关系的独立的图案,以一种随机的方式将一切安排在画面中,没有大小、远近、前后等关系。

---

① 来源网络 http://bbs.ntefy.com/read.php?tid=35215.

涂鸦期作品

从涂鸦期转向象征期

（3）第三阶段：图式期。幼儿在五至七岁左右，在绘画造型、色彩运用、空间构图上皆有了明显的发展，开始有意识地观察周围事物的特征，并用自己的绘画方式表现出来。在造型上，幼儿对绘画对象的观察会更加注意细节特征，并且用较为流畅的线条在绘画中表现出来。例如：这个时期幼儿画的人物往往有了脖子，四肢不再是单线条，而是有了二维平面表现的胳膊，甚至还有手指，人物的五官更为清晰，人物的服装也有了表现，幼儿甚至还会用胡子、长发、裙子、高跟鞋来表示不同的人物性别。在色彩上，幼儿除了用固有色彩来表示固有物体外，还能进行客观的观察，选择与绘画对象相似的颜色来进行涂色。另外，此年龄阶段的幼儿还会感知色彩所表现的情绪，选择用特定色彩来表达自己的主观愿望和情感。从构图上，此年龄阶段的幼儿开始注意画面中各个物体的比例大小，会在画面底部画出一条基底线表示地面，再依照这条基底线将所要画的物体进行安排。

图式期绘画

2. 幼儿绘画活动的阶段

（1）视觉感知阶段。大自然与日常生活的经历是幼儿进行绘画创作的源泉，幼儿进行绘画，首要通过视觉器官来感知所要绘画的原材料。绘画活动中的视觉感知阶段指的是一种积极的视觉思维的作用，是视觉对感知对象的形状、色彩、空间等组成的完整形象的整体把握。人类自幼儿时期开始发展出完形知觉与超完形知觉形象，能把对象加以组织，将不完美形式变成完美形式，并能通过内心主观的简化原则来对主导图像进行加工。所以我们可以看到幼儿的绘画作品中，幼儿通过敏锐的观察，将所呈现物体的形状、关系、功能进行突出某些特征的抽象性表达，具有高度的概念化。

(2)艺术加工阶段。艺术加工阶段是视觉器官感知绘画的原材料后，大脑对其进行加工、改造的艺术反思过程，也是一个把客观物理世界进行主观的心理化的过程。如“感时花溅泪，恨别鸟惊心”，就是一种将内心丰富的情感世界投射到客观现象和环境中的艺术加工过程。根据学前儿童心理发展的相关理论，儿童在4~6岁的阶段处于将自己和经验不加区分、认为一切事物都与自己有同样的情感体验的“泛灵论”阶段，蓝天白云、月亮星空、桌椅板凳往往具有跟他们一样的生命与情感，并容易将自己的情感以及自己对周围事物的理解投射到客观环境中去。如彩虹是太阳宝宝的滑梯，满天繁星是月亮姐姐点的灯，雨点儿是云朵宝宝的泪水。这种心理特征使得幼儿更容易积极热情地投入到绘画创作中，也使得幼儿的画中充满了生动活泼的想象力。

(3)绘画表达阶段。当幼儿对绘画的对象进行积极感知、投入个人感情进行主观诠释之后，就通过纸、笔、颜料等绘画工具进行外在表达，这是绘画创作过程的最后一个阶段。幼儿在绘画表达过程中，往往没有明确的预先计划，而是依据自己在绘画过程中的想法的变化和遇到的问题进行不断调整，具有很大的随意性。另外，幼儿因为小肌肉动作发展不如成人完善，绘画技巧方面也不如成人熟练，所以幼儿的绘画作品往往呈现出一种童趣的稚拙美。这种随心所欲天马行空的童趣感，是幼儿绘画作品中最有魅力的一部分。

3. 幼儿园绘画教育活动各阶段的指导

(1)视觉感知阶段的指导。在这个阶段，教师需要创造大量的机会让幼儿体验视觉材料，扩大幼儿的知识面，让幼儿有机会积累丰富的审美意象。视觉材料的体验包括直接的体验，如教师带领幼儿通过参观、郊游、散步的方式到大自然、田园、公园、动物园、游乐园、街道上去，让幼儿对他们生活和玩耍的环境充分熟悉，收集绘画素材；也可以通过间接体验，如带领幼儿阅读和观看有着丰富审美意象的图书、连环画、绘本、摄影作品、海报、动画片，幼儿感兴趣题材的纪录片等；或者让幼儿回忆家庭和幼儿园的场景、发生的趣事，使幼儿的绘画素材变得丰富。在引导幼儿积累绘画素材时，教师要有目的地引导幼儿注意事物的色彩、形状、空间构成与排列等形式因素，事物的情节、形象等内容因素，以及这些形式和内容所表现出的情感因素。例如：教师带领幼儿感知过年逛庙会的场景，可以先引导幼儿感受庙会的喜庆热闹气氛，让幼儿感受整个场景所反映出来的红红火火的总体气氛，再让幼儿感受是什么样的细节让庙会场景显得如此红火热闹；再如：小朋友过年穿的红色的新衣，手里拿着红色的糖葫芦，爸爸妈妈、爷爷奶奶一起出来逛街，大家都穿着新衣服，脸上挂着笑容，手里拿着五颜六色的气球、纸风车，传统风格的建筑物上张灯结彩，挂着红色的灯笼，民间艺人在捏着有趣的泥人，还有许许多多的小吃摊点等。这些视觉元素传达了热闹喜庆的过节气氛。

(2)艺术加工阶段的指导。在这一阶段中,教师需要大可能地启发幼儿的想象力,调动幼儿的审美情感。这就要创造一个宽松自由的环境,让幼儿在轻松愉悦的心情下进行审美情感唤起的准备,随后,教师用自己的情绪来调动幼儿的情绪,让幼儿不知不觉地进入审美的状态,再利用幼儿的审美情感特点,引导幼儿进行“移情”和“拟人”的想象,一步步地将眼前的绘画对象变成有情感、有生命的美丽形象,甚至可以让幼儿亲自表演需要绘画的人物或事物的特征、表现画面中的情节,通过语言、动作进一步加深幼儿的审美体验。对绘画对象的想象越丰富,亲自体验的细节越多,幼儿对事物的情感表现性的理解就越深入,从而就更能激起其创作的冲动。在很好地唤起幼儿的审美情感后,教师需要帮助幼儿加工改造内在表象。如对鲤鱼体型的梭形特征、鱼鳞的网状结构、鲤鱼的颜色、鱼鳃和眼睛的位置等进行提取,以免幼儿迷失在真实客观事物纷繁复杂、瞬息万变的细节中,觉得绘画“太难”以致无从下笔。但同时,教师不应以自己加工改造的形象代替幼儿的自由想象和表现,比如不应强迫幼儿必须把鲤鱼画成跟老师画的一模一样的梭形等,而是应该鼓励幼儿发挥想象力和创造力,对已有的表象进行变形、组合、联想,创造出许许多多的新表象,如画一条绿色的鲤鱼,一条戴蝴蝶结的鲤鱼,一条圆胖的鲤鱼,形成儿童画中五彩缤纷的艺术想象世界。

(3)绘画表达阶段的指导。在幼儿将内在的审美情感与审美形象通过外在的绘画操作表达出来的阶段,教师需要帮助幼儿掌握绘画的基本技能,如手眼协调能力,手臂、手腕、手指的控制能力,对绘画工具和材料的操控能力,对色彩、形状、空间的认知和表现能力等。教师需要在每次绘画活动中,提供与绘画内容适合的绘画材料与工具,并尽可能设计丰富多样的活动,每次活动都应让幼儿接触和体验不同的绘画材料和工具。在幼儿接触这些不同的绘画材料和工具时,教师要通过示范法教会幼儿正确使用各种绘画工具和材料的技法,经过多次练习,幼儿就能很好地进行绘画创作了。

(二)幼儿园手工教育活动的设计与组织

1. 各年龄阶段幼儿的手工活动的特征

(1)第一阶段:无目的期。在两岁到四岁的时期,幼儿对手工操作过程的兴趣远远大于目的,他们不能正确地理解各种手工工具和材料的性质和用途,由于小肌肉发育不成熟,也无法使其进行目的明确的精细操作,因此,手工活动对于他们来说,更像是一种探索和体验周围世界的方式。此年龄阶段的幼儿喜欢用各种方式感受手工材料的质感,而并不按照这些工具和材料的既定目的进行使用和操作,比如用手揉捏或拍打橡皮泥,用手撕开纸张,或揉成一团,无目的地用剪刀剪开纸片,他们带着一种玩耍的心态乐在其中,主要是为了体验自己在各种材料和工具上施加影响的感觉。

(2)第二阶段:基本形状期。到了四五岁,幼儿开始有目的地尝试制作一些东西,比如自己要做一个动物形象。此年龄阶段的幼儿动手操作能力有了一定程度的进步,已学会把彩泥搓成圆团和长条的形状,会把面团拍成较为规则的圆饼型,但他们还不能理解和制作立体的手工作品,往往把制作好的各个部位摆放在平面上,拼成他们想要做成的形象。这个年龄阶段的幼儿能够开始较为正确地使用剪刀剪开纸片,但还没有达到运用自如的地步,不能很好地完成将纸片剪成既定的样式。幼儿从事手工的基本形状期大约相当于绘画的象征期,幼儿能表现一些高度概念化的形体,但无法表现更多细节和特征,对三维空间的立体造型不能很好把握。

无目的期

基本形状期

样式化期

(3)第三阶段:样式化期。幼儿在五至七岁时,随着手部小肌肉发育和手眼协调能力的提高,开始掌握制作一些较为复杂的立体形状,比如圆柱体和立方体,并可以用这些物体拼接组合成他们意图中的整体造型。这个时期的幼儿会仔细观察客观事物的特征,在制作自己的手工作品时会将这些特征反映在作品上,还会用辅助工具来制作一些小的细节特征,比如用两个玻璃珠子镶嵌在面团上,表示眼睛,或者用小木棍在面团图案上刻画出人物的鼻子和嘴巴,或者用颜料画出细节部位或装饰,如人物衣服,或者衣服上的花纹。在剪纸活动中,幼儿操控剪刀的能力得到提升,可以学会剪曲线、圆形,基本可以剪出简单的窗花等纸艺作品。此阶段,教师应该提供更加丰富多样的工具和材料,创造机会让幼儿学习更多的手工工具和材料的使用方法和技巧,以便满足幼儿越来越旺盛的表现欲,创造出更加丰富多样的手工作品。

2. 幼儿手工活动的阶段

(1)动机产生阶段。幼儿进行手工制作的动机和成人不太一样,有些时候并没有明确目的,比如要做个什么东西,这个东西是用来做什么的,实用的还是观赏性的等。幼儿对手工的兴趣往往聚焦在制作过程,而不是成品。幼儿通过撕纸、揉捏面团、剪开纸片来体验自己所接触的这些物质的质感,体验自己的手对这些物体施力的快感,对这些物质发生的变化、发出的声音所产生的新鲜感,有着极大的兴趣。随着幼儿接受越来越多的手工制作教育,幼儿会从无明确目的的手工活动转向有目的的手工活动,逐渐可以在教师的指导和要求下进行模仿,制作出符合要求的作品,再渐渐发展出独创性,能自己产生想做个什么东西的想法。

(2)构思设计阶段。成人在构思设计手工制作的时候,首先要考虑手工作品的用途以及所要制作的形象,其次要思考选择什么样的材料来完成这个作品,以及如何使用这些材料。幼儿在构思手工制作的时候,没有成人那样的明确目的和完整连贯的设计构思过程,往往随着手工操作过程的发展,根据手上的半成品的形状,在行动过程中改变手工制作的目的。幼儿的这种心理特征也使得他们的联想能力十分强大,会根据手上的手工材料的颜色和形状产生丰富的联想,比如他们会把一根白萝卜想象成小雪人胖胖的身体等。随着手工学习经验的增加,幼儿的手工制作将会越来越有目的性,在制作手工作品时,头脑里会对作品有个较为清晰的形象,对如何实施手工操作有个大体的计划。

(3)制作加工阶段。幼儿在制作加工阶段往往会一边构思一边制作,在制作的过程中进行构思,而不是事先有个明确的计划,再按照计划进行制作加工。另外,幼儿的肌肉发育尚未成熟,手腕、手指对精细的动作无法完成,所以幼儿采用的手工制作技法较为简单,他们所制作的成品也有着较为粗糙的稚拙感。

3. 幼儿园手工教育活动各阶段的指导

(1)动机产生阶段的指导。在这一阶段,教师可以利用幼儿对探索各种手工材料的好奇心,提供丰富的手工材料让幼儿充分感知这些材料的特性,比如纸可折叠、可拆分的性质,泥的可塑性等,让幼儿充分熟知这些材料。当幼儿产生尝试用这些材料做一个什么东西的兴趣时,教师可以借机启发,问幼儿“你想用它做个什么东西呢?”让幼儿产生明确的手工制作意图。

(2)构思设计阶段的指导。构思设计阶段是手工创作在心理和思维过程上的核心环节,当幼儿有了手工制作意图,想要做个什么东西之后,就会在头脑中对作品的造型、结构、色彩、成品效果等各个因素进行构思,并对如何实现这个作品进行设计。在这一阶段,教师可以在“因意选材”原则的指导下,鼓励幼儿自己探索,认真考虑自己想做的东西应该用什么样的材料来表达,教师也可以根据“因材施艺”的原则,鼓励幼儿充分探索材料的特性,发挥想象力,思考这些材料可以做出什么样的东西来，并思考应实施怎样的制作方案。幼儿因为年龄和学习经验的制约，构思设计能力不成熟，往往没有独立的构思设计环节，而是将构思设计融入制作过程中，一边做一边想，一边调整制作方案。但随着学习的深入，幼儿的构思设计能力将得到良好的发展，这就要求在平时教学活动中，教师要让幼儿多多接触手工佳作，欣赏其造型、色彩、构成等艺术手法，开阔幼儿的眼界，鼓励幼儿探索，从这些手工佳作中获得构思设计的灵感。

(3)制作加工阶段的指导。制作加工环节是将头脑中的创意设计变成现实的环节，即把作品制作出来，并且加上一些装饰的环节。教师要让幼儿尽可能多地接触各种丰富的手工工具和材料，并循序渐进地使其学习各种手工工具和材料的基本使用方法。在这个步骤中，教师可以让幼儿自己先思考，找出问题所在，再用清晰生动的语言进行讲解，结合操作示范，让幼儿在理解的基础上掌握手工制作的技巧。

(三)幼儿园美术欣赏教育活动的设计与组织

1. 幼儿美术欣赏活动的特征

(1)直觉性。幼儿的审美是直觉性的，由于幼儿接受的艺术审美程式与规范较少，所以能更好地接受潜意识的指引。他们凭借第一印象直截了当地判断欣赏对象的美丑，十分迅速地把握审美对象的底蕴。比如在欣赏一幅画的时候，幼儿能很好把握画面的整体风格和局部特写所传递的信息和情感，这一点尤其在幼儿欣赏高度抽象和象征的美术作品中得以证明，幼儿往往会不加思索地迅速说出自己看到和理解的意象；而成人接触这些作品时，通常会思考一阵子，再得出结论。

(2)情感性。幼儿在美术欣赏活动中表现的情感性有两个方面：一方面，幼儿能很好地把握美术作品的情感表现。一项研究中显示，幼儿能很好地将枝繁叶茂郁郁葱葱的大树与“开心”的情感相匹配，将“枯藤老树昏鸦”的画面与“哀伤”的情感相匹配。在另一项研究中，幼儿欣赏毕加索的抽象画《格尔尼卡》时，也很好地把握了作品传递出来的“黑暗、恐怖、破坏、乱糟糟、战斗”的情感。另一方面，在欣赏美术作品时，幼儿有着“泛灵论”年龄阶段的特点，觉得一切事物都与自己有着同样的心理，将自己的主观情感附加于美术作品中，向审美对象灌注了自己的热情与生命，将自己投入到作品里面，形成一种物我不分的境况。

(3)象征性。两岁到四岁的幼儿处于象征性思维阶段，由于这种象征性功能，儿童得以超越现实世界的框架，在精神世界里自由的想象。泰戈尔的散文诗集《新月集》中的《仙人世界》，就是以幼儿的口吻来表述幼儿丰富的想象世界：“如果人们知道了我的国王的宫殿在哪里，它就会消失在空气中的。墙壁是白色的银，屋顶是耀眼的黄金。皇后住在有七个庭院的宫苑里，她戴的一串珠宝，值得整整七个王国的全部财富。不过，让我悄悄地告诉你，妈妈，我的国王的宫殿究竟在哪里。它就在我们阳台的角上，在那栽着杜尔茜花的花盆放着的地方。”就像诗中所描述的，幼儿可以通过一个杜尔茜花盆想象出一个仙人的世界，幼儿在丰富的想象力驱使下，面对画作展开强大的联想能力，甚至可以编出一个长长的故事来。

2. 幼儿美术欣赏活动的阶段

（1）视觉感知阶段。人们在观看一个物体的时候，视觉进行主动积极的选择，就像一种无形的手指一样去触摸和探查视觉对象。大约在两岁时，幼儿开始对艺术中的线条、形状、色彩等美术要素产生敏感性，并能接受这些美术要素所传达的思想、情感，能够饱含情感地全身心沉浸到艺术作品中去，初步形成审美知觉。幼儿将视觉集中和停留在审美对象上，积极地把自己的感受和感情投射到审美对象中去，审美对象和幼儿自身的感受情感互相作用。

（2）心理联想阶段。幼儿对视觉对象的审美知觉往往表现在多种感官的联觉上。在欣赏美术作品时，能将所看到的画面进行联想，充分调动了语言、肢体、表情、声音等感觉通道，使自己的审美在味觉、嗅觉、触觉上有所反应，比如觉得某种色调的画尝起来是甜的或者苦的，觉得某种画面传达的感觉十分柔软温暖，很想摸一摸。这种通感的审美效应，在一些对美极为敏感的成人艺术家、诗人中也存在着，比如白居易在《琵琶行》中，将所听到的音乐同一幅幅生动的画面进行关联，而普通成人对美术作品的欣赏，往往只以“好不好看”之类视觉通道来进行。这样的具有通感的联想能力，是幼儿审美方面的优越之处。

3. 幼儿美术欣赏活动各阶段的指导

（1）视觉感知阶段的指导。幼儿在以视觉感知美术作品的阶段，教师可以用启发式的对话带领幼儿对所看到的画面进行描述和分析。首先，教师可以用“小朋友，你在画中看到了什么？”等一系列环环相扣、深入细节的问题来引导幼儿说出他们在美术作品中看到的最直观的视觉形象，比如画面中的人物、动物、物品、环境、场景等，或者主要的色彩、形状。教师要给幼儿充足的时间独立感受美术作品传达的信息，让幼儿有足够的时间沉浸在美术作品中，用自己的眼睛去观察作品更多的细节，让幼儿在不受打扰的状态下畅所欲言，详细描述他们在美术作品中看到的视觉形象。其次，教师要带领幼儿挖掘和分析美术作品中的线条、形状、色彩、构图等美术形式语言的象征意义，以及对称与均衡、韵律与节奏、变化与统一的形式美的原理，帮助幼儿进一步加深对作品的情感体验。在这一步骤中，教师可以引导幼儿进行体验和讨论，在幼儿先自己充分体验后，教师引导幼儿进行思考和总结，帮助幼儿学会如何观察和分析作品。

（2）心理联想阶段的指导。在视觉感官上充分感知了美术作品所描绘的形象，并对其中反映出来的形式美有了一定了解的同时，幼儿会获得丰富的情感体验，并展开丰富的想象和联想。这时，教师可以引导幼儿探讨美术作品所蕴含的意义，如向幼儿提问："画家为什么要这样画？"教师要鼓励幼儿充分发挥想象力，让幼儿自由抒发自己的见解，不必拘泥于教师提供的"标准答案"。同时，教师还还可以向幼儿介绍美术作品创作的时代背景、作者的经历及创作动机，帮助幼儿学习艺术知识，以便幼儿更深入地理解美术作品所蕴含的意义。在这一步骤中，教师应引导幼儿用多种方式表达自己的审美感受，不能强求幼儿接受权威的结论，而要通过对话，与幼儿共同挖掘美术作品所传达出来的信息、给幼儿带来的感受，因为这样做往往会有意想不到的收获。

思考与练习

以下幼儿园美术活动中教师的指导有没有问题？不妥之处在哪里？

1. 教师甲："小朋友们看，春天的树叶发芽了，开花了，是很美的，冬天的树叶都掉下来了，树木光秃秃的，好丑呀。"

2. 教师乙："小明，你好好想一想，你怎么可以用布做小船呢？布会沉在水底的。"

3. 教师丙："小红，你画的小熊一点儿都不像，你看看老师画的，应该像老师这样画。熊的眼睛小小的，你画的小熊怎么眼睛那么大呀？"

案例分析

有趣的叶画（中班）[①]

◇设计意图

在我们的身边，到处可见各种各样的绿色植物。在童心的世界里，一片小小的叶子，可以是碗，可以是船，可以是小蜗牛的家……虽然叶子在孩子们的生活中早已不是陌生的东西，但他们自己却很难把已有的知识经验运用到实际的生活中来，比如，怎样用叶子来装饰我们的环境，点缀我们的生活。本次活动让孩子们在观察、思考、操作、欣赏的过程中，体会自然的美，并学习用自己的双手创造美。

①中公教育江苏教师招聘考试研究院．江苏省教师招聘考试专用教材：学前教育一本通(最新版)[M]．北京：世界图书出版社公司，2014:289-290.

◇活动目标

1. 在观察、欣赏的过程中，发现叶子的装饰作用，激发创作欲望。

2. 能够思考自己的作品需要哪些形状的叶子，并找到它们。

3. 欣赏自己和他人的作品。

◇活动准备

1. 有关叶画的幻灯片。

2. 塑料袋（人手一份）。

3. 胶水、双面胶、透明胶、彩色纸、剪刀、蜡笔、颜料、画笔。

◇活动过程

1. 以幻灯片导入课题：今天，老师想请小朋友欣赏一些好看的画，看看谁能发现这些画是用什么做的。

2. 谈话：你想做一幅什么样的叶画呢？需要哪些形状的叶子？还需要哪些工具呢？启发幼儿进行想象，并计划自己的工作。

3. 带领幼儿到户外寻找自己需要的叶子，教幼儿将叶子捡到自己的塑料袋中。（注意环保教育，只捡地上的叶子，不要摘树上的叶子）

4. 在空地上分组进行创作活动，老师注意个别辅导。（此环节可请家长协助，也可以以亲子活动的方式进行）

5. 展示幼儿完成的作品，让幼儿欣赏自己和他人的作品。

◇活动评析

此活动设计以从欣赏环节入手，激发幼儿的创作欲望，并亲自构思自己的创作计划。然后将幼儿带到大自然中，体验大自然造物的美，自己寻找自己需要的材料，在用叶子拼出想要的图案的同时，学会色彩搭配、空间造型和构图等美术知识。

【考查要点】

幼儿园美术教育活动是幼儿园五大领域中艺术领域的一部分，在幼儿园教师资格考试中常有涉及。本章内容在历年考试中多以活动设计题的题型为主，因此，在学习本章节过程中，应多多关注幼儿园美术教育活动的目标设计、内容设计、教学方法设计等，特别要掌握幼儿园美术教育活动的基本步骤和方法。另外，幼儿美术发展特征的知识点亦会在选择题中出现，应结合儿童发展心理学进行复习。

【真题解析】

1.(2018年上半年选择题)幼儿园艺术教育的主要目标是(　)。

A.发展幼儿的艺术技能

B.培养幼儿的艺术感受和表达能力

C.丰富幼儿的艺术知识

D.拓展幼儿的逻辑思维能力

【答案解析】B。《3—6岁儿童学习与发展指南》中指出，幼儿艺术领域学习的关键在于充分创造条件和机会，在大自然和社会文化生活中萌发幼儿对美的感受和体验，丰富其想象力和创造力，引导幼儿学会用心灵去感受和发现美，用自己的方式去表现和创造美。

2.(2015年下半年选择题)通过分析儿童的手工、绘画等去了解儿童的心理，这种研究方法称为(　)。

A.教育实验法　　B.观察法　　C.作品分析法　　D.调查访问法

【答案解析】C。幼儿的手工、绘画都是其作品，运用一定的心理学、教育学原理和有效经验，对研究对象专门活动的作品进行分析研究的方法，叫作品分析法。

3.(2014年上半年选择题)幼儿教师选择教育教学内容最主要的依据是(　)。

A.幼儿发展　　B.社会需求　　C.学科知识　　D.教师特长

【答案解析】A。幼儿发展是幼儿教师选择教育教学内容最主要的依据。幼儿发展包括生理发展和心理发展两方面。

4.(2016年下半年活动设计题)请根据下列素材，设计大班主题活动方案，要求写出主题活动的名称、主题活动的总目标、2个子活动。每个子活动包括：活动名称、活动目标、活动准备和活动的主要环节。

周一早晨户外活动，幼儿被园子里五颜六色的花吸引了，有的在指认花的颜色，红的、黄的、白的、紫的；有的在数花瓣，三瓣的、五瓣的、六瓣的；有的在争论花的名称。他们发现有的花朵长得一样，但是颜色不一样；有的花朵有香味，有的花朵没有香味……户外活动的时间结束了，幼儿还一直很兴奋地谈论着……

【参考设计】

【真题模拟】

1.为了培养幼儿的想象力，教师让幼儿画蝴蝶，下列做法恰当的是（　）。

A.教师画好左半边蝴蝶，幼儿模仿完成右半边

B.教师在黑板上逐笔示范，让幼儿跟着画

C.幼儿先观察蝴蝶，然后让幼儿自己画

D.教师先画蝴蝶，然后让幼儿照着画

2.一名幼儿画小朋友放风筝，将小朋友的手画得很长，几乎比身体长了3倍，这说明幼儿绘画特点具有（　）。

A.形象性　　B.抽象性　　C.象征性　　D.夸张性

3.在“秋天的树”美术活动中，教师不适宜的做法是（　）。

A.让幼儿按照教师的范画绘画　　B.组织幼儿观察幼儿园的树

C.提供各种树的照片组织幼儿讨论　　D.引导幼儿观察有关树的名画

4.绘画时飞飞在纸上画了一个黑色的太阳，对此李老师恰当的做法是（　）。

A.批评飞飞的画不合常理　　B.耐心地询问飞飞的想法

C.替飞飞把太阳涂成红色　　D要求飞飞重新画红太阳

5.涂鸦活动中，贝贝的画中老师奇丑无比，被同伴讥笑，老师安慰贝贝，表扬贝贝头发圈圈画得好，该老师的行为体现了（　）。

A.公正待生　　B.正面激励　　C.严于律己　　D.严慈相济

6.材料分析题。

图一　打针

图二　聚餐

图三　吃饭

（1）以上三幅画各反映出幼儿绘画的哪种表现形式？

（2）怎样理解幼儿的绘画？

（3）评价幼儿绘画时应注意什么问题？

【思考实训】

思考：

通过学习幼儿园美术教育活动的设计与指导，我学到了什么？如何在美术教育活动中丰富幼儿的审美体验，开发幼儿的创造性？为此，教师应该提供哪些帮助？如何在教学内容和手段上进行创新？

实训：

到幼儿园观摩一个时间段内的美术主题教育活动，详细记录活动过程，重点放在教学方法、创意内容及如何循序渐进地培养幼儿的美术能力等方面。

1. 设计观摩方案和研习计划。与幼儿交流，充分了解该园美术活动计划，选取一个美术教育内容进行观摩，拟定学习目标和开展方式。

2. 按照观摩方案进行观摩。记录教师的活动目标、活动方法、活动过程、师幼互动等情况，并对教师和幼儿进行访谈。

3. 分享记录成果并讨论。每个人对各自的学习记录进行分享，总结活动的优缺点，并对如何改进幼儿美术活动进行探讨。

4. 拟定新方案。在观摩学习的基础上，上网观摩优质公开课，并针对问题进行进一步调研，针对观摩的内容，自己设计一次幼儿园美术教育活动。

【推荐阅读】

[1]孔起英.幼儿园美术领域教育精要——关键经验与活动指导[M].北京：教育科学出版社，2015.

[2]林琳，朱家雄.学前儿童美术教育(修订版)[M].上海：华东师范大学出版社，2006.

[3]顾菁.在美国幼儿园上美术课[M].上海：华东师范大学出版社，2015.

第9章 幼儿园综合主题教育活动的设计与组织

教师该如何开展幼儿园综合主题教育活动？幼儿园综合主题教育活动的目标和内容是什么？幼儿园综合主题教育活动的过程和方法有哪些？带着这些问题，我们开启本章内容的学习。

【学习目标】

知识目标：了解幼儿园综合主题教育活动的含义；理解并掌握幼儿园综合主题教育活动的目标、内容和教育方法。

技能目标：能设计幼儿园综合主题教育活动，并会做相应的指导。

情感目标：乐意与幼儿一起参与到综合主题教育活动中。

【学习重点】

1. 掌握幼儿园综合主题教育的方法。
2. 学会设计幼儿园综合主题教育活动，并做相应的指导。

【知识结构图】

- **幼儿园综合主题教育活动的设计与组织**
  - 幼儿园综合主题教育活动概述
    - 幼儿园综合主题教育活动的含义
    - 幼儿园综合主题教育活动的特征
  - 幼儿园综合主题教育活动的目标与内容
    - 幼儿园综合主题教育活动的目标
    - 幼儿园综合主题教育活动的内容
  - 幼儿园综合主题教育活动的组织与指导
    - 准备阶段
    - 实施阶段
    - 总结阶段

第一节
幼儿园综合主题教育活动概述

一、幼儿园综合主题教育活动的含义

幼儿园综合主题教育活动主要采用主题单元，是实施幼儿园课程的一种方法，具有开放性的特点。朱家雄认为，课程的综合化可以通过学科（领域）、发展方面、专题及幼儿园的环境等综合举行，但最为常见的是通过主题综合的形式进行。[①]可见，幼儿园综合主题教育活动是幼儿园较为常见的教育活动组织形式。那么，何为幼儿园综合主题教育活动呢？

袁贵仁在《中国教师新百科（幼儿教育卷）》中指出幼儿园主题活动是指在一定的时间，围绕一个中心内容（主题）组织的教育教学活动。[②]齐放在《幼儿园主题活动课程的理论与实践研究》中提到：主题活动具有多层次的综合作用，是教育内容的整合，幼儿园主题活动是以主题为中心来组织的，是实现综合的途径。[③]虞永平认为主题活动指课程某一单元、某个时段要讨论的中心话题，通过对这些中心话题的讨论，使得幼儿获得新的、整体的、联系的经验。[④]本书把幼儿园综合主题活动界定为：在一个时间范围内，围绕一个主题，通过多个关联的活动组织的教育活动，进而促使幼儿获得整体的新经验。

幼儿综合主题教育更关注幼儿主动学习能力的获得。教育活动的结果更关注幼儿智能的多元化发展。

二、幼儿园综合主题教育活动的特征

作为幼儿园课程中常见的一种课程形式，综合主题教育活动具有自身的一定的特点。虞永平认为幼儿园主题活动具有整体综合性，互相关联性，且非常强调动态

① 朱家雄．幼儿园课程[M]．上海：华东师范大学出版社，2003:201.

② 袁贵仁．中国教师新百科（幼儿教育卷）[M]．北京：中国大百科全书出版社，2003.

③ 齐放．幼儿园主题活动课程理论与实践研究[M]．长春：东北师范大学出版社，2005:8.

④ 虞永平．学前课程与幸福童年[M]．北京：教育科学出版社，2012.

生成，重视幼儿的主体性发挥等特点[①]。

（一）整体综合性

《幼儿园教育指导纲要（试行）》中指出：幼儿的学习是综合的、整体的。在教育过程中应该依据幼儿已有经验和学习的兴趣和特点，灵活、综合地组织和安排各方面的教育内容，使幼儿获得相对完整的经验。幼儿园综合主题活动中的主题虽有不同的侧重，但彼此是联系的、综合的。幼儿园综合主题教育活动，把语言、艺术、科学、社会和健康五大领域的内容融合在一个主题中进行，相互联系的、追求的是教育内容的整合，体现了其整体综合性的特点。

如“白菜变变变”主题活动中，“我会照顾大白菜”涉及社会领域的内容；“白菜变酸菜”涉及科学领域的内容；“蔬菜印画”涉及艺术领域的内容；“给白菜宝宝做新衣服”涉及健康领域的内容，这些活动虽然分属五大领域的不同领域，但都是围绕“白菜”这一主题活动展开，体现出综合主题活动的整合性特点。

（二）关联性

幼儿园综合主题教育活动是围绕一个主题在一定时间进行的不同教育活动。可知，一个综合主题活动的开展需要一定的时间，围绕一个主题开展的独立的教育活动在其内部是关联的，主题网络图“我是中班小朋友”就体现了这一点。

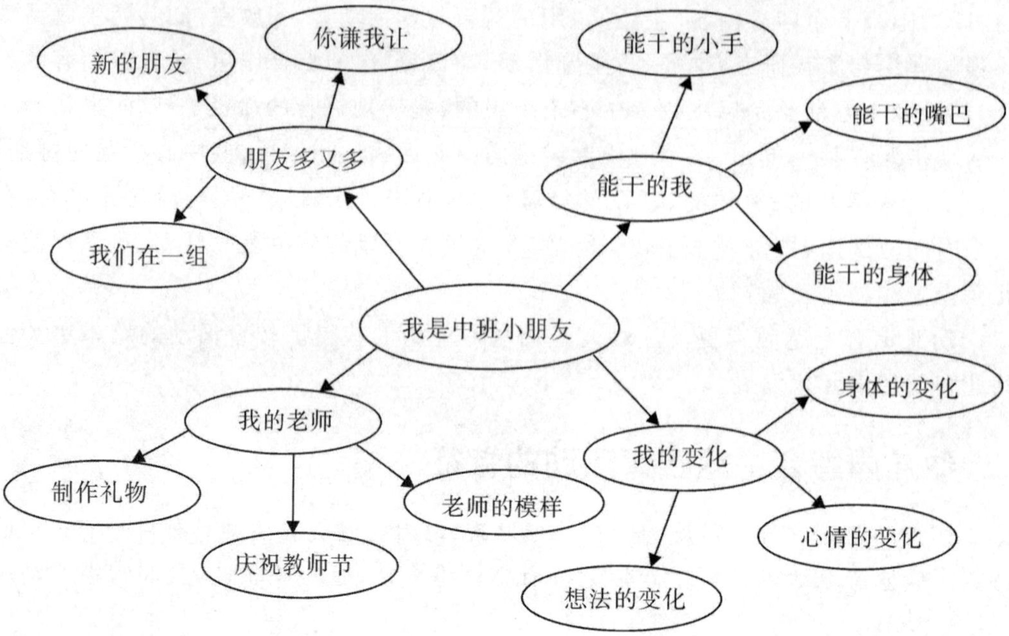

“我是中班小朋友”主题网络图

① 虞永平.学前课程与幸福童年[M].北京：教育科学出版社，2012.

（三）生成性

幼儿园综合主题教育活动是灵活的，主题可以是幼儿感兴趣的，也可以是由幼儿一日生活中的某一问题产生的。另外，主题教育活动在围绕一个主题展开独立而又有关联的教育活动时，注重预设和生成性的特点，在组织教育活动的时候，可以根据现实的需要，适当地增加或者减少相关的其他教育活动，使得主题教育活动更适合幼儿的实际需要，教育内容更贴切，进而让幼儿的学习发展更自由、更科学。

（四）多元性

幼儿园综合主题教育活动还体现了多元性的特点。幼儿园综合主题教育活动的目的是促进幼儿的多元化发展，而不是唯智教育。幼儿的学习场所不再局限于传统的活动室，而是走向大自然、大社会，运用的是活教材。教师创建的是多元的学习空间，幼儿在更为广阔的空间里进行体验式学习，以丰富自身的经验。

第二节
幼儿园综合主题教育活动的目标与内容

一、幼儿园综合主题教育活动的目标

目标、内容、实施、评价是课程的四要素，教育目标是教育活动最重要的因素和前提。作为具有整体综合性特点的幼儿园综合主题教育活动，是通过幼儿的发展目标把五大领域的内容联系在一起的教育形式，所以教育目标对教育实践活动具有指导性作用。

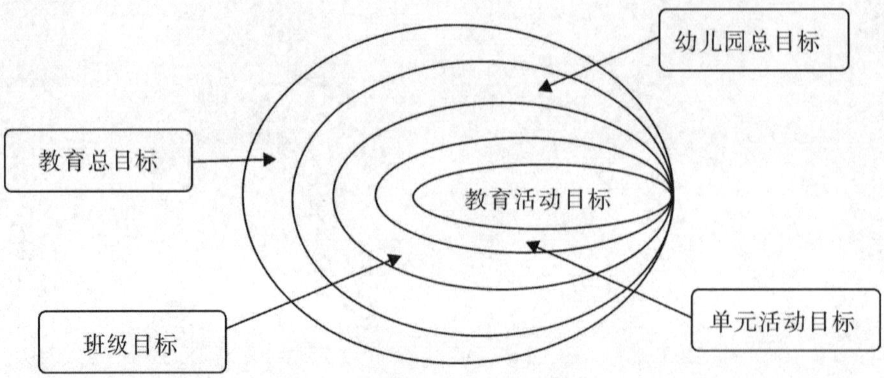

教育活动目标

从上图中可知，幼儿园综合主题教育活动目标是第五层目标，制定单元活动目标时，应该充分考虑从总目标、主题蕴含的价值、幼儿的实际发展的需要等因素出发来确定科学合理的知识技能、情感态度和能力三维目标，要兼顾综合性与一般性。

例如：主题“巧手裁缝”提出“自己与裁缝的关系”“服装的结构、款式和制作”小主题，确定主题活动目标为[①]：

1. 知道裁缝工作与自己生活的关系，激发对裁缝的感激与喜爱。
2. 了解服装的制作过程，认识服装的结构与款式。
3. 学当小裁缝，感受制作活动的乐趣，大胆创作美。

① 王春燕.幼儿园课程概论[M].北京：高等教育出版社，2007：173.

又如：围绕“春风”，为大班幼儿设计主题活动，其主题活动的总目标和3个子活动目标如下：

“春风”主题活动总目标：

1. 知道春天里周围景物发生了哪些有趣的变化。

2. 能用朗诵、绘画等各种方式感受春天，体验创作的快乐。

3. 知道春天里常见的疾病有哪些，能够照顾好自己。

4. 喜欢春天，愿意围绕“春风”的主题进行各种活动的探索。

活动一：“春风”（大班语言领域活动）的活动目标：

1. 理解诗歌的主要内容，知道春风给大地带来的变化。

2. 能够正确地朗诵诗歌，并进行仿编活动。

3. 喜欢参加语言领域活动，热爱春天。

活动二：“我是健康宝宝”（大班健康领域活动）的活动目标：

1. 知道春天里常见的疾病有哪些。

2. 能够在日常生活中正确保护自己，预防春天里的疾病。

3. 对健康知识感兴趣，养成良好的卫生习惯。

活动三：“春天的花朵”（大班艺术领域活动）的活动目标：

1. 知道春天里有哪些花朵，它们的特征是什么。

2. 掌握指纹画的步骤和方法，会用指纹画表达春天的小花。

3. 热爱大自然，对美术活动感兴趣。

由此可见，主题活动目标起着统领作用，与其子活动目标比较，显得更概括、更笼统，而该主题下的子活动目标又是为了进一步落实主题活动总目标，且又有针对性地体现了相应领域的具体培养目标。

二、幼儿园综合主题教育活动的内容

《幼儿园教育指导纲要（试行）》中指出，主题活动内容的选择要体现三项原则：既适合幼儿的现有水平，又有一定的挑战性；既符合幼儿的现实需要，又有利于其长远发展；既贴近幼儿的生活来选择幼儿感兴趣的事物和问题，又有助于拓展幼儿的经验和视野。

在综合主题教育活动中，注意培养幼儿主动学习的能力，灵活运用“四个尽量”的方法组织主题教育活动，如：能让幼儿动手操作的尽量让幼儿自己动手做一做；能让幼儿观察的事物尽量让幼儿自己去观察；能让幼儿自己表述的内容尽量让幼儿自己去表述；能让幼儿自己做出结论的尽量让幼儿自己通过归纳得出结论。这样幼儿通过动手、动脑、动口的训练，能使其潜在的各种能力充分得到发掘。

因此，在选择综合主题教育活动内容时需要注意：主题的来源是五大领域，受到幼儿、教师、主题自身的价值、以往的主题、学科知识和可用的教育资源的影响。应根据这些因素来围绕主题设置一系列活动，如确定活动名称、目标、领域等。

“教育只有一个主题，那就是五彩缤纷的生活。”因此，幼儿园的主题教育活动的内容要与幼儿的生活经验息息相关。幼儿园一般以自然和社会为主线，确定主题内容。[①]

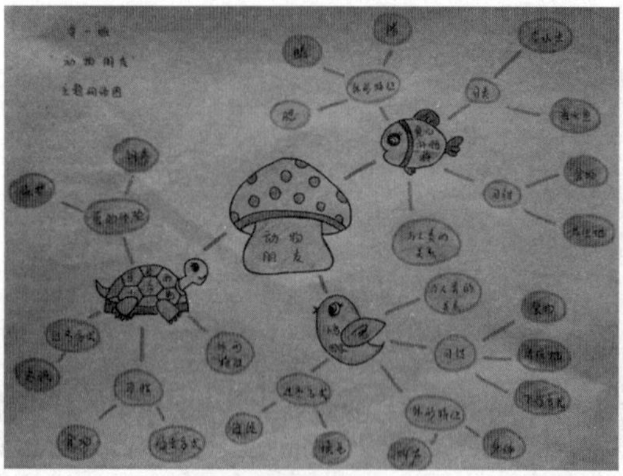

动物朋友

秋天的收获

(一)自然类主题

自然类主题包括动植物，声、光、电、磁、力、风、雨等自然现象，季节变化，沙、水、石等自然物质等。如“我们的动物朋友”“奇妙的蛋”“小兔乖乖”“小鱼游”“各种各样的植物”“甜甜甜的水果”“会变的天气”“温暖的春天”“树叶飘飘”“下雪了”“海洋世界”“有趣的水”“好玩的石头”“好听的声音”等。

(二)社会类主题

社会类主题主要包括家庭、幼儿园、社区、节日、家乡、民族、衣食住行、环境保护等。如“上幼儿园了”“我喜欢的老师”“好朋友”“我的家”“我的妈妈”“团团圆圆过中秋”“快乐的新年”“美丽的家乡”“祖国我爱你”“多彩的少数民族”“生活中的标识”“服装博览会”“各种各样的建筑”“汽车嘟嘟嘟”“有趣的包装”“我要上小学”“各种职业的人”“世界真奇妙”“环保小卫士”等。

思考与练习

1. 请以“我长大了”为主题，设计一个主题活动网络图并编写主题活动总目标和2~3个子活动目标。

2. 以“我要上小学啦”为活动主题，设计一个幼儿园大班综合主题教育活动方案，要求详细具体。

① 基础教育教学研究课题组. 幼儿园主题教育活动指导[M]. 北京：高等教育出版社，2014：10.

第三节
幼儿园综合主题教育活动的组织与指导

本节在了解了幼儿园综合主题教育活动的内涵、教育目标、内容后，进入组织与指导的环节。幼儿园综合主题活动的实施过程总体分为三个阶段，即准备阶段、实施阶段、总结阶段。

一、准备阶段

确定主题是幼儿园综合主题教育活动准备阶段的关键环节，需要教师和幼儿共同讨论、收集相关的资料、积累经验等，包括确定主题和要研究的问题，收集相关资料，计划参观活动，创建主题所需资料及相关支持策略等。

首先，在教育中教师处于主导作用，幼儿处于主体地位。那么在确定主题的时候，教师应该从幼儿的实际生活和需要出发，带动幼儿一起讨论自己感兴趣的话题，来确定综合主题活动的主题并进行活动命名。

接着，教师需要跟幼儿一起，制作科学、合理、有趣的主题网络图。在制作的过程中，可以从幼儿感兴趣的问题出发，以推进的方式师幼共同制作。在确定了科学、合理的主题后，进入收集相应的材料阶段，在这个阶段可以跟幼儿讨论收集主题相关的材料的方式和数量。材料形式不限，如资料可以是图片、实物、照片、影视资料、作品等。在收集材料的过程中，可以整合多方教育资源和多方力量，如加强家园合作、社区合作、实地参观、借助多媒体方式等。当幼儿按照要求和自己的兴趣收集了众多的与主题相关的材料后，将面临对这些材料进行分类、整理，这时候，教师需要跟幼儿一起讨论和制定相应的标准和怎样分类。这个过程可以让幼儿进一步学习到知识由点到面的转化，感受到知识的积累过程，使其分享能力得到提高。

二、实施阶段

在各项准备工作做充分后，进入幼儿园综合主题活动的实施环节，这个环节包括确定综合主题活动的目标、主题活动的环境创设、材料的投放、内容的融入等。如下表所示。

综合主题活动实施阶段和内容要求

序号	实施阶段	内容要求
1	确定主题活动目标	渗透各领域内容
2	主题融入生活活动及环节活动	生活环节的主题渗透
3	区域指导及材料投放	区域设置、区域指导、区域环境
4	环境创设与利用	精神环境、物质环境(主题墙、区域环境、生活环境等)
5	集体教学活动	主题活动中预设的集体活动
6	户外活动	户外游戏和户外体育活动
7	家长工作	家长助教、亲子活动等

(一)综合主题活动目标的确定

幼儿的发展水平是设计教育活动的重要依据,应该根据幼儿的发展水平来确定综合主题活动首要的目标。

如大班的“糖葫芦”主题活动,确定的总目标:

(1)让幼儿通过不同的感官了解糖葫芦的特点。

(2)可以大胆地表达出自己的感想。

可以看出,大班应该更加注重幼儿主动学习能力的提升和培养幼儿的探究精神。

在主题目标中,教师需要让幼儿主动学习、启发并锻炼幼儿自己解决问题的能力,促进幼儿在教师组织的活动中不断发展。

(二)提供支持性的学习气氛

教师在开展综合主题教育活动的过程中,需要考虑到“区域活动”“环境资源”“外部资源”等因素。

1. 区域活动及材料投放

区域活动对幼儿园综合主题活动的开展起着重要的作用,教师要在区域投放合适的材料,做好区域的布置并进行科学的指导,这对促进幼儿的多元智能的发展起着积极的作用。首先应该对区域墙面进行创设,这部分内容应该由幼儿独立完成或者教师与幼儿共同设置。其次是区域里面的材料投放,这也是幼儿进行区域活动或者游戏的重要基础。应该根据幼儿的年龄特点而投放不同的操作材料,如小班区域可以投放一些结构化程度高的成品材料,大班区域可以投放半成品材料或者原始的材料以发挥幼儿的创造力、想象力和探究能力,同时,注重材料的层次性,以利于幼儿与环境中的材料进行互动。如“巧手裁缝”主题活动,在角色区可以投放裁缝操作的工具:尺子、裁缝剪刀、布、缝纫机、针、线、顶针等材料;在阅读区可以投放一些关于服装制作的图书,引导幼儿阅读并进行相应的制作,并注意根据幼儿的需要进行有效的、适宜的指导。

2. 区域外环境创设

针对主题活动的需要,进行精神环境和物质环境的创设。在进行精神环境的创设时,教师应该跟幼儿建立良好的师幼互动关系,信任、理解、尊重幼儿,让幼儿能够安心、舒适地在幼儿园里生活。在进行物质环境创设时,首先应该考虑主题墙的创设,幼儿园的主题墙是综合主题教育的重要部分,它集中体现了幼儿在一个主题单元的学习情况,主题墙上还可以反映幼儿的发展差异,促进幼儿的互动以及学习能力的发展。

此外,在幼儿在园的生活时间里,应该注意幼儿的一日生活中的幼儿园环境的创设,此时应该注意幼儿的生活环境应贴近幼儿的日常生活,充分满足幼儿的心理和发展的需要,让幼儿能够在熟悉而感兴趣的环境中主动学习,安心学习。

3. 整合多方教育资源

综合主题教育活动注重对幼儿的整合性、多元化、体验式学习等多种学习方式的运用,所以教师应该引导家长也参与到幼儿园的教育活动中来,家长不能仅仅限于资料收集和材料的投放,而应该参与到幼儿园综合主题活动的选择、设计和实施中来,以加强家园合作、社区合作,形成教育的合力。

三、总结阶段

幼儿园综合主题活动总结阶段的主要任务是对主题进行总结、反思、资料整理归档、活动延伸等。在这一阶段,教师通过各种方式和途径,对前两个阶段的主题活动进行总结、评价和延伸,帮助幼儿将获得的经验系统化,培养幼儿的总结概括能力和自我评价能力,同时提升幼儿的自信心和对主题教育活动的兴趣。这一阶段的活动形式有:

(1)总结谈话活动。幼儿可说说自己印象最深的活动或游戏,获得了哪些经验和收获,哪些方面做得不够好,可以如何改进等。

(2)分享活动。包括分享美术作品,如美食、玩具、亲子作品等活动,通过美食汇、作品展示会、玩具交换活动、服装秀等与教师、家庭成员和社区人员进行分享、交流,体会分享的快乐。

(3)庆祝活动。有些主题活动可与节日或一些庆祝活动结合开展,如国庆节、端午节、幼儿毕业会等,一般包括表演节目、赠送礼物、致辞、颁奖等,以此升华主题教育活动的意义,使幼儿获得自信和快乐,培养幼儿的美好情操。

（4）资料整理。在主题活动末期将活动过程中收集的信息、图片、照片和视频以及幼儿的记录等资料整理归类，可为以后班级开展此类活动提供经验，也可使幼儿认识到归纳整理的意义和方法，养成整理资料的好习惯。

（5）教师反思。在主题活动结束阶段，教师要做一个善于反思的人，反思幼儿有哪些发展，主题活动过程中教师的指导策略是否适宜，教师在主题活动过程中有哪些感悟，还存在哪些问题等。

思考与练习

1. 设计一个中班幼儿综合主题教育活动方案，要求写出活动目标、重难点、活动准备、活动过程和教学方法等。

2. 分小组试讲该活动，全班观摩研讨。

案例分析

我眼中的种植业①

【主题活动由来】

小班幼儿刚刚入园，他们对幼儿园的一切事物都是陌生的。因此，我带领幼儿参观我们的幼儿园。当我们走到种植园的时候，孩子们对眼前的一片绿色很好奇，不由自主地说："这是哪儿？""怎么有这么多菜？"看到小班刚刚入园的孩子对种植园能够提出问题，我感受到孩子们对种植园的兴趣，于是我们开始了对种植园内的探索之旅。

【主题活动网络图】

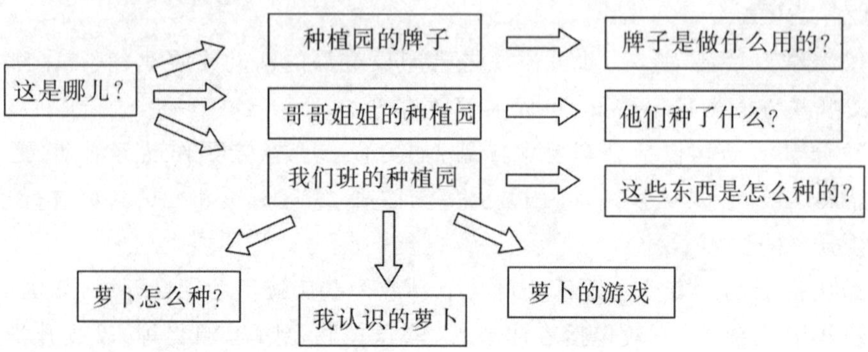

① 赵旭莹，周立莉.幼儿园综合主题活动——设计技巧与优秀案例[M].北京：中国轻工业出版社，2014:73-84.

【主题活动总目标】

1. 能够了解种植园的种植内容,并对种植活动感兴趣。

2. 喜欢对种植园进行探索并感受探索后成功的喜悦。

3. 能够用不同的方式对萝卜进行认知了解。

【主题活动中的区域创设】

美工区:萝卜作品

区域目标:

1. 能够用萝卜制作美术作品,感受收获的喜悦。

2. 初步养成分享的良好行为习惯。

区域墙饰:要欣赏的作品,涂鸦墙——我的小菜园。

区域材料:水彩笔、油画棒、水粉、毛笔、棉签;收获的萝卜,萝卜涂色画。

指导重点:

1. 引导幼儿根据自己的想法创作作品。

2. 引导幼儿与同伴分享自己的作品。

【主题活动具体实施】

活动一:种植园的标志牌

◇活动目标

1. 了解种植园的牌子,对种植园中的牌子有初步的认识。

2. 能够知道牌子的作用。

◇活动准备

1. 经验准备:有参观种植园的经验,对种植园有一定的了解。

2. 物质准备:用种植园中的牌子制作的课件,种植园牌子的图片。

◇活动过程

1. 引入环节。

与幼儿一起回忆去过的种植园,然后出示课件第一张图片:种植园全景。教师问:“这是哪儿?”以增强幼儿对种植园的兴趣。

2. 观看课件,了解种植园中牌子的作用。

(1)观看课件:你看到了什么?

幼儿完整地观看课件,教师提问:“你看到了什么?”请幼儿自由表述。

教师小结："我们看到了很多牌子，这些都是种植园的牌子。"

(2)分组观看课件，了解牌子的内容。

观看单张课件，教师提问："牌子上有什么？猜猜，它们是做什么用的？"

教师小结："牌子上有图案有字，图案是哥哥姐姐班的标志，不是地里种的东西，字是地的名字。"

(3)游戏：我认识牌子啦！

出示图片，请幼儿看一看这是哪个班的地。看一看，谁找得又快又准。

3.讨论：我们班的牌子在哪里？

走进种植园，请幼儿找一找自己班的牌子，并找到自己班的地。

活动二：萝卜画（艺术）

◇活动目标

1.能够用不同的方式装饰萝卜。

2.能够选择自己喜欢的美术工具进行绘画活动。

◇活动准备

1.经验准备：对萝卜有深厚的情感。

2.物质准备：绘画图纸、萝卜图形、水彩笔、油画棒、纸、水粉。

3.活动重难点：能够选择不同的方式装饰萝卜。

◇活动过程

1.引入环节。

以歌曲《拔萝卜》引发幼儿对萝卜的兴趣。教师以游戏的口吻对幼儿们说："今天萝卜朋友来我们班，它想让小朋友们帮它穿上漂亮的衣服，你们觉得怎么样？"

2.进行创作。

(1)教师介绍工具。

教师向幼儿介绍每种工具的作用，请幼儿自主选择工具进行活动。

(2)幼儿进行创作。

引导幼儿选择自己喜欢的方式进行创作，鼓励幼儿大胆创作。

3.作品展示。

(1)总结幼儿创作的优点。

(2)对进步大的个别幼儿进行更多的鼓励。

◇主题活动反思

在本次综合主题活动的探索过程中，我认为我们这次的探索真正做到了以幼儿为主体，从幼儿的角度出发进行探索。在主题活动中，我们先确定幼儿的问题，看看他们有什么问题，然后对问题进行统计，最后找到最适合且他们最关注的问题开展主题活动探索。在探索过程中，我们和幼儿又产生了新问题，使得主题活动更加丰富。并且，教幼儿把握好自己的角色，把握探索的过程，能够将幼儿的问题转化成他们感兴趣和可以进行探索的课题。如在探索的过程中，我们首先对种植园的结构进行认识，在认识的过程中，幼儿提出了："牌子是做什么的""哥哥是怎么种蔬菜的"等一系列问题，然后我们对这些问题加以解决。最后我们一起认识我们班的种植园，由于萝卜不是我们种的，所以幼儿对萝卜的成长过程不是很了解，但是我们能够一起探索成熟后的萝卜。幼儿提出萝卜是什么样的、萝卜能做什么等问题，教师与幼儿共同探索。在一次次的问题解决中，幼儿的认知能力在不知不觉中得到了提升，教师的教育水平也得到了提升。

◇活动评析

小班幼儿的活动经验相对较少，活动以"种植园"入手，让幼儿可以亲身体验，更容易让幼儿接受。从探索"他们种了什么"到"拔萝卜"让幼儿从了解到动手操作，根据幼儿发现的问题进行探索，更好地激发幼儿参与活动的兴趣。在整个活动的过程中，教师可以挖掘活动中的教育点和教育价值，让幼儿在不断解决新问题、丰富相关经验的过程中体验快乐，使得幼儿在活动中体验共同学习、共同做事，从而获得多方面的发展。

更多案例分析请扫描右边二维码。

【考查要点】

幼儿园综合主题教育活动是教育活动的一种组织形式，是教师有计划地利用资源，并通过教师与幼儿双边活动促进学生多元智能的发展。本章内容在历年的考试中常有出现，以活动设计题型为多。因此，应多关注幼儿园综合主题教育活动设计的各个方面，包括活动目标、活动内容、教学方法等，在活动过程中要体现以幼儿的多元化发展为前提，特别要掌握设计幼儿园综合主题教育活动的基本步骤和方法。

【真题解析】

1.(2018年上半年选择题)关于学前教育任务最准确的表述是( )。

A.促进幼儿智力发展　　B.促进幼儿身心的快速发展

C.促进幼儿社会性发展　　D.促进幼儿身心全面和谐发展

【答案解析】D。《幼儿园工作规程》中明确指出,幼儿园的保教目标是:实现保育与教育相结合的原则,对幼儿实施德、智、体、美诸方面全面发展的教育,促进其身心和谐发展。

2.(2015年上半年活动设计题)某幼儿园的院子里有几种高大的树,也有一些比较低矮的灌木。请你结合院子里的这些资源,设计一个题为"幼儿园的树木"的中班主题活动方案(含3个子活动),要求写出总目标,每个子活动的名称、目的和主要环节。

【答案解析】

【真题模拟】

1.在"三八节"期间,马老师围绕节日开展了一系列教育教学活动,这一系列活动可称为( )。

A.主题活动　　B.区域活动　　C.领域活动　　D.生活活动

2.幼儿知道凡是从锅里蒸出来的东西都是热的,这种认识是通过( )获得的。

A.感知　　B.记忆　　C.想象　　D.思维

3.老师在讲故事时,经常会用不同的语气、语速来表现故事中的不同角色,这样做是为了引起幼儿的( )。

A.无意注意　　B.有意注意　　C.有意后注意　　D.注意转移

4.建立我国第一个幼儿教育研究中心,并亲自主持幼稚园研究工作,提出"活教育"思想的是( )。

A.陶行知　　B.陈鹤琴　　C.张宗麟　　D.张雪门

5.由幼儿园自行开发和管理的课程是( )。

A.国家课程　　B.园本课程　　C.预成课程　　D.生成课程

6.请以"夏天"为主题设计中班的系列活动,要求:

(1)画出主题网络图。

(2)将其中的一个内容设计成具体的活动计划,注意计划的完整性,并说明设计的意图。

【思考实训】

思考：

通过学习幼儿园综合主题教育活动设计与指导，我学到了什么？如何让幼儿在主题活动中多元智能得到发展？为此，教师应提供哪些帮助和支持？我还有哪些困惑？我还想了解什么？

实训：

一、观摩及评析幼儿园综合主题教育活动

1. 观摩及评析综合主题教育活动的活动任务要求

(1)边观看优质课录像或进幼儿园观摩，边记录该教师的活动过程(活动目标、方法、教具准备、教师提问、师幼互动等)。活动流程及评价的记录要求：活动内容记录详细具体；活动结构层次表述清晰；语言表述恰当，活动步骤标题要求用概括性语言表述；评价活动内容的优点和缺点。

(2)根据幼儿园综合主题教育活动的活动理念，对观摩的活动进行评价。

2. 分组讨论，分享记录成果，分组讨论学习要求

(1)各组针对活动的优缺点及优化策略进行讨论，每组选一名代表汇总小组评价意见并在集体面前讲述。

(2)小组讨论应围绕着幼儿园综合主题教育活动的活动设计相关理论知识进行：预设的活动目标是否全部达成？幼儿有哪些收获，得到了哪些发展？

二、按照下列要求设计一次幼儿园综合主题教育活动

(1)请按给定活动主题设计一次幼儿园综合主题教育活动。

(2)设计任务完成后，分小组相互学习、评价教案。

三、试教幼儿园综合主题教育活动

(1)试教综合主题教育活动学习任务。

试讲同学——自选、优化综合主题教育活动方案，认真备课，写出详案，做好活动教具和课件准备等。

辅教同学——用心揣摩活动方案所定试教对象的年龄特点，全力配合试讲同学完成教学活动。

听课同学——认真记录每位试讲同学的教学活动名称、目标、组织步骤、教学方法、教学手段、教学基本功等；对每位试讲同学的教学活动做出评价，包括打分和文字评价。

(2)试讲过程中，每位同学按照学习任务执行。试讲完毕后，执教同学做自我评价，每个小组推选代表汇总评价意见、建议，当场评价。汇总的书面评价意见建议交

给试教同学做参考。教师做评价与总结。

【推荐阅读】

[1]赵旭莹,周立莉.幼儿园综合主题活动——设计技巧与优秀案例[M].北京:中国轻工业出版社,2014.

[2]齐放.幼儿园主题活动课程理论与实践研究[M].长春:东北师范大学出版社,2005.

[3]虞永平.学前课程与幸福童年[M].北京:教育科学出版社,2012.

第 10 章

幼儿园区域活动的设计与组织

在幼儿园一日生活中，教师该如何开展幼儿园区域活动？该如何设置幼儿园区域与投放适宜的材料？带着这些问题，我们开启后续内容的学习。

【学习目标】

知识目标：了解幼儿园区域活动的含义；理解并掌握幼儿园区域活动的目标、内容和教育方法。

技能目标：会创设符合幼儿需求的区域环境，能设计幼儿园区域活动并进行相应的指导。

情感目标：乐意与幼儿一起参与区域环境创设和区域活动。

【学习重点】

1. 掌握幼儿园区域环境创设的方法。
2. 学会设计幼儿园区域活动并做相应的指导。

【知识结构图】

- **幼儿园区域活动的设计与组织**
  - 幼儿园区域活动概述
    - 幼儿园区域活动的含义
    - 幼儿园区域活动的特征
    - 幼儿园区域活动的定位
  - 幼儿园区域设置与材料投放
    - 幼儿园区域设置
    - 幼儿园区域材料投放
  - 幼儿园区域活动的组织与指导
    - 遵循的原则
    - 指导的基础
    - 指导的形式
    - 具体指导步骤

第一节
幼儿园区域活动概述

一、幼儿园区域活动的含义

区域活动是一个舶来品，最开始的时候是由蒙台梭利提出的。后来这一理论不断在实践中获得发展，国际上比较闻名的区域活动教育理念和课程模式有海伊·斯科普的区域活动思想、意大利瑞吉欧教育理念、方案教学、光谱方案中的区域活动思想等。随着我国学前教育不断发展并与国际接轨，这一概念在国内也慢慢获得发展并取得一席之地，尤其是随着2001年9月《幼儿园教育指导纲要（试行）》和2012年《3—6岁儿童学习与发展指南》颁布与实施，对区域活动相关理论的研究越来越深入，我国更加重视融合了现代儿童观的区域活动。

区域活动也可以称为“区角活动”，它对于幼儿而言是一种准备好的、自由的活动空间，幼儿在这个空间里可以根据自己的兴趣和需要，用操作材料、扮演角色等方式，与环境、同伴进行有效互动，从而获得个性化学习和发展。幼儿园中的区角可以划分为不同主题的区域，如角色区、建构区、美工区、益智区、表演区、科学区等。

小小理发店

小剧场

二、幼儿园区域活动的特征

在组织区域活动的时候，教师应更趋向于尊重幼儿个体化差异，注重幼儿个人探索能力的培养，打造一种“见儿童”的教育组织形式。区域是教育者为受教育者准备的物化的、可操作的环境。在这个环境中，幼儿是自由的、主动的。幼儿的主体性得到了很好的体现，而教师是观察者、隐性的指导者。师幼之间是互动的、相互尊重的关系。总之，相较于幼儿园其他的教育活动，区域活动有着自己独有的特点。

（一）自由性

在进行区域活动的时候，幼儿可以自由地选择自己的学习方式、自由地操作区域中的材料，是在有准备的环境中探究自己感兴趣的、有需要的活动，在这里幼儿是自主的学习者，能与环境、材料自由地进行互动式学习。教师只有在幼儿可能面临不利状况的时候或者受阻碍的时候才进行干预。

（二）主体性

区域活动中，幼儿是自由的、相对的，教师不再是直接的指导者，而是“有准备的环境”的提供者、引导者，幼儿就是区域活动的主人翁，自己全程掌控自己的学习过程，对自己的学习负责。在区域活动进行的过程中，幼儿做着自己需要的、感兴趣的活动，体验到的是学习过程的快乐。

（三）个性化

区域活动中的教育是差异化的、个性化的。在区域活动中，幼儿的个别差异更受到重视，幼儿在这里可以自由地选择玩伴、学习方式、操作材料等，在符合自己发展规律的活动中获得个性化的发展。

（四）间接性

在进行区域活动时，幼儿不再是以前知识的被动接受者，而是开始向环境学习、向活动区中的材料学习的自主学习者。教师的角色由权威知识的传授者转变为环境的创设者、材料的准备者、幼儿发展的支持者。幼儿进行区域活动时，也是幼儿自我教育的时候，教师什么也不需要做，只需以观察为主，尊重幼儿、平等地对待幼儿，让幼儿积极进行区域活动。在观察、了解幼儿后，教师为幼儿提供更加自由的学习，做好保护者的角色，是间接的指导者。

三、幼儿园区域活动的定位

区域活动是一种个别活动，是幼儿独立进行的自主活动，在活动中，教师主要扮演环境的创设者和支持者角色。[1]幼儿的学习是有独特性的、个性的、探究性的、主体性的。这就决定了幼儿园的区域活动应该是一个开放的系统，是幼儿园教育的一种不可或缺的组织形式。它跟其他组织幼儿一日生活的教育活动共同串联起幼儿一日生活的各个环节，跟其他的教育组织形式是平等的、互补的关系。比如区域活动的优势是可以照顾到幼儿的个性差异，有利于进行个别指导教育。但是，它也有自身的不足之处，在进行区域活动的时候由于幼儿进行的是自我教育，难免效率比较低，甚至可能会出现没有目的的重复玩的现象。而其他的教育活动形式，如集体活动便可弥补这一不足，所以如果两者可以做到取长补短，便可发挥多元化教育方式的最大教育价值，最终促进幼儿和谐、全面地发展。

幼儿园的教育是一个开放的系统，区域活动也是一个开放的系统。幼儿园的教育需要家园、社区合作，发挥教育的合力，让其作为幼儿园教育的重要组成部分；区域活动也要发挥社会力量，如可以是区域材料的提供者、环境创设者、区域活动的重要指导者。区域活动是幼儿根据自己的需要、兴趣而进行的自主化程度比较高的教育活动。了解幼儿的有教师，还有幼儿的父母等，他们可以给教师提供幼儿近期比较感兴趣的问题。在必要的区角投放符合幼儿兴趣的材料，激发幼儿积极参与区角活动的兴趣和探索欲望，最终促进幼儿各项能力的发展。

此外，各个不同主题区角在进行活动的时候，相互之间不应该是封闭的、隔离的，而应该是互动的、共融的，这样可以促进幼儿交流合作等社会性的发展。如“娃娃家”和“超市”就可进行有效互通，也可以是彼此独立的，所以两个区角应该是便于沟通与合作的，这样可以达到室内活动资源、活动成果共享的目的。

思考与练习

创设幼儿园环境时应考虑不同地区、不同条件幼儿园的实际情况，因地制宜，因陋就简，这体现了( )原则。

A. 开放性　　B. 经济性　　C. 发展适宜性　　D. 参与性

① 霍力岩. 幼儿园课程开发与教师专业发展——比较研究的视角[M]. 北京：教育科学出版社. 2006：119.

第二节
幼儿园区域设置与材料投放

一、幼儿园区域设置

（一）幼儿园区域设置的影响因素

一个区域的设定受到多重因素的影响，即使在区角创设好后，随着实际情况的变化，也应该根据幼儿的实际需要做出必要的调整。那么影响区域活动环境创设、材料投放、区域数量的增加或减少的因素有哪些呢？

第一，区域活动的对象是幼儿。无论是环境创设还是材料投放等，都是为了给幼儿使用，那么幼儿的实际需要、幼儿的自身兴趣就是必不可少的因素，而幼儿的需要、兴趣又是在变化着的，所以教育也应该跟着其变化，以适应幼儿的发展。

第二，教育是有目的的，区域活动也是教育的一种方式。离开目标的教育是盲目的、无意义的。所以，对于区域中的活动的设计、区角设置、材料投放、环境创设等都必须在幼儿园的教育目标的指导下进行。

第三，幼儿园的教育活动也是影响因素之一。比如开展主题教育活动，区域的设置就需要围绕相应的主题进行，达到综合主题教育活动的教育效果，使得幼儿的学习有整体性，能促进幼儿整体性发展。

第四，本班甚至本园幼儿的人数，也是区域设置需要考虑的因素。

第五，幼儿园的资源。如教育资源、空间等是影响区域丰富的重要因素。

（二）幼儿园区域设置的原则与区域活动体系

随着区域活动越来越受到学前教育者们的重视，在一线幼儿园中常会或多或少地设置不同的区域角。由于区域活动受着不同的教育理论和实践经验的影响，加上区域活动“因地制宜”的特点，现实中对区域活动有着不同的设置。总之，在设置这些活动时应该丰富而有序。

1. 幼儿园区域设置原则

活动区域的设置，目的是为了更好地利用各个区角，充分利用幼儿园的资源，把各个区角有效地设置好，以便活动的有效展开和互动，进而使得幼儿的区域活动能够更加丰富，活动的水平更高。

（1）闹区与静区隔开。

区角活动是幼儿自主的、自由的、自我教育的活动，幼儿围绕自己的兴趣、需要而开展。每个幼儿是不同的，他们会选择不同的区角。有的幼儿喜欢安静点的区角活动，如阅读区、美工区；有的幼儿活泼好动，在选择区角的时候可能更愿意选择热闹点的区域，如表演区、角色扮演区。那么在设置区角的时候，就必须考虑把这两种类型的区域隔开设置，避免活动区之间的相互干扰，影响到这两个活动区的活动开展，最终影响到幼儿的发展。

（2）相邻区域互动性。

活动区设置虽然不同，但是也不是孤立的，各个不同的活动区之间的相关系数是不同的。所以，在设置活动区的时候，应该充分考虑好相邻区域间相关性的高低。当两个区角相关系数比较高的时候，就应该考虑两者邻近设置，反之，则可以隔离远些。这样利于幼儿在不同的区角之间的互动，使得活动区的活动更加完整。比如以“医院”为主题的区角和以“我们这一家”为主题的区角就可以邻近设置，隔离物应该是便于幼儿在两个区角之间走动、穿梭的，应使两个区角成为既可以相互独立又能够互相贯通融合的整体，以便幼儿获得整体性的经验。

（3）开放与封闭兼顾。

在各个区域设置的时候，需要兼顾到开放性和封闭性。不同年龄的幼儿抗干扰的能力是不同的。如小班的幼儿对抗外界干扰的能力比较低，所以在设计活动区的时候，各个活动区就应该是较为独立的，分隔应比较明显，封闭性较强；而大班的幼儿独立性较强，对抗外界干扰的能力比较强并乐于与他人合作，所以在设置大班的活动区角的时候，就应该考虑到各区角之间的互通性。

（4）灵活、拓展原则。

在设置活动区的时候，要根据幼儿园教育的需要、主题的变化，灵活地变动区角。根据幼儿的参与、喜爱的程度，适当增加或者减少区角的设置，比如对参与的幼儿少或者幼儿压根儿不感兴趣的区角就应该撤掉，而增加幼儿感兴趣的、有探索欲的区角。同时，还应该注意扩展区角的空间，使得利用教育资源力度最大、最优化。区角不应该仅仅设置在活动室内，而应该充分利用走廊、大厅、过道等室外的空间。还可以在班级与班级之间、全园之间设置“共享空间”，这样可以达到区域间的材料、空间等的共同利用，以加强不同年龄阶段幼儿的交流，促进幼儿的社会性发展。

（5）“死角”的避开原则。

区域活动虽然是尊重幼儿自主、自愿、自由的自我教育活动，但是教师不应该是缺位的。教师是区域活动的材料提供者、环境创设者、幼儿发展的支持者。当幼儿在进行区域活动的时候，教师主要是观察者，同时也是隐性的指导者。当幼儿遇到困难需要帮助或者产生矛盾等时候，教师要及时地提供适宜的指导，以提高幼儿的活动水平。所以区域活动的设置不应该出现“死角”，否则，违背安全性原则，容易让幼儿处于无监管状态，不利于幼儿的发展。

室内建构区

公共建构区

2. 幼儿园区域活动体系

在王春燕主编的《幼儿园课程概论》中曾提到根据主题活动之间的关系，从三个维度“密切-松散”“显性-隐性”“直接-间接”考虑来划分，把区域活动归为主题性区域活动和常规性区域活动，但两者是相对的。而在王微丽主编的《幼儿园区域活动——环境创设与活动设计方法》中对区域活动的分类设得较为完整：以幼儿基本发展需要设置的预备区域和基本区域；以创造性发展需要设置的创意区域；以幼儿个性发展需要制作的延伸区域。

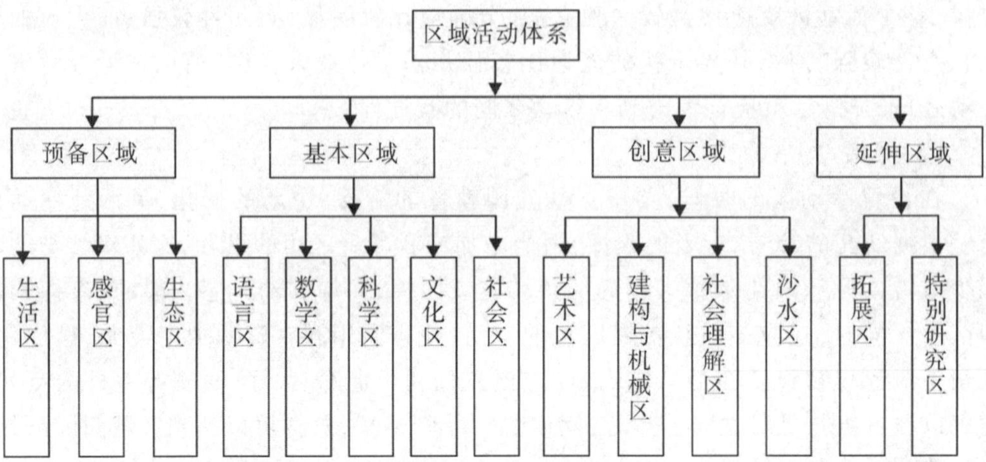

区域活动体系设置框架[①]

在一线的幼儿园班级中，常见的有七种区角，如下表：

① 王微丽.幼儿园区域活动——环境创设与活动设计方法[M].北京：中国轻工业出版社，2014.

区角的作用

区角名称	作用	要点
角色区	1.满足参与社会生活的愿望,帮助积累社会经验 2.提供角色交往的机会,促进社会化进程 3.促进语言表达能力 4.提高解决问题和人际协调能力 5.发展假想能力和创造性	设计不同的角色游戏区:娃娃家、餐厅、理发店、银行、超市、烧烤店、面包房、学校等与社会职业、生活相关的场所
建构区	1.发展空间知觉和想象力 2.感知形体、对称等概念,建立其概念 3.发展手眼协调能力和动手操作能力 4.培养坚持性和细致耐心品质	较大空间的范围;数量较大的材料:积木、插塑、纸箱、易拉罐、纸板、木板等废旧材料,玉米秆、玉米皮等自然材料和水桶、可乐瓶等生活材料
表演区	1.发展想象力、创作力和表现力 2.发展语言表达和交往的能力 3.体验舞台表演的满足感和自豪感	可提供故事表演和音乐歌舞剧表演的脚本;表演道具:头饰、衣物、化妆道具等;表演舞台
美工区	1.体验感官和情绪的舒展 2.体验美术的创意、自由表达的乐趣 3.增强对色彩、线条、构图等的理解 4.提高审美感受力和审美表现力 5.欣赏和尊重自己和他人的创造,体验成就感和满足感	依据实际情况和材料提倡多样化:绘画区、泥工区、雕塑区;各种美术工具:纸、橡皮泥、剪刀、胶水、颜料、油画棒等
生活操作区	1.发展手眼协调能力 2.发展手的精细动作 3.培养自己事情自己做的习惯 4.培养专注、认真、耐心、细致、有条理等品质	系扣子、串珠子、夹夹子、钉钉子、用锤子、用勺子、用筷子、开锁、拧瓶盖、穿带子、系鞋带、编辫子等
益智区	1.学习观察的方法 2.学习辨别、分析比较判断法 3.培养专注、细致、有序的学习习惯 4.培养思维的敏捷性、灵活性和独特性等品质	提供拼图、七巧板、迷宫、棋类、扑克牌、几何拼图、图片比较等材料;结合科学活动和数学活动投放操作材料和探究材料;探究工具:放大镜、天平、尺子
阅读区	1.感受图书带来的愉悦感,缓解不良情绪和压力 2.感受文化的熏陶,培养良好的阅读兴趣和习惯 3.对图画和文字敏感,提高阅读理解能力 4.帮助幼儿形成积极的人生态度和良好品格	提供适于不同年龄、不同主题的阅读材料:图书、靠垫、地毯、小沙发、书柜

二、幼儿园区域材料投放

区域环境中最重要的东西就是材料了,它是区域环境创设的核心所在。唯有投放了合适的、科学的材料,幼儿才能通过与适宜的材料的互动,获得和谐、全面的发展。提供适宜的材料是区域活动中教师应该具备的专业技能之一,教师通过精深的思考、巧妙的设计,将活动指导、活动目标、活动内容渗透在所设计的活动材料中,通过材料解放教师的指导,实现幼儿的自主独立探索。[①]那么,投放的适宜材料应具备如下的特征:

1. 安全特性

安全是幼儿园的首要任务,所以幼儿园里的所有设施、环境等都应该首先考虑到安全因素。根据幼儿自身的特点,安全就显得尤为重要。因此,在投放区域材料的时候,材料必须是符合相关安全标准的,不存在对幼儿安全、发展造成不必要的安全隐患的。对可以利用的废旧材料一定要进行相应的消毒,达到标准后方可投放;其次,投放的材料应该依据幼儿的身体结构投放,如投放给幼儿使用的桌子、椅子等必须是适宜幼儿使用的。

2. 丰富特性

好奇是幼儿的天性,所以在区域投放的材料应该是丰富的、有趣的,不但能满足幼儿的好奇心,提高选择和操作的兴趣,而且可以适应幼儿的不同发展需要和不同幼儿的发展需要,能真正实现个别化教育,促进幼儿多元智能的发展。需要注意两点:其一,从幼儿全面发展的角度出发,区域材料种类的多样,可调动幼儿各种感官的发展,让幼儿不断发展、不断有所进步。其二,数量应足够。区域活动的材料应该满足幼儿自由选择的需要,一方面可以避免幼儿间的矛盾,另一方面可以满足幼儿模仿学习的需要,最终实现幼儿的自我教育,自主性得到发展。

3. 计划与开放相结合的特性

蒙台梭利提倡“有准备的环境”,强调“物化”环境。区域材料就是一种物化的环境,幼儿通过操作这些材料达到自我和教师预期的发展一致。区域材料是教师提供的“有准备的环境”,离不开幼儿园的教育目标和教育活动设计的目的——教师期望通过提供给幼儿这些操作材料,幼儿通过与之互动达到发展,实现教育目的,这体现了区域材料的计划性。同时,区域是开放系统,随着主题的变化、幼儿需要和兴趣的变化,材料应该不断变化,方能适应幼儿发展的需要。

4. 材料的层次特性

幼儿园的幼儿有三个年龄阶段,不同年龄阶段的幼儿其发展是不一样的,需求也是不一样的。比如小班的幼儿由于经验比较少,想象力也不是很丰富,就此而言,幼儿园的区域材料应该以结构化程度比较高的、逼真的成品材料为宜;而大班的幼儿想象力不断丰富、经验也不断增多,这时候可以提供一些半结构化的、半成品材料

① 王微丽.幼儿园区域活动——环境创设与活动设计方法[M].北京:中国轻工业出版社,2014:80.

或者原始材料给幼儿操作。另外,同一个年龄阶段的幼儿发展水平也是不同的,所以投放的材料应该兼顾一般性和特色性。这样方可使幼儿的个性化、差异性教育的目的得以实现。

思考与练习

1. 下图为某幼儿园小班游戏的环境布局,请分析该幼儿园游戏环境设置的不足,并想出修改建议。

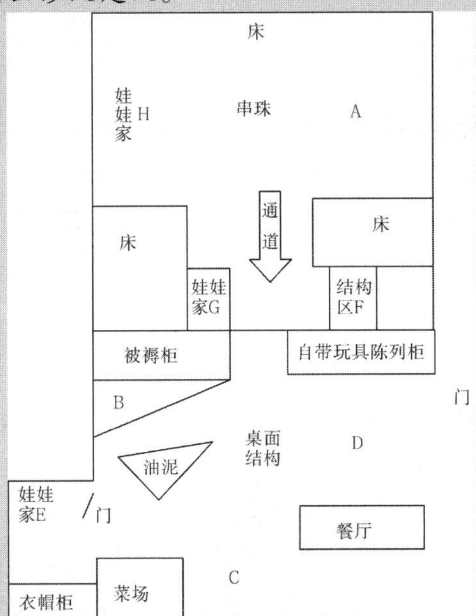

2. 创设幼儿园环境时应考虑哪些原则?

第三节 幼儿园区域活动的组织与指导

区域活动作为一个开放的系统，在其中，幼儿是自由、自主地根据自己的需要和兴趣进行自我教育，但是教师适宜、及时的指导有利于使区域活动更有效且顺利地进行，同时也可以提高幼儿的自我教育水平。那么教师应该如何有效地进行区域活动的组织与指导呢？

一、遵循的原则

区域活动是一个自由的系统，幼儿的活动是自由的、自主的，以幼儿的自我教育为主是幼儿区域活动的主题，决定了教师在幼儿园区域活动中扮演的角色应该是非直接的、富有个性的指导者。教师主要是通过投放材料和以游戏的形式介入指导现场，是观察者，所以应该遵循“直接指导为次要的，间接指导为首要的”原则。

二、指导的基础

观察是指导的依据。区域活动中教师指导遵循的原则是“间接指导为主、直接指导为辅”。那么提供材料后，当幼儿进行区域活动时，教师就应该退居幕后但又不能离开教育现场。他们不是教学的主导人，而是幼儿发展的支持者和观察者。教师通过观察来发现幼儿区域活动进行的具体情况，然后进行必要的介入指导，保证教育活动的开展，同时做出适当的调整便于后期活动的开展。比如区域活动中材料的减少、增加、组合问题，就要通过观察做适当的调整才能切合幼儿发展的真实需要。删减材料是指“教师在原有材料的基础上减掉一些材料，使游戏出现新的问题情境，从而产生新的游戏的方式”①；增加材料指“教师在原有材料的基础上增加一部分新材料，使得游戏出现新的转机，产生新的含义，引导幼儿新的探索活动的方法”②；组合材料是指“教师将原有的两组或两组以上的游戏材料组合在一起，形成新的游戏，

① 李建君. 区角：儿童智慧的天地[M]. 上海：上海社会科学院出版社，2005:39.

② 李建君. 区角：儿童智慧的天地[M]. 上海：上海社会科学院出版社，2005:38.

引起幼儿新的活动的方法”[①]。

三、指导的形式

教师在区域活动中应该进行平行指导、交叉指导和垂直指导。

平行指导是指教师以幼儿共同的角色或者操作相同的材料开展活动，这时候幼儿可以模仿学习。教师的指导是示范，具有暗示性意义。

交叉指导是指教师以幼儿活动中的一个角色参与到幼儿的活动中，以有情节的活动介入幼儿的活动中进行指导。这时候，教师与幼儿有交流、沟通。

垂直指导是指教师具有权威性的指导地位，直接对幼儿进行干预。一般情况下是当幼儿的活动进行受到严重干扰的时候，所采取的一种方法。

四、具体指导步骤

区域活动的指导遵循“计划—工作—回顾”的程序，所以，教师应该制订活动计划，帮助幼儿执行、完成和不断丰富与深化计划，指导幼儿的整理工作，引导幼儿对自己的活动过程进行回顾和评价等。[②]对区域活动，教师应该遵循如下操作：

第一，幼儿在进行区域活动前需要拟定一份计划。这个计划教师可以协助幼儿共同完成。根据幼儿的需要、兴趣来定，注意在幼儿制订计划的过程中，教师应该重点帮助那些不太擅长制订计划的幼儿。

第二，制订计划后，幼儿进入活动环节。这个环节，幼儿主要通过与区域活动的材料、环境进行互动学习来实现。这个过程是区域活动的重点环节。这时候，教师除了观察外，需要关注的重点就是对那些在活动中无所事事、完全处于计划之外等状态的幼儿进行指导；防止那些阻碍区域活动顺利进行的情况发生；不断在区域活动中提高幼儿的活动水平。

第三，在幼儿进行区域活动的时候，教师应该帮助幼儿遵守一定的规则，就是随时有整理意识。区域活动的开始、结束要有明显的信号，让幼儿的活动是顺利的，不能戛然而止。同时，因为幼儿存在差异性，所以，要照顾到各个幼儿的需要，不能让一些或个别幼儿处于无所事事的状态。

第四，活动结束后给幼儿留足活动反思和评价的时间，教师应完善区域活动，提高活动的质量，促进幼儿的全面发展。

总之，在区域活动中幼儿是自由的、自主的，教师的指导应该是间接的、暗示性的、创造性的，所以对于幼儿的区域活动中的指导，教师应该具体问题具体分析。

---

① 李建君．区角：儿童智慧的天地[M]．上海：上海社会科学院出版社，2005:40.

② 魏敏，陈峰，冉武江，等．幼儿园教育活动案例分析[M]．长春：东北师范大学出版社，2003：186－194.

拓展阅读

中国地图拼图的有趣玩法①

——教师对成品材料的再设计

【观察班级】

大班。

【观察时间】

10月份。

结合“我是中国人”的主题活动，刘老师在益智区投放了中国地图拼图的玩具。孩子们玩了几次后，兴趣减弱，原因是拼图的块数太多且形状复杂，孩子们难以在一次区域活动时间内完成，几次的失败使他们逐渐失去了兴趣。

在本次区域活动前，刘老师向小朋友们介绍了益智区的一种新材料，这是一张配合着地图玩的图纸，图纸由两部分组成，左边是五个地区的地形轮廓图，右边是这五个地区比较有特色的事物，比如天安门代表北京，黑龙江的天气比较冷画个雪人代替等。刘老师介绍了游戏的玩法：“请小朋友用连线的方式将五个地形轮廓图与相应地区的特色事物连接起来。”

（解释：教师经常在益智区投放一些类似拼图之类常见的成品材料，但是有些材料对于幼儿来说有一定的难度，所以不是那么受欢迎。刘老师根据这种情况，结合大班幼儿的年龄特点及主题目标，有意识地对拼图进行了简单的加工，既降低了操作难度，又增加了活动的趣味性）

活动开始了，一凡和嘉豪选择了中国地图拼图的玩具，两人合作默契，一凡负责找地图拼块，嘉豪负责连线。只见一凡先从若干拼图中找到相近形状的拼块，然后放在地形图轮廓图上比一比，当确定相同时，两人就开始查找对应的特色事物，由嘉豪负责连线。十几分钟后，两人顺利地完成了任务，高兴地与刘老师分享。

【给教师的建议】

（1）有智慧的教师应关注成品材料的再设计。区域活动是幼儿与材料、环境、同伴互动的活动。在区域活动中，教师从直接指导转变为间接指导，将教育意图蕴含在材料中，让幼儿通过与材料的互动建构自己的经验。然而，益智区的有些材料是购置来的玩具，如本案例中提到的中国地图拼图等。但是高结构化的材料不利于幼儿的创造力、想象力等能力的发挥，对应成品材料，教师应该进行二次加工，如在本

---

①董旭花，阎莉，刘霞. 幼儿园区域活动现场指导艺术[M]. 北京：中国轻工业出版社，2015：204-209.

案例中，教师根据“幼儿刚刚接触这一玩具，完成有一定的难度”这种情形，巧妙地设计了图纸，这样既达成了地图拼图的目标，又降低了玩具操作的难度，可让幼儿感受到成就感。

(2)给予幼儿充分的信任，激发其解决问题的能力。

教师应该给予幼儿充分的信任，为他们创造锻炼的机会。如本案例中，当幼儿完成了预设教育目标时，教师提供了一张空白纸的做法，体现了教师对幼儿的充分信任。正是这种信任激发了幼儿继续活动的兴趣，提高了其解决问题的能力。

(3)让区域活动与其他活动形式相互融合。在区域活动中，教师为幼儿提供了丰富多样的材料，幼儿自由地选择、自主地学习，教师适时适度地提供指导。在活动中，幼儿探索的是自己感兴趣的内容，获得的是某种宝贵的经验。因此，区域活动能满足幼儿富有个性的发展，挖掘出每个幼儿的潜能。一般情况，区域活动可以和以下几种活动形式进行融合：

①与集体教育活动融合。在幼儿的区域活动中，教师的角色定位是材料的投放者和活动的观察者、支持者。教师通过观察，如果发现某些活动内容是大多数幼儿感兴趣的，同时幼儿在操作过程中能获得的一些经验是零碎的、肤浅的，具有继续探索的价值，就可以生成集体教育活动内容，以丰富幼儿的相关经验。

②与其他区域活动融合。益智区通常可以和图书区、生活操作区等区域进行融合。

③与家园共育活动融合。主题活动“我是中国人”一般在国庆节前后进行，因此教师可以借助国庆节长假，提醒家长在带领幼儿外出游玩的同时，丰富其相关知识经验。长假结束后，通过交流会、亲子报、绘画、照片展览等形式，鼓励幼儿同伴间相互分享，效果甚佳。

【考查要点】

区域活动是幼儿园教育的重要组成部分。学生通过本章的学习能掌握常见的活动区域设置、区域材料投放及教师指导的相关理论知识，能运用相关知识对活动区设置与教师指导进行分析，并提出改进建议。由于本章的内容在历年教师资格证考试中出现的频率较高，题型多以选择题和材料分析题等形式出现，且出题比较灵活，应该引起重视，因此考生应多关注幼儿园区域活动的各个方面，包括活动区种类的确定、空间设置、材料投放、规则制定、教师指导等知识，并能灵活应用相关理论知识，综合分析问题。

【真题解析】

1.(2018年上半年选择题)教师在区角中投放了多种发声玩具,小班幼儿在摆弄这些玩具时(　)。

A.能概括不同声音产生的条件　　B.对声音产生兴趣,感受不同的声音

C.能描述出玩具是怎么发声的　　D.能描述出不同玩具发声特点

【答案解析】B。幼儿园科学教育主要是激发幼儿的探究兴趣,不追求知识的灌输。在《3—6岁儿童学习与发展指南》中也规定小班幼儿主要是喜欢接触大自然,对周围的很多事情和现象感兴趣。

2.(2016年下半年选择题)活动区活动该结束了,可是晨晨的游乐园还没有搭完,他跑到老师面前:"老师,我还差一点儿就完成了,再给我5分钟,行吗?"老师说:"行,我等你。"一边说,一边指导其他幼儿收拾、整理……该教师的做法体现了幼儿园一日活动安排应该(　)。

A.与幼儿积极互动　　B.根据幼儿活动的需要灵活调整

C.按作息时间表按部就班地进行　　D.随时关注幼儿的活动

【答案解析】B。《幼儿园教师专业标准(试行)》在科学、合理地安排和组织一日生活中指出:(1)时间安排应有相对稳定性与灵活性,既有利于形成秩序,又能满足幼儿的合理需要,照顾到个体差异。(2)教师直接指导的活动和间接指导的活动相结合,保证幼儿每天有适当的自主选择和自由活动时间。教师直接指导的集体活动要能保证幼儿的积极参与,避免时间的浪费。因此题干中所说的正是体现了幼儿一日生活安排应该照顾到幼儿个体差异,同时避免时间的浪费。

3.(2012年下半年材料分析题)李老师发现大班"理发店"的顾客很少,"顾客"对理发店不感兴趣。于是老师带幼儿到理发店参观,看理发店的设施,鼓励幼儿向理发师咨询问题,记录幼儿的问题,还拍下照片,幼儿在理发店看到顾客躺着洗头,梳理发型。回到幼儿园,李老师组织幼儿讨论"如何开好理发店",并把照片发给幼儿让他们回顾,结果有的幼儿反映没有躺椅,有的反映没有发型梳,李老师则启发幼儿自己用积木做躺椅,自己画发型,之后,"理发店"生意就红火起来。

请分析案例中教师采用了哪些策略来支持幼儿的游戏活动。

【答案解析】

4.(2013年下半年材料分析题)下周一要开展手工活动,张老师要求家长给幼儿园准备废旧材料。周一那天,只有苗苗没带材料来,张老师就不让她参加活动。苗苗站在一旁,看同伴活动,情绪低落,一天都很少说话。回家后,苗苗冲爸

爸发脾气。

问题一：你认为张老师的做法适宜吗？为什么？

问题二：你觉得张老师应该怎样做？

【答案解析】问题一：张老师的做法是不适宜的。幼儿园教师应该保障幼儿享有的合法权益。而材料中的张老师仅仅因为苗苗没带材料而不让其参加幼儿园的活动，违背了幼儿园教育应该尊重幼儿的合法权益及人格尊严的原则。因此张老师的行为是不恰当的。

问题二：材料中的张老师要求家长帮助孩子准备废旧材料的行为体现了儿童、家庭、社会的教育资源原则。但在要求家长进行配合时，教师必须遵循要求适度的原则，不能对家长和幼儿提出能力范围外的要求。所以，针对材料中出现的问题，张老师应该首先与苗苗的家长进行沟通，了解苗苗的家庭状况，体谅家长的难处，并且当发现苗苗没有带材料时，应该立即询问原因，而不应该剥夺其听课的权利。

张老师应该尊重幼儿听课的权利，不应该施加案例中的惩罚，这种惩罚是不恰当的，导致苗苗的情绪低落，影响幼儿的身心健康。

5.（2013年上半年材料分析题）下图是大班美工区的一个墙面环境设计，请分析它对促进幼儿学习的积极作用。

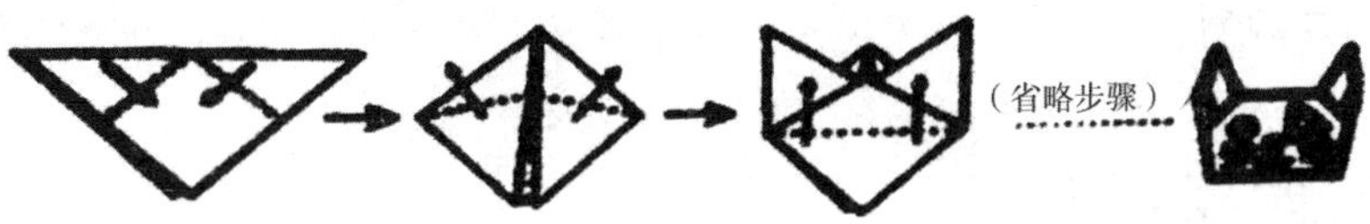

折一折

变一变：还能变成什么动物？

玩一玩：哈！让手指娃娃一起玩吧！

【答案解析】（1）为幼儿创设了互动的学习环境。（2）为幼儿提供了个别化的学习机会。（3）为幼儿提供了静态和动态相平衡的课程。

6.（2014年上半年材料分析题）大一班开展了识字比赛，教师为此创设了班级墙面环境，如下图：

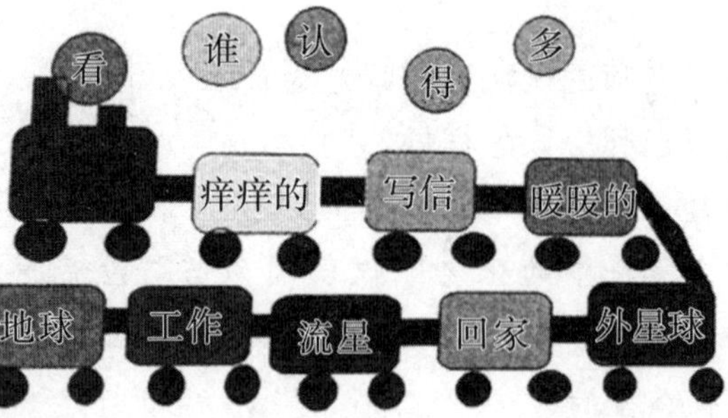

请根据环境创设的基本原则，对案例中为识字比赛创设的墙面环境进行评析。

【答案解析】

7.（2016年下半年简答题）活动区材料的投入要适时、适量、有指向性，一般来说活动区材料投放要注意哪些方面？

【答案解析】（1）应根据教育目的，有计划、有选择地投放开放性材料。（2）应投放与儿童年龄特点相符合的活动材料。（3）应投放功能多样、数量充足的多功能性材料。（4）应投放满足不同发展水平的幼儿所需的材料。（5）应投放具有启发性、探索性和可操作性的材料。（6）在投放材料时，可充分利用家庭、社区、网络等资源。

【真题模拟】

1.下列关于幼儿园图书区活动的说法错误的是（　）。

A.图书区应该选择教室里光线相对充足、相对安静的区域

B.图书区的图书要定期更换

C.幼儿在图书区活动的时候，教师不要打扰

D.图书的选择必须符合本班幼儿的智力、语言等发展水平

2.活动区的材料投放具有可操作性、启发性、引导性、（　）和针对性。

A.丰富性　　B.教育性　　C.开放性　　D.一致性

3.关于幼儿游戏活动区的布置，正确的说法是（　）。

A.以阅读为主的图书区可与以"娃娃家"为主题的活动区放在一起

B.自选游戏环境的创设是由教师进行的

C.可在积木区提供一些人偶、小动物、交通工具模型等辅助材料

D."娃娃家"应该是完全敞开式，且让每个人都能看到里面有什么

4.某教师针对不同发展水平的幼儿提供了不同难度的操作材料，这遵循了（　）。

A. 整体性原则　　　　　　　B. 因材施教原则

C. 活动性原则　　　　　　　D. 直观性原则

5. 与教学活动相比，游戏与区域活动最突出的特点是(　)。

A. 自主性　　　B. 目的性　　　C. 娱乐性　　　D. 计划性

6. 建构区里，圆圆正在用长方体小积木为小动物搭建一段动物园的围栏，围栏利用拐角两边靠墙，一条边他全部用了红色的积木，另一边他用了红—黄—红—黄—红—黄……的规律来搭，积木是竖立着并紧挨着排列了很长的一段，但是搭到最后一段的时候，红色和黄色的积木没有了，同样大小的长方体小积木只剩下蓝色、绿色和白色的了。他犹豫了一下后，开始不加选择地使用其他颜色毫无规律地接着搭，但是很快他又推倒了还未完成的这一小段无排列规律的围栏，试图离开，这时教师介入了……

根据这个游戏情景，教师一般会用什么方法支持和指导幼儿的游戏呢？

7. 分析下列案例，教师在活动区中的指导是否适宜。

案例1：活动区有一小筐玻璃珠，好几个碗和几双筷子，教师的预设目标是让幼儿用筷子把玻璃珠从筐里夹到碗里，练习他们的手眼协调。一次，几个男孩子分别把碗倒扣过来，各自用手把玻璃珠摆到自己碗底的小口里，小心翼翼地摞起来，比赛谁放的珠子多。结果不小心散落到地上，教师看见后立即制止，要求幼儿好好用筷子夹珠子。幼儿没夹两下，便感到无趣而离开了该活动区。

案例2：两个幼儿正在积木区玩小车，一辆接着一辆排了很长，教师发现幼儿的排列没有规律，就立即让幼儿按照车的颜色和大小摆放成一个停车场，想让幼儿练习分类。实际上，幼儿正在再现马路上的堵车情景，被教师干预后，只好根据教师的要求进行排列，刚排了几辆，随着教师的离开，幼儿也离开了。

【思考实训】

思考：

通过学习区域活动设计与指导，我学到了什么？我会根据班级具体的条件合理设置区域吗？我会投放区域材料吗？我会进行区域活动指导吗？如何让幼儿在区域活动中自我教育、自主发展？为此，教师应提供哪些帮助和支持？我还有哪些困惑？我还想了解什么？

实训：

请组成学习小组，对当地的幼儿园区域活动现状进行调查，观察并分析区域设置、材料投放和教师的指导等存在的优缺点，学习其中的优点，对不足之处经过同学间的相互讨论后提出改进方案，试着把这些建议运用到相应的幼儿园区域活动的实践中，提高区域活动的质量。

【推荐阅读】

[1]王微丽.幼儿园区域活动——环境创设与活动设计方法[M].北京：中国轻工业出版社，2014.

[2]董旭花，阎莉，刘霞.幼儿园区域活动现场指导艺术[M].北京：中国轻工业出版社，2015.

[3]霍力岩.幼儿园课程开发与教师专业发展——比较研究的视角[M].北京：教育科学出版社，2006.

[4]魏敏，陈峰，冉武红，等.幼儿园教育活动案例分析[M].长春：东北师范大学出版社，2003.

第 11 章

幼儿园生活活动的设计与组织

我们发现对幼儿进行生活教育具有重要意义，那么教师该如何开展幼儿园生活教育活动呢？幼儿园生活教育活动的目标和内容是什么？幼儿园社会教育的内容和方法有哪些？带着这些问题，我们开启后续内容的学习。

【学习目标】

知识目标：知道幼儿园生活活动的含义；理解幼儿园生活活动的价值；掌握生活活动的目标。

技能目标：能在幼儿园生活活动中培养幼儿的良好行为习惯；并能组织、实施和指导生活活动各个环节的开展。

情感目标：重视幼儿生活活动的开展，对幼儿园的生活活动有热情。

【学习重点】

1. 掌握生活活动每个环节的目标与内容。

2. 能针对不同年龄阶段的幼儿组织和实施幼儿园的生活活动，并做相应的指导。

【知识结构图】

- **幼儿园生活活动的设计与组织**
  - 幼儿园生活活动概述
    - 杜威的教育思想
    - 蒙台梭利教育思想
    - 陶行知的教育思想
    - 陈鹤琴的教育思想
  - 幼儿园生活活动的目标与内容
    - 幼儿园生活活动的目标
    - 幼儿园生活活动的教育内容
  - 幼儿园生活活动的组织与指导
    - 幼儿园生活活动的组织与指导原则
    - 幼儿园生活活动的组织与指导策略

第一节
幼儿园生活活动概述

生活是什么？它是琐碎的，是充满了细节的，而不是宏伟壮观的或激动人心的；它是自然的、随意的、没有经过精心设计的；它是人们为了满足自己的基本需要而进行的种种活动；生活中的细节、活动，是日复一日重复的。幼儿园的生活活动就是一种包含了教育成分的生活教育。生活教育，从一般意义上来讲，意味着生活与教育的结合。这种结合一方面使得人们将教育因素渗透于日常生活之中，从而是教育对生活的改造；另一方面也使得教育过程体现出生活的特点，因此是生活对教育的影响。与生活教育有关的教育家及其教育思想主要观点如下。

一、杜威的教育思想

杜威说，教育是生活的过程，而不是将来生活的预备。教育应该与生活经验紧密结合，儿童的本能生长总是在生活过程中展开的，生活就是生长的社会性表现。最好的学习就是"从生活中学习"，学校教育应该利用儿童现有的生活作为其学习的主要内容，把教育与儿童眼前的生活结合起来，让儿童学会适应眼前的生活环境，极大地肯定了生活教育的重要价值和意义。杜威还提出了"做中学"的教育思想，最好的教育就是从生活中学习，从儿童自身的现实生活和活动中进行学习，在活动中去获取经验，注重感性知识的积累，在"做"中潜移默化地接受教育，养成良好行为习惯与社会品质，从而促进儿童的整体发展。

二、蒙台梭利教育思想

蒙台梭利教育法中的重要内容之一便是"日常生活练习"，所谓日常生活练习，就是让儿童学做日常生活中的小事，如让儿童自己学会穿衣、洗手、整理用具、清扫房间、准备饭桌、洗涤碗筷、照顾花草、饲养小动物等。蒙台梭利在实践中总结出日常生活练习的内容涉及与儿童自身有关和与环境有关两个方面。与儿童自身有关的日常生活练习注重儿童的自我服务，如穿脱衣服、刷牙、洗脸、洗手、梳头、洗手绢、叠被子、整理衣物等，从中让儿童从小养成自己的事情自己做的好习惯。与环境有关的日常生活练习主要是做家务，如扫地、拖地、擦桌椅、摆餐桌、开关门窗，甚至食物制作等，以培养儿童为他人服务的意识与能力。[①]儿童进入学校学习生活，教师应提前做好必要的准备，满足儿童内在发展需要，同时促进其秩序感、专注力、责任感、独立性以及对物体的认知等方面的发展。

三、陶行知的教育思想

陶行知指出："全部的课程包括全部的生活，一切的课程都是生活，一切的生活都是课程。"他的教育思想核心就是生活教育理论，生活即教育，不是说生活等同于教育，而是说教育与生活经历同一过程，教育离不开生活，生活也离不开教育。陶行知认为，自从有了人类社会，就有了人类的生活，也就有了人类的教育。教育随着人类生活的变化而变化。生活是不断前进的，教育也要不断进步，生活与教育密不可分。"教育不涉及生活是没有用的，需要生活的教育，用生活来教育，为生活而教育。为生活需要而办教育，教育与生活是分不开的。"他还提出了创造教育的思想——"六大解放"：解放儿童的双眼、解放儿童的大脑、解放儿童的双手、解放儿童的嘴、解放儿童的空间、解放儿童的时间，对于我们今天的儿童教育具有重要的借鉴意义和影响力。

四、陈鹤琴的教育思想

陈鹤琴的"活教育"的思想体系，是以儿童发展为核心展开的，他说："活教育的教学方法也有一个基本的原则：做中教，做中学，做中求进步。"活教育有个重要的基点，那就是生活。活教育要引导儿童在生活中学习，在生活中劳作，在生活中学会合作、服务和创造。生活是活教育的源头活水，只有在生活中，教育才是活的，否则是死的。

综上所述，生活活动是幼儿园培养幼儿各项能力和进行课程组织的基本途径和必要环节，是综合性的活动，包含了教师的教和幼儿的学，在幼儿园的教育活动中具有重要的价值。生活活动包括幼儿园的生活活动、家庭的生活活动、社会的生活活动。在这里，我们主要论述幼儿园的生活活动。幼儿园的生活活动是发生在共同生活中的，共同生活主要指幼儿在教师创设的情境中，积极主动地与同伴、教师交流，参与营造共同的生活，养成生活的能力与习惯，并与周围更多的人接触和交流，体会人与人相互交流、理解、协作的快乐和意义，从而认识自己与周围人的关系，倾听他人的意见，关心和同情他人，逐步构造良好的性格基础。生活活动主要指生活自理、交往礼仪、自我保护、环境卫生、生活规则等方面的活动，旨在让幼儿在真实的生活

① 朱家雄.幼儿园课程[M].上海：华东师范大学出版社，2003：247.

情境中自主、自觉地发展各种生活自理能力，形成健康的生活习惯和交往行为，在共同的生活中能够愉快、安全、健康地成长。

思考与练习

1. 结合不同教育家关于幼儿生活教育的思想，谈谈你对幼儿园生活教育的理解。

2. 收集幼儿园生活教育的案例，谈一谈生活教育的意义。

第二节 幼儿园生活活动的目标与内容

幼儿园的一日生活包含生活活动、区域活动、学习活动、户外活动四类基本活动，生活活动是第一个活动，可见它的基础性和重要性。生活活动是开展其他活动的基础，也是所有活动中花费时间最多、重复性最大、工作细微又琐碎的活动，它贯穿在一日生活的各个环节和始终，并且根据幼儿的身心发展特点和年龄特点又有不同程度的要求。

一、幼儿园生活活动的目标

（一）《幼儿园工作规程》《幼儿园教育指导纲要（试行）》和《3—6岁儿童学习与发展指南》与生活活动

《幼儿园工作规程》中提出：合理地综合组织各方面的教育内容，并渗透于幼儿一日生活的各项活动中，充分发挥各种教育手段的交互作用。幼儿一日活动的组织应动静交替，注重幼儿的实践活动，保证幼儿愉快的、有益的自由活动。

幼儿园日常生活组织，要从实际出发，建立必要的合理的常规，坚持一贯性、一致性和灵活性的原则，培养幼儿的良好习惯和初步的生活自理能力。

《幼儿园教育指导纲要（试行）》明确指出，幼儿园教育的组织应注重综合性、生活性和趣味性。要使幼儿教育真正具有整体性，需要我们真正践行以下观念：幼儿的发展是整体的、全面的，幼儿教育应注重整体性和全面性；幼儿一日生活中的各项活动都对幼儿发展有重要价值，应有机地整合各项活动，努力提高各项活动的整体成效。总则中指出："幼儿园应为幼儿提供健康、丰富的生活和活动环境，满足他们多方面发展的需要，使他们在快乐的童年生活中获得有益于身心发展的经验。"

幼儿园教育的内容是全面的、启蒙性的，《幼儿园教育指导纲要（试行）》把教育内容划分为健康、语言、社会、科学、艺术五个领域，把生活活动的内容融合在五个领域中，并在领域目标、内容与要求、指导要点、组织与实施中都做了不同的表述。例如：在健康领域里，对生活常规、生活习惯、生活自理的能力、集体生活都有要求，即在生活中进行健康教育；在语言领域里，要求理解日常用语，培养幼儿对生活中常见的简单标志和文字符号的兴趣；在社会领域里，要求在共同的生活和活动中，以多种方式引导幼儿认识、体验并理解基本的社会行为规则；在科学领域里，要求能从生活和游戏中感受事物的数量关系并体会到数学的意义和有趣，在生活经验的基础上，帮助幼儿了解自然、环境与人类生活的关系；在艺术领域里，要求感受并喜爱环境、生活和艺术中的美，美化自己的生活；在组织与实施里，要求教育内容的选择贴近幼儿的生活，寓教育于生活和游戏之中。

生活活动是幼儿在园活动的重要组成部分，晨间锻炼、进餐、睡眠、散步、日常劳动等都是与生活直接关联的活动。对于幼儿来说，身体的发展，以及基本的生活习惯和生活能力的形成是最为重要的目标。因此，生活活动在幼儿园课程中占有重要的地位，是幼儿园课程的一个重要特质。生活活动对幼儿的发展有特殊的意义，现实生活具有对课程内容的渗透作用、综合作用，生活就是一种综合性的活动，生活活动中包含了多领域的丰富的教育内容。幼儿园课程的实施应关注幼儿一日生活中的各类活动，并注意各类活动之间的有机联系，发挥这些活动的互补作用，做到在生活中学习，在游戏中学习，学习联系生活、利用生活，使一日生活成为一个真正的教育整体。

（二）幼儿园生活活动的年龄阶段目标

《3—6岁儿童学习与发展指南》中，在五大领域的目标里面，健康领域和社会领域集中体现了幼儿生活教育的发展目标，健康领域的子目标3：生活习惯与生活能力目标，具体如下表：

具有良好的生活与卫生习惯的年龄阶段目标

3~4岁	4~5岁	5~6岁
1. 对感兴趣的事物能仔细观察，发现其明显特征 2. 能用多种感官或动作去探索物体，关注动作所产生的结果	1. 能对事物或现象进行观察比较，发现其相同与不同 2. 能根据观察结果提出问题，并大胆猜测答案 3. 能通过简单的调查收集信息 4. 能用图画或其他符号进行记录	1. 能通过观察、比较与分析，发现并描述不同种类物体的特征或某个事物前后的变化，并用一定的方法验证自己的猜测 2. 在成人的帮助下能制订简单的调查计划并执行 3. 能用数字、图画、图表或其他符号记录 4. 探究中能与他人合作与交流

具有基本的生活自理能力的年龄阶段目标

3~4岁	4~5岁	5~6岁
1. 在帮助下能穿脱衣服或鞋袜 2. 能将玩具和图书放回原处	1. 能自己穿脱衣服、鞋袜、扣纽扣 2. 能整理自己的物品	1. 能知道根据冷热增减衣服 2. 会自己系鞋带 3. 能按类别整理好自己的物品

具备基本的安全知识和自我保护能力的年龄阶段目标

3~4岁	4~5岁	5~6岁
1.不吃陌生人给的东西，不跟陌生人走 2.在提醒下能注意安全，不做危险的事 3.在公众场所走失时，能向警察或有关人员说出自己和家长的名字、电话号码等简单信息	1.知道在公众场合不远离成人的视线单独活动 2.认识常见的安全标志，能遵守安全规则 3.运动时能主动躲避危险 4.知道简单的求助方式	1.未经大人允许不给陌生人开门 2.能自觉遵守基本的安全规则和交通规则 3.运动时能注意安全，不给他人造成危险 4.知道一些基本的防灾知识

社会领域的目标具体见第五章社会领域活动设计目标部分，主要集中在具有自尊、自信、自主的表现，关心、尊重他人，遵守基本的行为规范这三个不同年龄阶段的目标中。

【资料链接】

《上海市学前教育课程指南》中的生活活动

生活活动基本经验及内容示例

1.有规律地作息，积累文明生活的经验	①良好习惯：日常的起居、进餐、盥洗、使用及整理物品 ②遵守规则：集体生活常规、公共卫生规范 ③文明礼仪：礼貌招呼、大方应答、行为举止文明
2.学习保护自己，体验健康安全生活的重要	①需求表达：生理需要、情感需要 ②安全常识：安全使用物品、避开危险、简单的求救与自助方法 ③健康常识：进食饮水、营养睡眠、排泄 ④卫生常识：个人卫生、疾病预防
3.适应集体生活，感受共同生活的乐趣	①交往技能：分享、协商、合作、沟通 ②情感体验与表达：家庭亲情、师生情、同伴友爱 ③自我意识：认同自己、认同他人，合理的情绪宣泄
4.学做自己的事情，积累自理生活的经验	①个人生活自理：自己进餐、穿脱、盥洗、如厕，自主有序地处理自己个人的事情 ②简单劳动：扫除、帮厨、种植、饲养、整理物品、值日

组织要点：

（1）幼儿的能力和习惯是日积月累而形成的，并具有反复的特点，生活教育要强调在做中培养，注重在真实的情境中练习，关注幼儿的情绪反应和情感体验。

（2）养成良好习惯、适应共同的生活是幼儿园生活教育的重要目标。幼儿园要为幼儿创设良好的、宽松的盥洗、睡眠等生活环境，开展形式多样的活动，并通过游戏活动、运动、学习活动的渗透，让幼儿不断积累健康生活的经验，逐步养成各种良好的生活习惯。

(3)生活活动是一种养成性教育,主要在饮食、睡眠、盥洗、来园、离园等日常生活中实施。开展生活教育应考虑到幼儿不同的生活背景、不同的体质等差异,如在午睡的时间、饮食的习惯等方面要尊重幼儿的差异,提出不同的要求。

资源利用和开发的建议:

(1)家庭是幼儿生活的主要场所,要尊重家长作为幼儿照料者及影响者的主体地位,以多种形式加强家园沟通,保证幼儿在家中与在幼儿园中的自理行为和生活习惯保持一致。帮助家长理解、体会让幼儿参与劳动和自理生活的重要性,获得家长的支持。学习、吸收家庭教育经验,在园内推广,促进家庭之间的交流。

(2)幼儿园的餐饮器具、盥洗器皿、桌椅床、衣帽架以及材料架等设施的配备与安置应考虑到幼儿的安全以及独立使用。保教人员要充分利用园内设施的为幼儿创造自己动手、自我服务的机会,在必要时给予适当的指导,注意不要过多干涉与包办代替。

(3)幼儿同伴及幼儿园教师和工作人员本身就是重要的教育资源,应重视同伴之间的相互影响以及保教人员的言传身教,为幼儿树立良好的生活习惯的榜样。

(4)充分利用自然环境和社区的教育资源,带领幼儿积极参与"爱牙日""环保日""保护视力"等社区宣传活动。组织外出参观、游览的途中可以不断渗透环保和安全教育的内容,使幼儿逐渐积累对公共生活规范的认识和经验。

二、幼儿园生活活动的教育内容

幼儿园生活活动教育的主要目的是通过合理、科学的常规,建立、培养幼儿良好的生活习惯。例如饮水习惯、盥洗习惯、如厕习惯等,从而具备初步的生活自理能力,有为自我服务的意识,为幼儿一生的发展打下坚实的基础。每个环节的活动都有不同教育内容,具体如下:

(一)入园

(1)喜欢教师和同伴,愿意上幼儿园。

(2)衣着整洁,按时、愉快来园。

(3)愿意接受晨检,并懂得身体不舒服时应及时告诉保健医生或教师。

(4)有礼貌地向教师、同伴问好,与家长告别。

(5)积极主动地参加晨间活动,懂得简单的安全常识,在活动中进行自我保护,并有一定的规则意识,在活动中遵守规则。

(二)饮水

(1)知道水对人体的重要性,愿意定时饮水,需要时会主动喝水。

(2)用个人专用口杯正确地取水,不喝生水。

(3)喝水时不喧哗,不打闹,不玩耍,不浪费水。

(4)喝完后会将口杯放回固定的地方。

(5)喜欢喝白开水,知道喝水有益身体健康。

(6)在特殊情况下,如感冒、发烧时适量多饮水。

(三)盥洗

(1)学会正确的洗手、洗脸和漱口的方法,有需要时愿意主动清洗,保持清洁卫生,养成良好的卫生习惯。

(2)饭前便后、手脏时会自觉洗手,随时保持手、脸清洁。

(3)按秩序进入盥洗室,会使用水龙头,会正确地洗手。

(4)洗手前能将袖口卷起或拉起,洗手后把袖子拉下来,会用毛巾擦手,中大班幼儿学会自己搓拧毛巾,保持地面、服饰干爽。

(5)不玩水和肥皂,不浪费水,有节约意识。

(6)知道起床后,头发凌乱时要及时梳头发,主动请教师帮忙整理头发,大班女孩子能在教师的帮助下学会扎头发。

(四)进餐

(1)知道进餐前要洗净双手,养成餐前洗手的好习惯。

(2)愉快、安静地进餐,不边吃边玩,不大声讲话。

(3)愿意独立进餐,不依赖教师。

(4)学会正确使用餐具并做到一手拿勺子或筷子,一手扶住碗。

(5)进餐时会细嚼慢咽,饭和菜搭配着吃,不吃汤泡饭。

(6)了解各种食物的营养知识,知道均衡膳食,不挑食,不偏食,不剩饭菜,不过量进食。

(7)保持桌面、地面和衣服清洁,骨头、残渣放在渣盘里或堆在一起。

(8)吃完饭再站起来,轻放椅子,离开饭桌,将餐具、渣盘放到指定地点,清理好自己的桌面。

(9)餐后会正确用餐巾擦嘴,用后放在规定的位置。

(10)进餐后用温开水正确地漱口。

(五)睡眠

(1)知道午睡有利于身体健康,能独立、安静地在幼儿园午睡。

(2)能在帮助下按顺序地穿脱衣裤,逐渐过渡到独立地穿脱衣裤。

(3)学会分清衣裤的前后,会拉拉链,会扣纽扣。

(4)学会穿鞋:分清左右脚,拉好鞋舌,脚伸进鞋,拨起后跟,系好鞋带或粘好鞋扣。

(5)知道睡前、起床后上厕所,起床后,能按要求折叠好衣裤、被盖,整理好自身衣物。

(6)睡眠时衣着适当,睡姿正确,知道要盖好被子,避免着凉。

(7)不带小玩物上床,不东张西望,不蒙头、吮手、咬被角等。

(8)知道正确的睡姿有益于健康,养成良好的睡姿,入睡时不打扰别人,应保持安静,能按时起床。

(六)如厕

(1)知道有便意时及时如厕,不憋大小便,对于如厕行为不害羞,不拒绝如厕。

(2)解便时不弄湿自己和同伴的衣裤,便后会用手纸自前向后擦屁股,会整理服装。

(3)逐渐学会自理大小便,解便入池,便后冲洗便池。

(4)便后会用肥皂(洗手液)、流动水洗手,把手擦干净。

(5)不在厕所逗留、玩耍、打闹。

(6)大小便有异常情况时能主动告诉教师,具有初步关注自己身体健康的意识。

(七)离园

(1)愉快离园,主动使用礼貌用语向同伴、教师、熟悉的人说再见。

(2)学习整理自己的物品,整理自己仪表。

(3)根据自己的意愿选择离园活动,遵守活动规则。

(4)离园时,会将玩具、材料、桌椅等摆放整齐、归位,保持环境的整齐和有序。

(5)不擅自离园,不跟陌生人走,有自我保护的意识。

(八)劳动目标、礼仪

(1)能够为集体做力所能及的事情:①能够清扫地面;②会擦桌子;③能够摆放餐具。

(2)具有初步的文明礼仪:①见到客人能够礼貌问好;②打喷嚏时能够转过身体,用手捂住口鼻,不对着别人的脸和饭碗打喷嚏;③不说脏话、粗话。

以上教育内容是每个环节的总体要求,具体到不同的年龄阶段应该有相应的层次区别,从简单到复杂,从局部到整体,如下表:

不同年龄阶段幼儿园生活活动各环节的教育内容

环节	小班	中班	大班
进餐	1. 愉快、安静地坐在座位上进餐，坐姿端正，在教师的引导下餐前洗手 2. 吃饭时，会一口接一口地吃，不含饭菜，细嚼慢咽 3. 不用手抓饭和菜，学习使用餐具，不依赖大人喂，饭后在教师的提醒下擦嘴、漱口，放好餐具和椅子	1. 逐步养成“四净”的进餐习惯：桌面干净、地面干净、身上干净、碗内干净 2. 餐前洗手，会正确使用餐具，细嚼慢咽，吃饭时不发出响声，能在规定时间内吃完一份饭菜 3. 餐后擦嘴、漱口，会自己收拾餐具，餐具轻拿轻放	1. 养成“四净”的进餐习惯：桌面干净、地面干净、身上干净、碗内干净 2. 会正确使用筷子，餐后擦嘴、漱口 3. 自觉排队添饭，饭后轻放餐具，并进行安静的活动，如散步、看书等
饮水	1. 在老师的提醒下，口渴时会用自己的口杯喝水，喝完之后，把口杯放回原处 2. 喝开水时不一边喝一边玩	1. 知道口渴时自己去喝水，学会正确的喝水方法 2. 能接适量的水，不把水洒在地上	1. 定时喝水，知道大量运动后休息片刻再喝水 2. 喝水时多次少量，不暴饮，不喝生水
盥洗	能按要求洗手，会将手心、手背洗干净，会用自己的毛巾擦手	1. 养成饭前便后及手脏时洗手的习惯 2. 会自己卷衣袖，在教师指导下会擦肥皂并冲洗干净，擦干手，挂好毛巾	1. 安静有秩序地盥洗，用正确的方法迅速洗手、擦手，不玩水，洗好后会关紧水龙头，节约用水 2. 正确使用肥皂或洗手液，盥洗后自觉回到座位安静地等待
如厕	1. 不随地大小便，保持厕所清洁 2. 学习分清男孩、女孩小便盆（或槽） 3. 有便意时会告诉教师，不憋大小便	1. 大小便基本能自理，学会使用厕纸，定时大便 2. 小便姿势正确，学会拉好裤子，注意腹部保暖 3. 有便意时会自己主动去厕所，不憋大小便，学会自前向后擦屁股	1. 不随地大小便，大小便自理，定时大便 2. 有便意时会自己主动去厕所，不憋大小便，学会自前向后擦屁股，会整理好衣裤
午睡	1. 在成人的帮助下逐步学会自己穿脱衣服、鞋袜 2. 穿鞋时，学会分清左右脚，会将衣服、鞋袜放在固定的地方，并摆放整齐	1. 睡前自觉上厕所，能安静入睡，睡姿正确 2. 学习独立、有序地脱衣服、鞋袜，能将脱下的衣服、鞋袜放在固定的地方 3. 能迅速入睡，醒后不影响他人，保持安静 4. 学会叠被子，在成人的指导下会整理床铺	1. 睡前自觉上厕所，能安静入寝，睡姿正确 2. 能迅速穿脱衣服、鞋子；能分清左右，会系鞋带 3. 能整理床铺、叠好被子，并放在指定的地方 4. 醒后和起床后能保持睡室安静

续表

环节	小班	中班	大班
卫生习惯	1. 不用手指挖耳朵和鼻子，不把脏东西放进嘴里，不捡地上的东西吃 2. 流汗或流鼻涕时，不用手或衣服擦，要用手帕或纸巾擦干净	1. 在成人的提醒下保持手、脸干净和衣服整洁 2. 不咬指甲，不把玩具放入口中 3. 学习使用纸巾擤鼻涕，不随地吐痰	1. 知道地上脏，不随便躺在地上 2. 勤剪指甲，勤理发，勤洗澡 3. 不吮手指，不咬手指，不用脏手擦眼睛 4. 会正确使用纸巾，会擤鼻涕，不随地吐痰
离园	1. 在规定的地方等待家长来接，不跟陌生人走 2. 离园时，不在操场、草地上追跑、打闹及拆卸玩具、互相投掷	1. 初步了解陌生人不可轻信的道理，不随便跟陌生人走 2. 不在人多的地方追跑、打闹，不在无人的地方自由玩耍	1. 懂得陌生人不可轻信的道理，不跟陌生人走，不私自离园 2. 不在人多的地方追跑、打闹，不做危险举动，不在无人的地方自由玩耍
文明礼仪	1. 会排队，知道一个跟着一个走，上下楼梯不推、不挤 2. 走路时眼看着前方，轻轻走路 3. 在成人的提醒下，不乱翻别人的东西 4. 与同伴之间能友好地玩，不争夺玩具 5. 打喷嚏时能够转过身体，用手捂住口鼻，不对着别人的脸和饭碗打喷嚏	1. 走路时抬头挺胸，目视前方，行走时姿态自然，不乱冲、乱撞 2. 上下楼梯靠右行，不拥挤，不打闹，知道给别人让路 3. 未经别人允许不乱翻别人的东西，例如书包、衣服口袋 4. 能和同伴友好相处、玩耍，不争夺玩具 5. 打喷嚏时能够转过身体，用手捂住口鼻，不对着别人的脸和饭碗打喷嚏	1. 走路时抬头挺胸，目视前方，行走时姿势自然，不乱冲、乱撞 2. 上下楼梯靠右走，不打闹，不拥挤，知道给别人让路 3. 未经别人允许不乱翻、随意翻别人的东西和其他物品，例如书包、衣服口袋 4. 同伴之间互助互爱，主动帮助有困难的同伴，能和同伴友好地玩，乐于合作，不争夺玩具 5. 打喷嚏时能够转过身体，用手捂住口鼻，不对着别人的脸和饭碗打喷嚏

思考与练习

1. 除了以上提到的生活教育内容，你觉得还有哪些方面的生活活动具有重要的教育意义？请补充。

2. 家庭中的生活教育和幼儿园的生活教育有什么区别和联系？

第三节
幼儿园生活活动的组织与指导

一、幼儿园生活活动的组织与指导原则

（一）一致性和一贯性相结合的原则

幼儿良好行为习惯的养成需要教养者达成一致的教育态度，并且将这一致的态度贯穿幼儿教育的始终，不可意见不一，半途而废。幼儿教育中“5+2=0现象”就是没有做到教养态度的一致性和一贯性。在幼儿园生活、学习五天所养成的良好习惯，周末两天的家庭教育没跟上，结果教育成效不仅没有提升，甚至还有降低的趋势。例如：幼儿园要求幼儿自己吃饭，幼儿在园时独自吃饭的任务也完成得很好，可是回到家之后，家人特别是年老的家人总给孩子喂饭，或者允许孩子边吃边玩，结果出现了不同的表现，很多家长自己还纳闷：为什么孩子在幼儿园和在家表现不一样呢？特别是寒暑假之后，幼儿开学回到幼儿园，教师发现幼儿平时养成的习惯都被“抛诸脑后”，又要重新培养，导致教育的价值和成效不高。

一致性包括班级教师保持教育态度的一致性，幼儿园内部各方面的一致性，家园教育态度的一致性，甚至社会教育、大众媒体教育、社区教育都保持一致的态度。只有这样，才能共同促进幼儿的成长和发展。

（二）个别和整体相结合的原则

该原则是指生活活动的教育既要面向全部的幼儿进行集体教育，又因个体差异要因材施教，对于个别幼儿进行专门的指导。因为幼儿来自不同的家庭，生活环境、家庭背景存在差异，同时幼儿的发展又具有普遍性和特殊性，表现出不一致的发展速度，这就要求我们尊重幼儿的个体差异，点面结合，使整体教育和个别教育能相互促进和相互补充，促进幼儿的全面发展。

（三）示范与讲解相结合的原则

该阶段，幼儿的思维还是直观形象思维，这决定了他们的学习方式是直观和可操作的，“做中学”是他们学习的特点。教师要在各个环节都给予幼儿正确的示范，

并加以讲解。例如：洗手的方法和步骤，教师首先要进行示范，让幼儿知道洗手的全过程，然后分别进行每个步骤的示范与讲解，让幼儿亲身实践，学习正确洗手的步骤和方法。在这个过程中，教师巡回指导，对有需要的幼儿进行矫正与指导，在实际生活中加以练习和运用，最终使其养成良好的生活行为习惯。

（四）适宜性和发展性相结合的原则

生活教育的组织与安排，既应考虑幼儿的身心发展特点和年龄特征，也要根据幼儿的最近发展区去组织活动。如同样是“进餐”环节，小班的要求是：(1)愉快、安静地进餐，坐姿端正，知道餐前洗手；(2)吃饭时，会一口接一口地吃，不含饭菜，细嚼慢咽；(3)不用手抓饭和菜，不依赖成人喂，饭后在教师的提醒下擦嘴、漱口，能够放好餐具和椅子。中班的要求是：(1)逐步养成“四净”的进餐习惯：桌面干净、地面干净、身上干净、碗内干净；(2)餐前洗手，会正确使用餐具，细嚼慢咽，吃饭时不发出响声，能在规定时间内吃完一份饭菜；(3)餐后擦嘴、漱口，会自己收拾餐具，餐具轻拿轻放。大班的要求是：(1)养成“四净”的进餐习惯：桌面干净、地面干净、身上干净、碗内干净；(2)会正确使用筷子，餐后擦嘴、漱口；(3)自觉排队添饭，饭后轻放餐具，并进行安静的活动，如散步、看书等。其他环节也应有差别。另外也应与社会和文化相适宜，如中国人习惯拿筷子吃饭，而西方人习惯拿勺子，这就应区别对待。

案例分析

我会扣纽扣（中班集体教学活动）

◇活动目标

1. 引导幼儿认识纽扣和扣眼的对应关系。
2. 学会自己扣纽扣。
3. 愿意为自己服务。

◇活动准备

带纽扣的衣服，带拉链的衣服，人手一件。

◇活动过程

1. 引导幼儿发现周围同伴的衣服和自己的衣服是通过什么物品扣在一起的。引导幼儿发现衣服上的拉链和纽扣。

2. 提问：拉链和纽扣有什么区别？尝试拉拉链，讲解示范拉拉链的动作。

3. 提问：纽扣应该怎么扣呢？引导幼儿认识纽扣和扣眼，让幼儿尝试扣衣服的纽扣，发现存在的问题。

4. 教师示范扣纽扣的方法，边示范边念儿歌：一个眼，一个扣，从上到下眼对扣，我帮他们手牵手，结成一对好朋友。

5. 玩游戏：看谁扣得快。给予幼儿体验的机会，教师巡回指导。

6. 幼儿熟悉扣纽扣的方法后，进行竞赛。

◇活动延伸

让幼儿发现生活中各种需要纽扣的衣服，并尝试自己扣纽扣。

二、幼儿园生活活动的组织与指导策略

（一）幼儿园生活活动的观察要点

作为幼儿园的专业教师，观察幼儿是第一步的，也是重要的途径和必备的技能，通过观察才能了解到幼儿的精神状态、兴趣、爱好、能力、习惯、需要等身心发展状况，才能更好地完成保教结合的任务；适时进行指导，才能收到教育的成效。在每一个环节，教师都要细心观察幼儿，了解幼儿在各方面的发展状况和存在的问题，从而进行有针对性的指导，促进幼儿的发展。

1. 入园

（1）幼儿来园时的情绪和精神状态。

（2）幼儿是否主动和教师、同伴打招呼。

（3）幼儿来园时的身体状况：一看，二摸，三问，四查。

（4）幼儿着装的适宜程度。

（5）幼儿是否将危险物品带入幼儿园。

（6）幼儿是否能积极参与班级组织的活动。

（7）幼儿能否将个人物品整齐摆放到指定位置。

（8）幼儿能否有序完成来园后的各项任务。

2. 饮水

（1）水壶里的水温和水量是否适宜。

（2）幼儿拿的杯子及拿杯子的方法是否正确。

（3）幼儿是否有序地排队取杯子、接水。

（4）幼儿的饮水量是否适宜。

（5）幼儿是否能将杯子放到指定位置。

3. 盥洗

(1)毛巾、肥皂等盥洗物品是否准备齐全。

(2)幼儿的衣袖是否卷起,站立的位置是否合适。

(3)幼儿洗手的方法是否正确。

(4)幼儿是否有玩水的情况。

(5)幼儿能否用毛巾将手擦干。

(6)洗完手后能否主动或在教师的提醒下将卷起的衣袖拉下来。

4. 进餐

(1)幼儿是否将手洗干净。

(2)幼儿的情绪是否愉悦,对食物是否有兴趣。

(3)饭菜的量、温度是否适宜。

(4)桌椅之间的空间是否合适,是否方便幼儿活动。

(5)幼儿是否能独立进餐并吃完自己的一份饭菜。

(6)幼儿在进餐时是否有良好的进餐习惯(如细嚼慢咽、不发出较大的声音、不掉饭菜、不剩饭等)及进餐礼仪(如咳嗽、打喷嚏)。

(7)幼儿进餐时的坐姿及使用餐具的方法是否正确。

(8)幼儿是否需要添饭。

(9)进餐后,幼儿是否能将餐具送回指定位置。

(10)餐后,幼儿是否主动或在教师的提醒下漱口、擦嘴。

5. 睡眠

(1)幼儿能否有序地将衣服脱下并叠整齐后放在指定位置。

(2)幼儿是否能独立入睡。

(3)幼儿的睡姿是否正确。

(4)幼儿入睡的情况,哪些幼儿入睡晚或未入睡。

(5)观察身体不适的幼儿的入睡与身体情况。

(6)幼儿能否分清衣物的前后和正反。

6. 如厕

(1)厕纸是否充足,厕所地面是否干燥,便池是否干净。

(2)幼儿是否能正确区分男女厕所。

(3)幼儿是否有序地排队进入厕所。

(4)幼儿脱裤子的时间及脱到的位置是否适宜。

(5)如厕后,幼儿是否能自己整理衣裤。

(6)幼儿如厕后是否知道冲厕所、洗手等。

【资料链接】

如厕训练的"专属年龄"

幼儿到了3~4岁准备上幼儿园,如厕却成了入园的头号难题。为什么有的家长对孩子的如厕训练困难重重,有的却轻而易举?为什么有的妈妈说自家宝宝如厕根本不用教,2岁以后自然就会?为什么有的幼儿怎么哄都不肯拉粑粑,一穿上裤子就拉粑粑?这是因为如厕训练也有其"专属年龄",弄错训练时间,反而带来反作用。

儿童心理学家Luxem M在《幼儿如厕行为训练》(*Behavioral Toilet Training in Early Childhood*)一文中提到,如果家长着急在孩子1岁半时或之前便开始如厕训练,那么他们将遭遇至少10周的失败和意外。但如果等孩子到2周岁时开始如厕训练,那么他们将能在3周内取得成功(注意:3周是平均数)。一般来说,幼儿到3岁时才学会独立如厕均属于正常的情况,女孩会比男孩稍早一些。过早或者过晚训练孩子如厕会产生哪些反作用?

过早:自我意识和自控能力差,导致幼儿不听教导。

正常情况下,幼儿在2岁前,括约肌以及神经系统的发育尚未成熟,同时幼儿的自我意识和自控能力差,不能进行自我控制排泄,此外年纪过小的幼儿,注意力很容易被周围的事物吸引,以致家长们会经常遇到这种情况:1岁多的宝宝把便盆当作洗手盆在厕所玩水,完全把上厕所这回事忘得一干二净。有的宝宝语言能力发展较晚甚至还无法理解家长的话,听不懂家长的指令,这样必然难以进行如厕训练。所以针对2岁以前的幼儿,还是建议家长辛苦一些,让幼儿以自由排便为主。

太晚:导致幼儿产生羞耻感和压力。

如果孩子超过了3~4岁还不懂得如何上厕所,经常拉裤子、尿裤子,尤其是早龄入园的幼儿,会自觉非常羞耻,还要面临被排斥和嘲笑的压力,如身边有不少的幼儿因为如厕问题被取笑而拒绝上学;或是因为被嘲笑而憋尿、憋大便,结果憋出了毛病;也有的幼儿在上学时因为被管理员强制上厕所而造成大小便失禁……所以如果幼儿到了年龄还不会自己上厕所,不但会给大人带来不便,更重要的是孩子自己的社交以及自尊等都会受到伤害。那么,一般如厕训练的要点包括哪些呢?重点为以下6个方面:

1. 到厕所如厕,而不是别的地方,尤其要避免着急时随地大小便的情况。
2. 懂得排便信号,肚子胀胀的或隐隐的痛。
3. 学会如何脱裤子、穿裤子,不要被尿湿或粘到粑粑。
4. 学会如厕时如何蹲、如何站。
5. 学会如厕完之后如何清洁屁屁,掌握用纸巾擦拭的方向。
6. 学会离开厕所前要冲厕所,最后洗手。

7. 离园

(1)检查幼儿的仪表、着装是否干净整洁。

(2)检查幼儿的个人物品是否带齐。

(3)幼儿是否能礼貌地与老师、同伴道别。

(二)幼儿园各环节生活活动的组织与指导策略

1. 入园环节的组织与指导策略

(1)开窗通风并做好室内外的卫生清理工作,为幼儿营造舒适、洁净的生活环境。

(2)亲切热情地接待幼儿、家长,与孩子拥抱问好,与家长简单交谈,做好交接手续。

(3)观察幼儿的情绪、神态,了解幼儿的健康状况,检查有无带危险物品来园。

(4)对家长的特殊需要做好记录,并及时让班级教师知晓。

(5)引导幼儿自我检查,将不安全的物品放在指定位置并妥善保管。

(6)引导值日生幼儿完成相关任务。

2. 饮水环节的组织与指导策略

(1) 提醒幼儿根据标志取放自己的水杯。

(2)运动后、上下午各组织一次集体饮水,提醒并允许幼儿随时喝水。

(3)观察幼儿的饮水量,保证幼儿日饮水量达800~1500毫升。

(4)指导幼儿安全有序地取水。

(5)引导接完水的幼儿在等候区饮水,不影响接水的幼儿。

(6)注意不能在剧烈运动后立即让幼儿饮水。

(7)及时擦拭洒到地面上的水,避免幼儿摔跤。

案例分析

高控制下的生活活动

早操后回到活动室,教师说:"大家先解小便再去喝水。来,小猫走路。"孩子们齐声说:"静悄悄。"30多名幼儿排着长队全部走进了厕所。厕所里一下子吵吵嚷嚷,你推我挤起来。教师听见了说:"小猫怎么又有声音了?"孩子们立即安静下来。这时,小明被同伴挤了一下,小便浇到毛毛身上,毛毛叫了起来:"老师……"教师说:"谁在挤来挤去?"

【分析】教师为了便于管理,对幼儿提出了统一要求,但由于环境的局限,统一要求不仅没有带来预期效果，反而成为造成混乱局面的根源。其实教师只要让幼儿自己选择先喝水还是先如厕，就可以避免局面的混乱。

更多案例分析请扫描右边的二维码进行阅读。

3. 盥洗环节的组织与指导策略

（1）做好盥洗准备，保证幼儿用肥皂、流动水洗手，用消毒毛巾洗脸。

（2）随时保持盥洗室的干燥，做好防滑工作。

（3）组织幼儿有序地进入盥洗间并将衣袖卷起至合适位置。

（4）将正确的盥洗方法，以及爱清洁、节约用水等内容以图示、文字等简明形象的方式，呈现在幼儿盥洗处，并提醒幼儿遵守。

（5）指导幼儿正确地洗手，关注能力弱的幼儿，对不同的幼儿给予相应的帮助。

（6）提醒幼儿不玩水、不玩肥皂等，发现幼儿有打闹、玩水现象应及时提醒或指导。

（7）检查盥洗结果，提醒幼儿擦手并将卷起的衣袖拉下。

（8）幼儿盥洗结束后，及时用拖把擦干地面上的水，待最后一名幼儿洗完手后再离开盥洗室。

案例分析

我会洗手啦（小班）

◇活动目标

1. 知道洗手时要抹肥皂，并冲洗干净。
2. 学会洗手的正确方法。
3. 有需要时自动洗手，养成洗手的好习惯。

◇活动准备

肥皂若干块、适宜的洗手场地。

◇活动过程

一、开始部分

1. 音乐导入《我有一双小小手》，引导幼儿跟着音乐做动作，引起幼儿参与活动的兴趣。

2. 询问幼儿今天是否洗手，会不会洗手。组织幼儿到盥洗室学习洗手的正确方法。

二、基本部分

1. 引导幼儿挽起衣袖，打开水龙头，把手打湿，关闭水龙头，手拿肥皂。

2. 教师示范抹肥皂的方法，并辅以儿歌：小肥皂手中拿，手心手背抹一抹，放下肥皂搓搓手，白白的泡泡真舒服。

3. 幼儿尝试自己抹肥皂，进行练习，教师巡回指导。

4. 幼儿学会抹肥皂之后，教师示范洗手的正确方法，并辅以儿歌：手心手心搓搓，手背手背搓搓，手指交叉也搓搓，白色的泡泡多又多。

5. 幼儿进行练习，教师指导。

6. 最后指导幼儿把手上的泡沫冲洗干净，提醒幼儿手心、手背、指缝都要冲洗干净，直到手不再有滑溜溜的感觉。

三、结束部分

1. 引导幼儿洗完手之后关闭水龙头，轻轻甩掉手上的水滴，最后用自己的小手帕擦手。

2. 教师用儿歌带领幼儿进行总结，回顾洗手方法。

四、活动延伸

1. 环境创设：将洗手的步骤贴于盥洗室的墙面上，强化幼儿的认知。

2. 家园合作：请父母一同帮助幼儿养成勤于洗手的好习惯。

4. 进餐环节的组织与指导策略

(1)分餐前用肥皂洗手，每餐(点)前10分钟做好桌面消毒工作。

(2)提供的食物温度适中，避免食物过烫、过冷，严禁让幼儿进食不卫生食物。避免餐具造成的划、戳伤。

(3)组织幼儿按时进餐，餐前可进行讲故事、念儿歌、听轻音乐等安静活动，让幼儿有一个良好的进餐环境。

(4)进餐前15分钟提醒幼儿结束活动，做好盥洗，准备进餐。

(5)领取和分发餐(点)，必须戴好口罩，掌握幼儿的进食量，根据幼儿的进食量和少盛多添的原则，有秩序地分发。

(6)指导值日生分发餐具、餐巾，轻拿轻放，摆放整齐。

(7)掌握每餐食谱，向幼儿介绍当餐食品的营养，激发幼儿进餐欲望。

(8)鼓励幼儿独立、积极地进餐，不催促幼儿用餐。提醒幼儿在用餐时间内进餐完毕(中班、大班30分钟，小班40分钟)。

(9)观察、照顾幼儿进餐,轻声、和蔼地指导幼儿正确使用餐具;观察进食量,纠正不良进餐习惯,如偏食、挑食行为。鼓励幼儿吃完自己的一份饭菜,提醒吃饭慢的幼儿吃饱吃好。

(10)对有特殊进餐要求的幼儿给予个别照顾,及时做好调整。

(11)提醒幼儿饭后将餐具摆放整齐,擦嘴、洗手、漱口。

(12)所有幼儿进餐结束后及时送回碗筷,收拾餐桌,清扫地面,清洗餐巾和漱口杯并进行消毒。

(13)餐前餐后半小时内不做剧烈运动,有计划地组织餐后活动。

案例分析

吃饭难的轩轩

每一次进餐,中班的轩轩总是最后一个完成,并且碗里还有大半碗饭,蔬菜挑出来放在桌面上一点儿也不吃,嘴巴里含着一口饭一直都吞不下去,东摸摸西瞧瞧,任凭老师催促都无济于事。老师在轩轩离园时和轩轩的妈妈沟通这个问题,轩轩的妈妈也很头疼,说:"轩轩在家都是奶奶追着满屋子的喂饭,边吃边玩,要吃好半天,我也没办法啊!"家长的溺爱和对幼儿不良习惯的迁就,导致了轩轩将这种饮食习惯带到了幼儿园,也希望老师给自己喂饭。

针对轩轩的情况,班上的几位老师达成共识:一定不给他喂饭,要帮助他改正这个坏习惯。首先,老师们对轩轩给予鼓励,每次添饭都不添满,吃完再给他添,让他有一种成就感。其次,请其他爱吃蔬菜的幼儿给轩轩分享吃蔬菜的好处,增加轩轩的认同感,使他不再那么抗拒蔬菜。慢慢地,轩轩吃饭的习惯改过来了,也愿意吃蔬菜了。

5. 睡眠环节的组织与指导策略

(1)为幼儿营造良好的睡眠环境,排除环境中的危险因素。

(2)组织幼儿安静入寝,进行午检,要求幼儿不带异物上床,注意幼儿的身体、情绪状况。

(3)指导或帮助幼儿有序地脱衣、裤、鞋、袜,提醒其放在指定的位置。

(4)护理体弱幼儿,观察带病幼儿,发现神色异常的要及时处理并报告。

(5)照顾入睡困难的幼儿,上床半小时后班级入睡率达到90%以上。

(6)看睡时动作轻,不大声说话,不能以任何借口离岗、做私活、会客、吃零食、睡觉等。

（7）细心观察幼儿的午睡情况，对睡眠不好的幼儿要仔细观察，发现不适时及时处理，随时巡查，为幼儿盖好被子，教给孩子正确的睡姿，纠正幼儿的不良睡眠习惯。

（8）轻声提醒常尿床的幼儿起床如厕，发现幼儿尿床，要及时换洗。

（9）随时保持室内空气新鲜，天暖无风时可打开窗户，拉上窗帘，但应避免对流风吹在幼儿身上。夏天酷热时（气温超过33℃）可使用空调，室温不低于28℃，随时准备柔软毛巾为幼儿轻轻擦去汗水。

（10）组织幼儿按时起床，可做3~5分钟的起床操。起床时观察幼儿的情绪有无异常，指导幼儿穿衣、整理床铺，提醒、帮助起床动作慢的个别幼儿。

（11）起床后检查幼儿的服装及鞋袜，指导、帮助幼儿梳头，组织幼儿喝水，提醒其保持安静。

此环节，教师在午睡活动前，要确保午睡环境的舒适，例如温度是否适宜，是否过热或过冷。同时，教师应进行午睡陪伴，不能无人看护，在这个过程中，观察幼儿的睡眠情况，纠正不良睡姿和习惯。

6. 如厕环节的组织与指导策略

（1）督促幼儿便后用流水洗手。

（2）准备好卫生纸，方便幼儿随时取用。

（3）及时为遗尿的幼儿更换和清洗衣裤。

（4）保持厕所清洁通风，随时清洗、消毒，做到清洁、无异味。

（5）指导幼儿正确使用便纸，提醒或帮助幼儿整理好衣裤，便后洗手。

（6）观察幼儿的大便情况，发现异常时及时与家长联系并做好记录。

（7）掌握幼儿的大小便习惯，及时提醒幼儿如厕，特别提醒容易遗尿的幼儿解便。

（8）指导幼儿掌握正确的如厕姿势，大小便入池，正确使用手纸及脱提裤子。

（9）指导中、大班幼儿独立如厕，便后冲刷厕所。

案例分析

我会上厕所（小班）

◇活动目标

1. 知道基本的如厕流程。
2. 知道男孩、女孩有不同的如厕方法。

3. 愿意上厕所，养成及时排便的好习惯。

◇活动准备

1. 男孩和女孩的如厕流程图，贴在厕所相应的位置上。

2. 在厕所门上贴男女厕所的标志。

◇活动过程

一、开始部分

谈话导入，和幼儿谈论早晨来园时上厕所的过程，引入话题。

二、基本部分

1. 带领幼儿参观厕所，并向幼儿介绍表示男、女厕所的标志及其不同的地方。

2. 分别带领男孩和女孩进入厕所，引导幼儿说一说自己上厕所的顺序，指出不规范的地方。

3. 根据幼儿的回答，引导幼儿观察如厕流程图，教师根据图示请幼儿示范如厕的正确顺序和过程。

4. 教师小结，梳理经验，帮助幼儿回顾如厕的正确顺序。

三、结束部分

引导幼儿讨论男孩和女孩小便的便池和如厕的姿势有什么不同。

四、活动延伸

1. 了解不同类型的便器，并学会使用它们。

2. 学会擦屁股的正确方法。

7. 离园环节的组织与指导策略

（1）安排适宜的离园前活动。

（2）帮助幼儿整理仪表仪容，检查幼儿的服装穿戴是否干净、整洁、适宜，提醒幼儿收拾好自己的物品，有礼貌地向教师和小朋友道别。

（3）热情接待家长，及时回复家长嘱咐的事宜，随机和家长交流幼儿的当日在园情况。做好个别特殊幼儿的交接，提出希望得到家长配合与支持的要求和具体方法。

（4）严格确认接幼儿的家长，遇有陌生人来接，用电话或其他可信方式进行确认。

（5）当幼儿在园内发生特殊的突发事件时，教师必须在第一时间内主动与家长联系，保留好相关资料，做好相关记录，认真、妥善地处理善后事宜。

(6)待幼儿完全离开活动室后再做好次日各项活动的准备,收拾整理教室。及时清除垃圾、污物。清洁工具要专用,拖把、抹布每次用后及时清洁、消毒,干燥保存。

(7)坚持每天用紫外线对活动室、寝室消毒一次,消毒时要确定室内无幼儿,关好门窗,并做好记录。

(8)离开时检查门、窗、水、电是否关好。

离园活动是幼儿园一日生活的最后一个环节,也是对一天生活的总结。在该环节中,可以组织一些谈话活动,带领幼儿总结今天的学习和收获,今天的情绪和开心的事件,对幼儿提出表扬和鼓励。同时也可开展一些离园小游戏,减轻幼儿等待的焦虑,也合理安排了等待环节。此环节也适合做一些简单的家园沟通,了解近期幼儿在家里的表现,向家长介绍幼儿的在园情况,进行双向的交流。

同时,良好生活习惯的培养离不开家庭的配合,《幼儿园教育指导纲要(试行)》中指出:幼儿园要与家长配合,根据幼儿的需要建立科学的生活常规。培养幼儿良好的饮食、睡眠、盥洗、排泄等生活习惯和生活自理能力。幼儿出现的生活习惯不好等问题多数与家庭中的练习与强化不到位有关,应提醒家长帮助幼儿巩固在幼儿园建立的生活习惯,指出家庭中出现的过度包办代替等不正确现象,希望家长注意。

思考与练习

1.如何在一日生活教育中融入五大领域的教育内容,促进幼儿的成长与发展?

2.在一日生活各个环节的教育中,如何对幼儿进行观察记录,分析幼儿的发展状况,并进行有效引导?请比较。

【考查要点】

幼儿园生活活动是幼儿教育活动中不可或缺的一部分,是引导幼儿建立科学的生活习惯,培养幼儿良好的饮食、睡眠、盥洗、排泄等生活习惯,提升幼儿的生活自理能力等方面的重要活动。本章内容在历年的考试中经常出现,题型多为选择题、简答题和材料分析题,因此熟悉幼儿园一日生活的教育意义,并掌握各个环节的具体要求,了解幼儿常规教育、卫生保健、疾病预防、常见安全问题、突发事件的应对与处理等都是考生要注意的考点 。

【真题解析】

1.(2014年上半年选择题)《幼儿园工作规程》指出,幼儿园应制订合理的一日生活作息制度,两餐间隔时间不少于(　)。

A. 2.5小时　　B. 3小时　　C. 2小时　　D. 3.5小时

【答案解析】D。幼儿园应制订合理的一日生活作息制度,两餐间隔时间不少于3.5小时。

2.(2015年上半年选择题)实施幼儿园德育最基本的途径是(　)。

A. 教学活动　　B. 亲子活动　　C. 阅读活动　　D. 日常活动

【答案解析】D。日常活动是幼儿学习的主要途径,幼儿日常生活的每一个环节都具有教育价值,是实施德育的最基本途径。

3.(2015年下半年选择题)幼儿在户外运动中扭伤,出现充血、肿胀和疼痛,教师应对幼儿采取的措施是(　)。

A. 停止活动,冷敷扭伤处　　B. 停止活动,热敷扭伤处

C. 按摩扭伤处,继续活动　　D. 清洁扭伤处,继续活动

【答案解析】A。幼儿扭伤后如果没有骨折,应立即对伤处进行冷敷,使血管收缩止血,并达到止痛的目的。

4.(2016年上半年选择题)幼儿突然出现剧烈呛咳,伴有呼吸困难、面色青紫。这种情况最可能是(　)。

A. 急性胃肠炎　　B. 异物落入气管

C. 急性喉炎　　D. 支气管哮喘

【答案解析】B。支气管异物的症状表现为呛咳、吸气性呼吸困难。如异物较大,嵌于气管分叉处,将导致吸气和呼气困难。题干中幼儿表现出的症状与支气管异物的症状相符。

5.(2016年下半年选择题)风疹病毒的传播途径是(　)。

A. 肢体接触　　B. 空气飞沫　　C. 虫媒传播　　D. 食物传播

【答案解析】B。风疹发病高峰为春季至初夏。风疹病毒主要通过空气传播,以鼻咽分泌物为主要传染源。该病毒通过接触传播的能力不强,偶尔接触未必形成感染,其潜伏期为10~21天,此后表现为咳嗽、流涕、咽部疼痛、头痛、发热、食欲不佳等临床症状。面部可首先出现皮疹,一个月内遍布全身。一次得病,可终身免疫。

6.(2015年下半年简答题)举例说明如何在幼儿园一日生活中实施“动静交替”的原则。

【答案解析】

7.（2015年下半年材料分析题）

小班入园第二周，王老师发现小雅在餐点与运动后，仍会哭着要妈妈。老师抱她，感觉她身体绷得很紧，问她要不要去小便，她摇头。老师又问："要不要去大便。"她点头。老师牵她到卫生间，她只拉了一点儿就离开了。过一会儿，她又哭了。老师给她新玩具和她一起玩游戏，但她的情绪还是不好。离园时，老师与她妈妈交谈，了解到小雅在幼儿园拉不出大便。

第二天早操后，小雅又哭了，老师蹲下轻声问："小雅是想上厕所了吗？"她点头。老师带她去上厕所，她又只拉一点儿就站起。"老师陪你多蹲一会儿，把大便都拉出来，好吗？"小雅又蹲下，但频频回头。这时，自动冲厕"哗"的一声冲水，小雅"哇哇"大哭，扑到老师身上。老师紧紧地抱住她，轻柔地说："老师抱着你，好吗？"老师将水箱龙头关小，把小雅抱到离冲水远一点儿的位置蹲下，小雅顺利拉完大便。连续一段时间，老师们轮流陪小雅上厕所，并指导她观察、了解水箱装满水可以自动冲水、清刷厕所的情况。小雅渐渐适应了幼儿园的厕所，笑容回到了脸上。

请分析上述材料中教师的适宜行为。

【答案解析】

【真题模拟】

1. 活动区活动该结束了，可是晨晨的游乐园还没有搭完，他跑到教师面前："老师，我还差一点儿就完成了，再给我5分钟，行吗？"老师一边说"行，我等你"，一边指导其他幼儿收拾、整理……该教师的做法体现了幼儿园一日活动安排应该（　）。

A. 与幼儿积极互动　　B. 根据幼儿活动的需要灵活调整

C. 按作息时间表按部就班地进行　　D. 随时关注幼儿的活动

2. 幼儿园晨检工作的内容是（　）。

A. 一摸、二看、三问、四查　　B. 一看、二摸、三问、四查

C. 一听、二看、三问、四查　　D. 一问、二看、三查、四摸

3. 陶行知提出的"六大解放"指向的是（　）。

A. 解放儿童的观察力　　B. 解放儿童的体力

C. 解放儿童的智力　　D. 解放儿童的创造力

4. 最早提出“以儿童利益为首要考虑”这一原则的文件是(　)。

A.《适合儿童生长的世界》　　B.《3—6岁儿童学习发展指南》

C.《未成年人保护法》　　D.《儿童权利公约》

5.(材料分析题)有研究者对幼儿园园长、教师做了一个调查,调查项目是“要全面真实地了解你园的保教质量,你认为最好什么时间段到你园?”,调查结果如图所示,请从幼儿一日生活的意义和角度,阐述你对这一结果的看法。

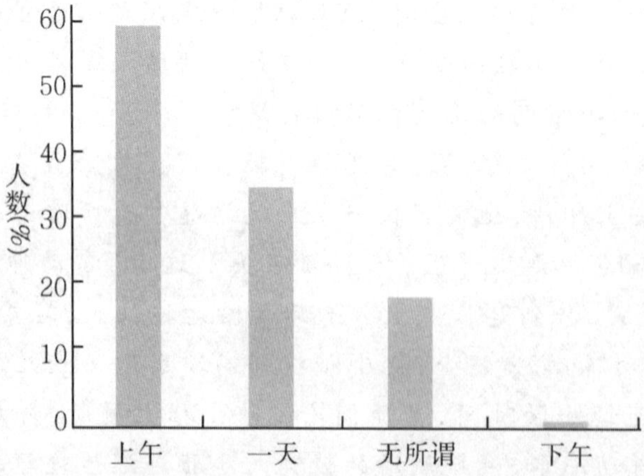

“什么时间段到你园了解保教质量”的人数百分比

6.(活动设计题)小班赵老师发现幼儿进餐时存在各种问题,有的幼儿情绪不稳定,吃饭时哭着要妈妈;有的幼儿不会自己吃,一定要老师喂;有的幼儿挑食,不吃这个,不吃那个;还有的幼儿吃一会儿,玩一会儿,饭凉了都还没吃完。

请设计一份解决上述问题的教育方案,要求写出对问题的分析、教育目标、解决问题的主要方法。

【思考实训】

思考:

通过对生活活动的设计与指导的学习,你学到了什么?如何让幼儿养成良好生活习惯,获得基本的生活自理能力呢?为此,教师应提供哪些帮助和支持?我还有哪些困惑?我还想了解什么?

实训:

1. 自选一个生活活动主题,设计一个生活教育活动方案,并进行模拟展示。

2. 到幼儿园观摩、记录幼儿园一日生活活动,并用生活活动的设计与组织、指导的相关理论知识进行讨论和分析。

【推荐阅读】

1. 廖莉，吴疏影，袁爱玲. 幼儿园生活活动指导[M]. 福州：福建教育出版社，2012.

2. 许亚文. 幼儿园管理的66个细节[M]. 长春：吉林大学出版社，2014.

3. 庞建萍，柳倩. 学前儿童健康教育与活动指导（第二版）[M]. 上海：华东师范大学出版社，2014.

4. [美]帕特丽夏.F. 荷尔瑞恩，弗娜·希尔德布兰德. 幼儿园管理（第五版）[M]. 严冷，赵东辉，高维华，等，译. 上海：华东师范大学出版社，2011.

参考文献

[1]但菲,赵小华,刘晓娟.幼儿园说课、听课与评课[M].北京:北京师范大学出版社,2012.

[2]顾明远.教育大辞典(第一卷)[Z].上海:上海教育出版社,1990.

[3]王春燕.幼儿园课程概论[M].北京:高等教育出版社,2007.

[4]王春燕.幼儿园课程[M].南京:南京师范大学出版社,2009.

[5]王坚红.学前教育评价——理论·方法·实践[M].北京:人民教育出版社,1994.

[6]王文乔,胡静峰.幼儿园教育活动设计与指导[M].长春:东北师范大学出版社,2017.

[7]黄瑾.幼儿园教育活动设计与指导[M].上海:华东师范大学出版社,2007.

[8]张明红.学前儿童语言教育(修订版)[M].上海:华东师范大学出版社,2006.

[9]庄虹,陈瑶.新编幼儿园教育活动设计与指导[M].北京:北京师范大学出版社,2011.

[10]张琳.幼儿园教育活动设计与实践(第二版)[M].北京:高等教育出版社,2010.

[11]李君.学前儿童健康教育[M].北京:科学出版社,2012.

[12]单敏月.学前儿童健康教育与活动指导[M].上海:华东师范大学出版社,2014.

[13]高庆春,梁周全.学前儿童健康教育(第二版)[M].北京:高等教育出版社,2014.

[14]王慧玲.幼儿园健康教育活动设计与指导[M].北京:北京师范大学出版社,2016.

[15]庞建萍,柳倩.学前儿童健康教育与活动指导(第二版)[M].上海:华东师范大学出版社,2014.

[16]顾荣芳,薛菁华.幼儿园健康教育[M].北京:人民教育出版社,2004.

[17]王文乔,申利丽,申健强.幼儿园教育活动设计与实践.[M].成都:西南交通大学出版社,2012.

[18]王娟.学前儿童健康教育[M].上海:复旦大学出版社,2012.

[19]王恬,张瑛.学前儿童健康教育[M].北京:高等教育出版社,2013.

[20]朱家雄.幼儿园教育活动设计与实施[M].北京:高等教育出版社,2008.

[21]徐苗郎.我的幼儿园数学活动模式[M].上海:上海社会科学院出版社,2004.

[22]黄瑾.学前儿童数学教育(修订版)[M].上海:华东师范大学出版社,2007.

[23]孙汀兰.学前儿童数学教育理论与实践[M].北京:科学出版社,2009.

[24]周希冰,周利文.幼儿科学教育·数学[M].北京:北京师范大学出版社,2013.

[25]黄瑾.幼儿园数学教育与活动设计[M].北京:高等教育出版社,2010.

[26]李玲.学前儿童数学教育[M].成都:西南交通大学出版社,2013.

[27]幺丹彦,方燕.让环境和材料与幼儿对话[M].北京:北京师范大学出版社,2002.

[28]施燕.学前儿童科学教育[M].上海:华东师范大学出版社,1999.

[29]张俊.幼儿园科学教育[M].北京:人民教育出版社,2004.

[30]刘艳.学前儿童科学教育[M].成都:西南交通大学出版社,2012.

[31][美]大卫·杰纳·马丁.建构儿童的科学——探究过程导向的科学教育[M].杨彩霞,于开莲,洪秀敏,等,译.北京:北京师范大学出版社,2002.

[32][美]贝齐·埃文斯.你不能参加我的生日聚会——学前儿童的冲突解决[M].洪秀敏,等,译.北京:教育科学出版社,2012.

[33][美]默娜.B.舒尔,特里萨·弗伊·迪吉若尼莫.如何培养孩子的社会能力[M].张雪兰,译.北京:京华出版社,2009.

[34]刘晶波,等.幼儿园社会领域教育精要——关键经验与活动指导[M].北京:教育科学出版,2015.

[35]伍香平.幼儿园优秀社会活动设计65例[M].北京:中国轻工业出版社,2013.

[36][美]马乔里.J.克斯特尔尼克,等.儿童社会性发展指南:理论到实践[M].邹晓燕,等,译.北京:人民教育出版社,2009.

[37][美]珍妮丝·英格兰德·卡茨.促进儿童社会性和情绪的发展——基于教师的反思性实践[M].洪秀敏,等,译.北京:机械工业出版社,2015.

[38]孔起英.幼儿园美术领域教育精要——关键经验与活动指导[M].北京:教育科学出版社,2015.

[39]林琳,朱家雄.学前儿童美术教育(修订版)[M].上海:华东师范大学出版社,2006.

[40]顾菁.在美国幼儿园上美术课[M].上海:华东师范大学出版社,2015.

[41]李妲娜,修海林,尹爱青.奥尔夫音乐教育思想与实践(新版)[M].上海:上海教育出版社,2011.

[42]李妲娜.世界音乐教育集萃[M].桂林:漓江出版社,1991.

[43][英]德赖维尔.达尔克罗斯体态律动学入门[M].高建进,译.合肥:安徽文艺出版社,1987.

[44]许卓娅.幼儿园音乐教育活动[M].北京:人民音乐出版社,1995.

[45]尹爱青,曹理,缪力.外国儿童音乐教育(新版)[M].上海:上海教育出版社,2011.

[46]廖莉,吴疏影,袁爱玲.幼儿园生活活动指导[M].福州:福建教育出版社,2012.

[47]杜长娥.农村幼儿园一日生活指导[M].北京:教育科学出版社,2015.

[48]许亚文.幼儿园管理的66个细节[M].长春:吉林大学出版社,2014.

[49][美]帕特丽夏.F.荷尔瑞恩,弗娜·希尔德布兰德.幼儿园管理(第五版)[M].严冷,赵东辉,高维华,等,译.上海:华东师范大学出版社,2011.

[50]廖康强.好父母要懂孩子的心理[M].太原:山西人民出版社,2009.

[51]朱家雄.幼儿园课程[M].上海:华东师范大学出版社,2003.

[52]张慧和,张俊.幼儿园数学教育[M].北京:人民教育出版社,2004.

[53]张淑琼.幼儿园教育活动设计与实施[M].北京:北京师范大学出版社,2012.

[54]王微丽.幼儿园区域活动——环境创设与活动设计方法[M].北京:中国轻工业出版社,2014.

[55]董旭花,阎莉,刘霞.幼儿园区域活动现场指导艺术[M].北京:中国轻工业出版社,2015.

[56]霍力岩.幼儿园课程开发与教师专业发展——比较研究的视角[M].北京:教育科学出版社,2006.

[57]李建君.区角:儿童智慧的天地[M].上海:上海社会科学院出版社,2005.

[58]魏敏,陈峰,冉武红,等.幼儿园教育活动案例分析[M].长春:东北师范大学出版社,2003.

[59]赵旭莹,周立莉.幼儿园综合主题活动——设计技巧与优秀案例[M].北京:中国轻工业出版社,2014.

[60]齐放.幼儿园主题活动课程理论与实践研究[M].长春:东北师范大学出版社,2005.

[61]虞永平.学前课程与幸福童年[M].北京:教育科学出版社,2012.

[62]基础教育教学研究课题组.幼儿园主题教育活动指导[M].北京:高等教育出版社,2014.

[63]周兢.幼儿语言教育与活动指导[M].北京:高等教育出版社,2015.

参考答案

第一章 真题模拟答案

1.C。整合性是幼儿园教育活动的特点，综合性原则才属于幼儿园教育活动设计所遵循的原则，两者不要弄混淆了。

2.D。形成性评价和总结性评价、内部评价和外部评价、定性评价和定量评价各有其特点和适用范围，各有利弊，故谈不上谁比谁好，相互补充和结合才能增强评价的有效性和准确性。在评价内容方面，不仅需要关注幼儿的“学”，同时还需要关注教师的“教”。

3.D。在设计幼儿园教育活动时，需要随时随地根据幼儿的兴趣、需要而不断调整和变化，这充分表明了幼儿园教育活动设计具有灵活性的特点，教师需要根据这一特点进行施教。题中正是体现了这一特点。

4.D。实践法指教师为幼儿创设一定的环境，提供充足的实物材料，让幼儿通过自身的实践、练习活动进行学习的方法。如观察法、游戏法、操作法、探究法、移情训练法、练习法等。

5.B。幼儿园针对的是3~6岁的幼儿，手部肌肉的发展还不成熟，手部的灵活性也不强，考虑到幼儿年龄特征的需要，幼儿园不要求孩子写字，这符合幼儿发展适宜性原则。

第二章 真题模拟答案

1.D。语言教育活动中的练习法是指有意识地让幼儿多次使用同一个言语因素（如语音、词汇、句子等）或训练幼儿某方面技能技巧的一种方法。在语言教育活动中，口头练习是大量的。

2.D。大班的幼儿对一些表示因果、假设等关系的相对复杂的句子有了初步的理解，故选D。

3.B。谈话法是由教师和幼儿双方围绕一个问题或主题，自由地发表自己的想法、意见，表达自己的感受、体验，进行相互交流。该题的A项有一些迷惑性。讲解法和谈话法都是以语言表述为主的方法，但是讲解法主要是教师的单方面讲述，如讲故事。谈话法主要是教师与幼儿的相互交流。

4.C。小班幼儿年龄小，语言理解能力弱，因此对小班幼儿应以简洁明了的语言为指导用语。

5.B。《幼儿园教育指导纲要（试行）》明确提出语言领域的教育目标包括：（1）乐意与人交谈，讲话礼貌；（2）注意倾听对方讲话，能理解日常用语；（3）能清楚地说出自己想说的事；（4）喜欢听故事，看图书；（5）能听懂和会说普通话。

6. 参考设计

第三章　真题模拟答案

1.C。阳光、月光和星光都是自然光源，而激光不属于自然光源。

2. B。木星拥有 63 颗卫星。

3. C。蜥蜴主要是陆栖，也有树栖、半水栖。

4. B。马铃薯所属的植物器官是块茎。

5.（1）能察觉到动植物的外形特征、习性与生存环境的适应关系；（2）能发现常见物体的结构与功能之间的关系；（3）能探索并发现常见的物理现象产生的条件或影响因素，如影子、浮沉等；（4）感知并了解季节变化的周期性，知道变化的顺序；（5）初步了解人们的生活与自然环境的密切关系，知道尊重和珍惜生命，保护环境。

6. 参考设计

第四章　真题模拟答案

1.D。前运算阶段（2~7 岁），个体开始运用简单的语言符号从事思考，具有表象思维能力，但缺乏可逆性。

2.B。"以作品为依据，具有客观性"是作品分析法的特点之一，题干中教师对幼儿评价以"幼儿的图画"为依据，正是作品分析法特点的体现。

3.B。《幼儿园教育指导纲要（试行）》在目标表述上较多地使用了"体验、感受、喜欢、乐意"等词汇，突出了情感、兴趣、态度、个性等方面的价值取向，着眼于培养终身学习的基础和动力。

4. B。一般而言，小班儿童的有意注意只能保持 3~5 分钟。

5.A。幼儿个体差异包括能力差异、气质差异、性格差异。B 项属于气质差异，C 项属于能力差异。A 选项体现的只是暂时情况，并不是个体差异的表现。

6.（1）这个实验反映了幼儿类包含观念的特点。在幼儿的思维中还没有形成类子类之间的层级关系，更不知道整体一定大于部分。在实验中我们可以清楚地看到，在儿童的头脑中，整体与部分之间没有形成包含关系，而是形成并列的两个部分的关系，他们至多只是借助于具体的形象来理解包含关系，而没有抽象的类包含的逻辑观念。

（2）在对幼儿进行分类教学时应该注意如下几点：①明确各种分类活动的特点，合理引导幼儿进行分类活动；②引导幼儿认识分类标记，让幼儿按标记进行分类；③在分类活动中，教师应重视运用多种表现形式，帮助幼儿积累经验；④在日常生活中和游戏中，教师应结合各种情境，引导幼儿学习分类。

第五章　真题模拟答案

1.B。小班儿童处于语言发展的关键期，要培养他们尊重他人，别人讲话时认真听，不随便插嘴。

2.A。移情法是指教师综合运用认知提示、情绪追忆、情感换位、巩固深化、情境表演的程序，使幼儿理解和分享别人的情绪体验，对幼儿进行认知和行为教育的方法。

3.C。幼儿的社会性主要是在日常生活和游戏中通过观察和模仿潜移默化地发展起来的。环境对于幼儿的学习发展具有重要意义，教师和父母长辈的言行对幼儿的社会性发展具有榜样示范作用，能够影响幼儿的社会性养成。

4.A。社会领域的学习内容就是人际交往和社会适应两方面的内容。

5.D。幼儿园活动区出入区的地面上一般会有几双小脚印的图示，楼梯上也有上下楼梯的小脚印，主要是培养幼儿良好的生活习惯和规则意识。

6.(1)社会领域的教育具有潜移默化的特点。幼儿社会态度和社会情感的培养尤应渗透在多种活动和一日生活中的各个环节之中，要创设一个能够使幼儿感受到接纳、关爱和支持的良好环境，避免单一呆板的言语说教。

(2)幼儿与成人、同伴之间的共同生活、交往、探索、游戏等，是其社会学习的重要途径。应为幼儿提供人际间相互交往和共同活动的机会和条件，并在其交往与活动中加以指导。

(3)社会学习是一个漫长的积累过程，需要幼儿园、家庭和社会密切合作，协调一致，共同促进幼儿良好社会性品质的形成。

7.参考设计

8.参考设计见微资源。

第六章　真题模拟答案

1.C 。健康是指生理、心理及社会适应三个方面全部良好的一种状况，而不仅仅是指没有生病或体质健壮。

2.C 。学前儿童体育活动运动负荷的特点是强度较小、密度较大、时间较短、急缓结合、动静交替。

3.B。体育游戏活动不但是适合学前儿童特点的活动形式，而且也是利于学前儿童心理发展的最好活动形式。

4.C。基本部分一般占总时间的70%~80%。

5.B。适量性原则是指教师在组织幼儿进行体育活动时，应合理安排及注意幼儿身体练习时身体和心理所承受的负荷量，保证幼儿在运动后能取得超能量恢复的最佳效果，提高身体运动的机能能力，达到增强体质的目的。

6.(1)膳食的营养成分能够充分满足学前儿童身体生长发育、调节各种生理活动、促进健康的需要。(2)食物必须新鲜,对人体无害。(3)食物的运输、储存、选配加工符合卫生要求,使食物易于消化吸收,营养素损失少。(4)膳食多样化,具有良好的感官性状和一定的饱腹感。(5)有合理的膳食制度和良好的进餐环境。(6)有良好的饮食卫生习惯。

7.参考答案

第七章　真题模拟答案

1.D。幼儿的情绪和认知是有密切联系的,他们的情绪具有不稳定性,并且自我调节能力差。婴儿最初的笑是一种自发性的笑,不具有社会意义。新生儿的哭泣是生理性的,新生儿听见他人哭泣而哇哇大哭并不是移情的表现,选项D错误。

2.C。定向性注意的发生先于选择性注意的发生,C选项正确;选择性注意随年龄的增长而占据越来越大的地位,A项错误;幼儿期无意注意占主要地位,有意注意逐渐发展,因此是无意注意先于有意注意发展,B选项错误;随着年龄增长,不论选择性注意还是定向性注意,注意范围均扩大,D选项错误。

3.A。在幼儿思维发展过程中,语言体现思维的间接性和概括性,其作用越来越大,而动作是在直观形象中起主要作用,其作用越来越小。

4.B。活动性原则是指在教育教学活动中应当让幼儿在主动的活动中来学习并获得发展。

5.A。有意想象是在刺激物的影响下,依据一定的目的而进行想象的过程。题目中教师对幼儿进行提问给幼儿带来了刺激,使幼儿根据云朵进行想象属于有意想象。

6.参考答案

第八章　真题模拟答案

1.C。教师对幼儿的绘画指导,要为幼儿创造充分发挥想象力的空间,不宜让幼儿刻板地照葫芦画瓢。

2.D。幼儿绘画时伴随着想象,而幼儿的想象常常喜欢夸大事物的某个部分某种特征或使用夸张的语言。

3.A。《3—6岁儿童学习与发展指南》明确指出,“幼儿绘画时,不宜提供范画,特别不应要求幼儿完全按照范画来画”。绘画活动要尊重幼儿自发的表现和创造,让幼儿按照教师的范画进行绘画不利于幼儿艺术表现与创造能力的发展。

4.B。幼儿教师不应粗暴干涉幼儿想象力的发展,而要耐心了解幼儿的想法。

5.B。对待幼儿夸张的作品,教师应该以鼓励的态度进行指导。

6. 参考答案

第九章　真题模拟答案

1.A。主题活动是指在集体性活动中，以一个主题为线索，围绕主题进行活动与交流。"三八节"属于主题活动。

2.D。幼儿没有直接接触到锅里蒸出来的东西，但能认识到是烫的，这体现了思维的间接性；幼儿知道凡是从锅里蒸出来的东西都是热的，这体现了思维的概括性。

3.A。3~6 岁幼儿的注意以无意注意为主。刺激物的物理特性是引起无意注意的主要因素。强调声音、鲜明的颜色、生动的形象、突然出现或变化的刺激物，都容易引起幼儿的注意。

4.B。1923 年，陈鹤琴先生在南京创办了我国最早的幼儿教育实验中心，创立了"活教育"理论。

5.B。园本课程指以幼儿园之"本"为基础的课程，是在幼儿园现实的基础上编制的与幼儿园的资源、师资等条件相一致的课程，由幼儿园自行开发和管理。

6. 参考设计请扫描

第十章　真题模拟答案

1.C。在图书区活动的时候，教师应该给予一定的指导，例如培养儿童的阅读兴趣、指导儿童的阅读方法，引导儿童互相谈话和讲述图书中的内容，以促进儿童语言等方面的发展。

2.A。选择活动区材料时要关注材料的品质和数量，并根据幼儿的兴趣、发展需要以及活动的内容进行投放，使材料的投放具有操作性、启发性、引导性、丰富性和针对性。

3.C。幼儿游戏活动区的布置，正确是可在积木区提供一些人偶、小动物、交通工具模型等辅助材料。

4.B。根据题目中提到的"不同发展水平的幼儿"可知，这遵循的是因材施教原则。

5.A。游戏与区域活动最突出的特点是自主性。

6. 参考答案

7. 第一个案例，教师只是看到幼儿的游戏行为与自己预期的目标不一致，但没有分析幼儿当前行为的意义和价值。事实上，在这套材料上，手眼协调的练习并不局限于夹珠子，在碗底的小口里放珠子，要放得多而且不让珠子滑落，对手眼协调的要求更高，何况幼儿之间还在比赛谁放得多,有数量比较。最重要的是幼儿内在动机驱使下并有发展意义的行为。

第二个案例,教师一眼看到的是幼儿在排列小车,并且排列没有规律,但没有仔细观察幼儿的游戏行为,不了解幼儿的游戏意图,而直接抓住一个分类练习的干预机会,硬是打断了幼儿正在进行的想象,或许因此就终止了幼儿接下来可能出现的更有意义的游戏情节。

所以,《指南》对于活动区游戏的使用原则,是观察和分析在先,介入和指导在后,因为游戏是幼儿自主的活动。

第十一章 真题模拟答案

1.B。《幼儿园教师专业标准(试行)》在科学、合理地安排和组织一日生活中指出:(1)时间安排应有相对稳定性与灵活性,这既有利于形成秩序,又能满足幼儿的合理需要,照顾到个体差异。(2)教师直接指导的活动和间接指导的活动相结合,保证幼儿每天有适当的自主选择和自由活动时间。教师直接指导的集体活动要能保证幼儿的积极参与,避免时间的隐形浪费。因此题干中所说的正是体现了幼儿一日生活安排应该照顾到幼儿的个体差异,同时避免时间的隐形浪费。

2.B。幼儿园晨间检查的一般方法是:一看,看脸色,看皮肤,看眼神,看咽喉;二摸,摸摸是否发烧,摸腮腺是否肿大;三问,问幼儿在家吃饭的情况,睡眠是否正常,大小便有无异常;四查,检查幼儿是否携带不安全物品。

3.D。陶行知批判和反对束缚儿童的封建礼教,提出要解放儿童的创造力,即对儿童应实施"六大解放"。

4.D。1989 年 11 月 20 日,联合国大会通过了《儿童权利公约》。按照《儿童权利公约》的精神,儿童享有的基本权利有生存权、受保护权、发展权和参与权。其中第三条第一款规定,关于儿童的一切行动,不论是由公私社会福利机构、法院、行政当局或立法机构执行,均应以儿童的最大利益为一种首要考虑。

5. 由上图可知,多数幼儿园园长、教师认为要想全面真实地了解幼儿园的保教质量,应该从上午就入园进行考察,但这是错误的。对幼儿园保教质量的考核认定需要从一日整体生活着手,一日活动的各个环节均不可偏废。

原因:要实现幼儿园教育目标,就应该充分发挥幼儿园教育活动的整体功效。首先,要处理好幼儿的发展与各种环境中的教育因素之间的关系,使幼儿园的各项活动都着眼于促进幼儿的整体发展,尽可能把握每一种教育活动的功能,使教育因素时刻存在于幼儿的生活中,充分发挥各种教育活动的整体效能。其次,要处理好身体、认知、情感、审美等各方面的要求和关系,不可只强调一方面而忽视另一方面,在活动安排上,更不可一方面发展的活动过多,而在其他方面发展的活动不足,以影响幼儿均衡协调地发展。

6. 参考设计